臨床バウム

治療的媒体としてのバウムテスト

岸本寛史［編］

誠信書房

まえがき

　本書はバウムテストを臨床実践にいかにいかしていくかに焦点を当てたものである。
　バウムテストは心理テストであり，サイン・アプローチ（指標の数量や数量化に基づいて臨床診断に迫ろうとする方法）によって解釈すべきとする立場がある。われわれはサイン・アプローチの重要性を否定しているわけではない。山中康裕は，120名の生徒について，バウムテストを小学校1年生から中学3年生まで9年間追跡調査するという縦断研究を行っており（残念ながらその成果は未公開だが），さまざまな指標が年齢とともにどのように変化するかについて感触を得つつ，バウムテストを臨床にいかすための方途を追求してきた。バウムテストをテストとしてではなく，心理療法の中で治療的な媒体として用いるというスタンスをとっている治療者（筆者も含めて）は，ともすると指標アプローチを疎かにすることになりがちだが，その労を惜しんで，なんとなく木の絵を描いてもらうだけでは，バウムテストを真に治療的なものとすることはできないだろう。山の「バウムテストはバウムテストであ・る・こ・と・によって，さらにその価値が深められる」（第2章）という言葉のとおりである。
　ただし，指標アプローチにおける指標とは何か，統計学的なデータが示す結果に基づいて何がどこまで言えるのかという点についてはよく考えておく必要がある。従来のバウムテスト研究の課題については佐渡がまとめている（第3章）が，指標アプローチの基礎となるべき発達研究についても，最近あまり行われていないように見受けられる。約50年前のコッホ（1957）や一谷（1966）のデータに依拠したままで，現代日本の標準データがないとすれば，それもまた問題ではないだろうか。2011年3月20日に京都で行われたバウムテストに関するセミナーで報告された岸本幹史のパイロット的な調査の結果をみても，根元の表現や幹下縁立，幹上直の割合などは，50年前のコッホのデータと比較して変化していることが示唆され，より規模の大きな調査が必

要であると感じた。いずれにせよ，サイン・アプローチの重要性は強調してもし過ぎることはできず，バウムテストを取り入れようとする者は，少なくともさまざまな指標の大体の出現率を，その年齢による変化と併せて把握し，サイン・アプローチを磨くという姿勢を常にもっておかねばならない（自戒もこめて，まずはこの点を強調しておきたい）。

　これらのことを十分認識した上で，本書は，バウムテストの治療促進的な側面に焦点を当てようとしている。そのエッセンスは山中が45年のバウムの臨床実践をもとにまとめている（第1章）ので是非一読されたい。本書の多くの執筆者が述べるように，バウムテストにはテストに留まらないさまざまな可能性，少し強い言い方をすれば，治療促進的な「力」が秘められている。クライエントにとって，木の絵を描くことは，目の前の問題から少し距離をとって，新たな自己表現の世界を開いてくれる，あるいは自分自身のことを振り返るきっかけを与えてくれる，という意義を持つ。「雷と二つに裂けるようす」を視覚的に伝えることを可能にしてくれたり（第5章），死が差し迫ったがん患者に「命の実」のような深い表現を可能にする（第7章）のもバウムテストの力であろう。

　一方で，セラピストにとっては，バウムテストが「灯台のような役割」を果たすことを岡村が指摘している（第4章）。例えば，治療者が陰性感情を抱いたとき，キャンセルが続いたとき，面接の方向性を見誤りそうなときに，バウムを再度見つめ直すことによって，セラピストとクライエントの「現在位置が明らか」になり，「面接の方向を修正」したり，「視点を変える」ことができる。堀田も「うろたえる母に対してのアプローチを考えるあまり，A男の傷つきや苦しみを受け止めていなかったことに気づかされた」と，バウムテストを通して自らのスタンスに新たな気付きがもたらされたことを振り返っている（第8章）。倉西は河合の「夢を生きる」に倣って，「木を生きる」という発想があってもいいのではないだろうかといい，さらに「描き手が木を生きるためには，われわれ自身がしっかりと木を生きる必要がある」と，テスターの姿勢こそ問われるべきことを強調している（第5章）。このような姿勢を持つことで初めて，本多が述べる「存在に出会う」という体験（第9章）が可能となると思われる。

　テスト状況の構造的要因への目配りも欠かせない。堀田は，家庭裁判所で

行われるバウムテストについて,「バウムテストの実施を少年が容易に受け入れているとの錯覚は, 職権主義的構造を忘れたときに起こりうる。……こうした構造のもとで, 少年が描いてみようと思えるような土壌を作ることができて初めて, 少年の人格像を捉えられるバウムが生まれる」と重要な指摘をしている（第8章）。一般にバウムテストは導入が容易で受け入れも非常によいとされているが, それは「職権主義的構造」のなせるわざではないかと自問しておくことは必要であろう。

本書を読まれると気付かれると思うが, 多くの執筆者が, 木の絵が描かれていくプロセスを丁寧に記述している。鉛筆を走らせる様子からは, 描かれた絵と同じくらい, いろいろなことが伝わってくる。幹から描くか, 樹冠から描き始めるかに, 用紙のどこから起始するかにも, その人らしさが表れる。堀田も「描かれるプロセスと描かれたものの両方から, 少年の人格像を生きるものとして調査官に伝えてくれている」（第8章）と指摘するように, 描画のプロセスから見えてくるもの, 伝わってくるものも非常に大きい。これまで, 絵が描かれるプロセスにほとんど注目されてこなかったことの方が不思議なくらいである。コッホ自身『バウムテスト 第3版』で, 表現とは「何が描かれているか」よりも「どのように描かれているか」ということと関係があると言い,「被験者が描く様子を見守るところにヒント」を得られた事例（事例3, 訳書52ページ〜）を示している。描かれるプロセスをなぞることで, 描かれた木のイメージに入ることがやりやすくなる。

本書では多くの事例が示されているが, その体裁を統一することはしなかった。バウム画を示さずとも, テスト状況も含めてバウム画を丁寧に記述することで眼前にその形姿が生き生きと見えるかのように描写されている章もあれば, さまざまな見解をバウム画とともに披瀝していくというスタイルをとっている章もある。ケース全体の流れの中でささやかにバウムが示されていることもあれば, バウムを中心にケースがまとめられているところもある。事例の流れの中でバウムを示している章もあれば, バウムだけ独立して後でそのテスト状況など含めて示されているケースもある。このような記述スタイルの違いにも, それぞれの執筆者におけるバウムテストの位置付けがある程度表れるのではないかと考えて, 書式を統一することはしなかった。それぞれのスタイルにはそれぞれの味があり, どれがよいとか悪いとかは簡

単に言えるものではないと筆者は考えている。通読されれば，バウムが訴えてくるものが，それぞれの記述スタイルによって微妙に異なってくることを感じられると思うが，それもまた意味のあることではないかと考える。記述スタイルに関する研究も今後，取り組んでみたい課題の一つである。

最後になったが，事例と描画の掲載を承諾していただいたクライエント・被験者の方々に心からお礼申し上げる。また，東日本大震災の直後の非常に大変な時期に，原稿を仕上げていただいた執筆者の先生方，本書の企画を提案していただいた誠信書房の児島雅弘氏には心からお礼申し上げる。本書がバウムテストを治療的に生かすための一助となれば幸いである。

　平成23年7月24日

岸 本 寛 史

臨床バウム

治療的媒体としてのバウムテスト

目　次

まえがき

第1部　バウムテストのエッセンス

第1章　バウムの治療実践論　　3
　■ 山中康裕

第2章　バウムテストの根っこを探る　　11
　　　──秘密は木の根に隠されている
　■ 山　愛美

第3章　バウムテスト研究の可能性　　28
　■ 佐渡忠洋

第2部　バウムテストの実践

第4章　面接前に描かれるバウムテストの意味　　47
　■ 岡村宏美

第5章　手足のしびれを訴える女子大学生との面接過程　　63
　　　──「私」ならざる「私」との出会い
　■ 倉西　宏

第6章　クリニックにおける心理療法とバウムテスト　　81
　　　──不登校中学2年女子生徒の心理療法過程から
　■ 小野けい子

第7章　終末期がん患者のバウム　　98
　■ 田中美知代

第8章　家庭裁判所において出会うバウム　　*117*
　　■ 堀田綾子

第9章　子どもの精神医学的診察におけるバウムテストの
　　　　こころみ　　*133*
　　■ 本多奈美

第10章　不登校児の母親面接の中で描かれたバウムの変化　　*149*
　　■ 酒井敦子

第3部　バウムテストの展開

第11章　急性期病棟におけるバウムというコミュニケーション　　*169*
　　■ 成田慶一

第12章　動作訓練の経過とともにみるバウム画　　*188*
　　■ 三浦亜紀

第13章　クライエントの元型的状況を知る手立てとしての
　　　　「想像の木」法　　*210*
　　■ 工藤昌孝

第14章　バウムテストと洞窟壁画　　*227*
　　■ 岸本寛史

人名索引　　*241*
事項索引　　*242*

第1部

バウムテストのエッセンス

第 **1** 章

バウムの治療実践論

■ 山中康裕

1. バウムとの出会い

　バウムテストと出会ってもう半世紀近くになる。インターン闘争の最中，私の出身大学の客員教授だったヨーロッパ帰りの荻野恒一先生に教わって，ただちに臨床場面に用いる一方，同時にドイツ語版原書を注文したのだったが，当時最新の第5版が届くまでの3カ月がとても待てなくて，大学図書館でKochの「第3版」を保有していたのが，私の調べ得た範囲内では東京医科歯科大学だけだったので，相場を遥かに超す1枚50円（今なら500円にも換算される額だ）という法外の代価で，30ページ近くをコピーして読んだのが最初だった。

　以来，45年間，バウムとの実践的な付き合いが始まり，この世界では相当に人口に膾炙したと思われる「《メビウスの木》の提唱」（山中，1976）や「双生児比較研究での，幹は遺伝，枝葉は環境の影響大」（山中，1973），「先天的心疾患の心臓手術前後のバウムで，手術前には小さく黒かった木が，術後大きく明るくなる」（熊崎ら，1974），「夏目漱石のバウム」（山中，2005）などをはじめとする，幾つかの研究的なことも重ねてきたが，何をさておいて，臨床場面において用いるのが，この方法の最大の眼目であり，その点においては，私は今なお現役なのである。かくして，ここに編者岸本寛史君の要請に従い，治療実践論を書いておこうと思う。

2. テストを超えるバウム

　バウムはテストという名で呼ばれているが，私にとっては中井久夫先生の天才的な発明である「風景構成法（LMT）」と並んで，立派な治療手段でもあるのだ。つい先日，京都駅前の大学コンソーシアムで第3版のドイツ語原著からの訳者の岸本寛史君らと，「コッホの『バウムテスト第3版』を読む」というセミナー（平成23年3月20日）をもった際にも述べたことだが，どういうときに，このツールを用いるかと言えば，第一には，治療導入の時期であり，それ以後は，中井久夫先生がLMTでも述べておられるごとく，ちょうど以前の肺結核治療の際のレントゲンのように，3カ月か半年ごとに，いわば，定期的なルーチン（通常検査）の如く，経過を見るために用いるのと，もう一つは，例えば，入学・卒業・就職・結婚などの，いわば人生の切れ目にあたって，そのクライシス（転機）をいかに乗り越えていくかといったパースペクティブ（見通し）を得るためにも好んで用いている。つまり，ロールシャッハと違って診断に用いるというよりは，予後の判定にも寄与する度合いが強いとも言えよう。

3. いつバウムを行うか？

　以下に，私の場合どういうふうにしているかを，編者の要請に従って，細かく述べてみよう。

A. 治療導入期
　まず，治療導入期，通常は，初回面接時であるが，クライエントの主訴や来談動機，来談経路を伺い，これまでの簡単な経緯を伺う中で，おもむろに「ちょっと絵を描いていただいていいですか？」とさりげなく聞く。「えーっ，絵ですか？」と嫌がられる方もあるが，それは，上手下手をみると思われるからで，すぐさま，「あ，上手下手をみるのではないんです。通常の意識にはのぼらない，ご自分でも気づいておられない部分にちょっと触れるためなんで，肩の力を抜いて気楽にお描きくだされればいいんです」といい，A4判のケ

ント紙と4Bの鉛筆をさらっと渡し,「実のなる木を1本描いてみてください。絵はそれですべてなんです」という。

　治療初期に，まだ関係性も付いていないのにテストを挟むのは禁忌で，それは関係性がついてからが順当だという人もいるが，私はそれではなかなか関係性すらつかないし，第一，クライエントの弱さがどこにあるか，どこに留意せねばならぬかの判断のメルクマール（指標）を持たないままにクライエントに会っていく方こそ，危険であると思うからだ。つまり，バウムやLMTは，すぐれて関係性の醸成にも役立つと思っているからである。

　バウムの場合であれば，描かれた樹木画を，それこそ，河合隼雄先生が箱庭に際して，中井久夫先生がLMTに際して言われるごとく，《味わうように》眺め，「この木は，何の木ですか？」「大きさはどのくらいですか？」「どんな所に立っているのでしょう？」などのPI（post inquiry 事後質問）をしていくときなど，それまで，自分に関わることを訊かれて，ちょっと緊張気味だったクライエントが，ほっとしたり，少し間がおかれたりするからでもある。LMTだと，色を塗っておられるときに，「あの，この間に，ちょっとお訊ねしていいですか？」と，さりげなく，先の経緯の続きを聞いたりすることが，色を塗ることで得られる癒し効果や，ちょっとリラックスする効果ともどもに，先のバウムでのときと同様，ほっとする時空間を介在させることとなることが多いのだ。

B. 治療中期，ないしは転機の頃

　治療中期は，先にも述べたように，だいたい初回に行って3,4カ月くらいたったら，おもむろに提案する。「あの，以前していただいたことのある描画なんですが，またお願いしていいですか？」そんなとき，クライエントは，「いいですよ」と応えられることが多いが，たまに，「えーっ，もう嫌です。絵など下手で嫌いですから」と，リジェクト（拒否）されることもある。無論，そうなら，深入りしない。あくまで，クライエントとの関係が大切で，テストするのが目的ではないからだ。

　そうは言っておられても，関係性がうまく築かれれば，その上に再びリジェクトされることはなくなるものだ。殊に，転機の際には，「あー，今度から，アナタは新しく××に行かれることになりますよね。それを，どう乗り越え

て行われるかを，考えるよすがにさせていただいてよろしいですか？」と言ったふうに，導入することが多い。実際，本人も，そのことが気になっておられることが多いので，むしろ，積極的に賛同してくださることが多かった。

C. 治療終結期

治療終結期には，私は，必ず，バウムをお願いすることが多い。それは，ちょうど，転機の際に述べたことと同じく，今後どう生きて行かれるかのパースペクティブ（見通し）を知りたいからであるが，ご本人も，この頃には，これが何をしているものなのかを悟っておられることが多いので，ほとんど抵抗なく，乗ってくださることが多い。無論，このときにも，ごく少数ではあるが，断られる方もある。その際は，前に述べたと同じ理由で，執着したり，深追いしたりはしない。

4. 最近の臨床から

最近の臨床から2例をあげてみよう。このごろ，あちこちではっきりと言ったり書いたりしているのだが，最も大切なことは，いかにもわかったような聞いたような解釈をとうとうと書くよりも，出来るだけ簡潔に，書かれた順に従って，しっかりとバウムの描写が記述出来ることこそが大切なのだ。いったん文字にしたものを，今度は逆に，その文字情報だけから再度描いてみて，元のものとそっくりになるなら，その記述は正確で，かつ，みごとな解釈の基礎となるであろうこと請け合いなのである。

事例A［63歳，男，うつ状態］

Aさんは，この数カ月，うつ状態で，会社に出ていない。医師にかかり，抗うつ剤をもらっているが，効かないのか，一向に気分がすぐれない。頭痛もあり，食欲もあまりない。今日も，本当は私のところに来たくはなかったが，妻にやいのやいのと言われるのが鬱陶しいので，しかたなく来たという。〈実のなる木を1本描いてくださいますか？〉とバウムを描いてもらうと，

《4.5×3.2cmほどしかない，小さな，浮遊するような木を描かれた。定位空

間は，中央縦軸よりやや左より，中央横軸よりやや上方の，いわば第2象元の位置である。2線幹で僅か1.5cmの幹に，もこもこと雲状の樹冠が覆いかぶさり，冠内部にも，もこもこと何本かの曲線が描かれている。樹冠はきっちりとは閉じられてはいなくて，5カ所ほど開いたままのところがある。》

PIで，「みかんの木」だと言われたが，実は描かれていない。〈何か，思い出でも？〉「はい，子どものときに，父が一杯作ってたから。ただし，家族が食べる分だけで，出荷するためではなかったです」〈お父様のお仕事は？〉「コーヒー園でした」。

あまりに小さいので，うつによる自我委縮は歴然であったが，樹冠の中にも雲状の線が幾つかあったので，他に何かの情報が得られるかもしれないと，枠なし枠あり2枚法を試みた。〈今度は，こうして，枠をしてみましたので，この中に描いてくださいますか？〉

《予想通り，今度は大きめの木が，しかし筆圧低く，描かれた。樹長は22cmで，樅型幹であり，やはり，樹冠はところどころ開いている。やや末広がり気味に開いた根元は，下の枠から約4.5cmほど浮き上がっており，やはり不安定な構図。幹は，2線幹であるが，左側は，14.5cm，右側が13cmで，いずれも1線枝に移行している。左側は起始から9.5cm，右側は10.5cmの所で，「離接」があり，枝は，左に3本，右に3本で，いずれも樹頂に近い方の枝が分岐していた。》

「離接」とは，本来は1本の線でつながっているはずの幹が，そこで一旦途切れ，数ミリほど開いた後，また幹が続く描写に与えた，われわれの新造語の指標である（大倉ら，2011）。われわれのデータでは，これは糖尿病の傾向をうかがわせるので聞いてみたら，「糖尿病は指摘されたことがある」という。左側の位置での離接のWittgenstein指数（Koch, 1957）を割り出してみると，9.5／23.5＝0.40となり，よって，13.2歳ごろに何かあった可能性がある。PIで〈これは何の木ですか？〉「ユーカリです。葉っぱから油をとります。よく燃えるので，パン屋さんが，火つけに使います」との答えだった。ちなみに，これらの応答から容易に知られるように，クライエントはブラジ

ル日系2世の方である。

事例B［22歳，女性，大学生］
　彼女は，ここ数年来，「自分の感覚が違っているのか，人と感じ方が異なっていて，うまく人と関われない」という主訴でカウンセリングに通っている大学生だ。聞いてみると，彼女の感覚は異常どころか，むしろ繊細な感覚の持ち主で，動物や植物たちの虐げられた姿に我慢できない，と訴える彼女のまなざしは，最近少なくなってきた大自然の立場に立った見方の出来る人だと思われ好感が持てた。
　〈今日は，久しぶりだけど，木の絵を描いてくれるかな？〉「いいですよ」。無造作に，さっさっと描く。

　《まず，左の幹線を紙端底から，ほんの1～2mm開けて起始し，11.8cmほど緩やかに太さを減じながら，渇筆のしっかりした筆圧で上に伸び，そこから左に2線枝の9cmほどの枝が描かれ，枝のふもと上部から，くるっくるっと，手掌状に，まさに5本の指が描かれるように，ちょうど左手を下に向けて紙面に置いたように描いて，右側の枝の下部が幹に戻り，そこからすっと5cmほど下がり，少しずつ太さを増して，幾分，椅子のごとくに右方に張り出して，右の幹線をまっすぐ降ろし，やはりほんの2mmほど開けて，右の幹線の起始となった。樹長はかくして大きく紙面全体を用いている。ついで，左の枝に，上に向いた3本の小枝が出，そこには下向きの3～5枚の葉が付いている。右の枝は2本の小枝で，やはり，2～4枚の葉がついている。上方の4本の指状の枝はまだ小枝も葉も出ていない。》

　PIで，〈これは，何の木？〉「今日，犬の散歩したときに道端でみた木。受け皿みたい。少し，お化けみたいにも見えた。葉っぱが下向いているのが，気になって……」〈おそらく，プラタナスだね。鈴懸ともいう〉「ああ，鈴の様に，丸い実が下がる…」〈そう，あれ，よく剪定されるので，このように受け皿みたいな枝ぶりになるね〉。
　ちょっと，お化けも見たようなので，もう一枚描いてもらう。

《潤筆で，強い筆圧で，左の幹線を描き始め，ほとんど直線状に23 cmほど降ろし，ついで，右の幹線を力強く一気に降ろす。上方の起始部では約12 cm中央部では10 cmほどの太い幹で，何本ものやはり潤筆の，濃淡のある何本もの線が引かれる。［当初私は，この木が，当然，上向きの，つまり，通常の木とばかり思っていたので，この下向きの方が描きやすいからかな，と思って見ていた］樹頂には4，5本枝が描かれ，その間からいっぱい，花が咲いている。》

〈この木は？〉「先生，反対だよ。この木，天からぐーんと伸びてきているの」〈えーっ，下向きに見るんだ，じゃ，この木，どこに生えているの？〉「わかんない。だって，夢に出てきた木なんだもん」〈アッ，そうか，夢で見た木なんだ！〉「そう，森の夜，デーダラボッチが出てくるような，ふわーっと桜吹雪が舞って，羽衣天女が出てきて，なぜか，死のことが浮かぶの」〈桜の木の下には死体が埋まっている……坂口安吾だったっけ，というような，あの感覚？〉「うーん，私，普通の人が言う，桜の感覚とは，随分違うの，普通の人の桜って，推察することしかできないけど，明るすぎるというか。私のは，『もののけ姫』の山のイメージかな」〈と，いうと？〉「神様の森に，ひっそり咲いているの。だから，人里ではないの。世の中の人は，桜と言えば，花見とかで浮かれているけど，どこか切ないというけど，みんなの言う幻想とか夢とかは，どこかふわふわしているというか，感傷的というか。でも，私の桜は，違うの。そんな感傷的なことではないの。もっと神聖というか，本質というか……」〈うーん，桜の気持ちからすると，そんな，浮かれている場合でないというか〉「そう」。彼女の描いた，天からズドーンと降りてくる桜は，私に，ある神話を想い起こさせた。

《父なる天ランギと母なる大地パパは，原初に於いて万物が発した源であった。そのときは天も地も暗黒で，二人は抱擁しあっていた。彼らの生んだ子どもたちは，父母を殺そうか引き離そうかと相談した結果，二人を引き離すことになった。何度も失敗したが，森の父であるタネ・マフタが頭を大地につけ，足を揚げて天なる父に懸け，あらんかぎりの力で背と四肢を緊張させた。すると，ランギとパパは苦悩と悲哀の叫び声をあげながら，引き離され

た。そこに明るい光が世の中に広がっていった。天と地は引き離されたままであるが、彼らの愛情は続き、妻の愛の嘆息は霧となって立ち昇り、妻との別離を嘆く天は夜中に涙を流し、それは露となっている。》

(アルバーズ編著『マオリ族神話』：河合，1991より引用)

まことに、バウム1本で、世界創造神話にも到り、原初のさまが髣髴とすることもあるのだ。

今次の東日本大震災においても、木に関して幾多のエピソードがあるが、たった1本残った松が、かしぎながらも踏ん張っている姿や、津波に何もかも流されて、残った桜の木が、遅咲きながら、やはり、幾多の花をつけているのを見ると、繁栄に浮かれていたのは、やはり人間の奢りで、本当は、原子力発電のような、人間が手を出してはならぬ領域に手を出したばかりに、大自然の側からの、手痛い、知らしめの業であるやもしれぬ。無論何万の亡くなられた方々、数十万の被災者には、何の罪もないことなのだが。私には『ヨブ記』も思い起こされたことだった。亡くなられし三万の御霊にこころやすかれと祈りを捧げるばかりである。

■文　献

アルバーズ（編著）井上英明（訳）(1982)．マオリ族神話．サイマル出版会［なお，筆者は，河合隼雄（1991）．とりかえばや，男と女．新潮社，p.74より引用した］．

Koch, K. (1957). *Der Baumtest*. 3te Auflage. Hans Huber.［岸本寛史・中島ナオミ・宮崎忠男（訳）(2010)．バウムテスト第3版．誠信書房，p.40］

熊崎俊英・松本一明・鈴木克昌・山中康裕（1974）．先天性心疾患患者の手術前後における心理学的変化．胸部外科，**29**(9)，662-666.

大倉朱美子・岡本三希子・山中康裕（2011）．当院糖尿病教育入院患者におけるバウムの一つの特徴．心理臨床学研究，**28**(6)，799-804.

山中康裕（1976）．精神分裂病（統合失調症）のバウム．心理テストジャーナル，**12**(4)，18-23.

山中康裕（1973）．双生児研究．林　勝造・一谷　彊（編）バウムテストの臨床的研究．日本文化科学社，pp.1-25.

山中康裕（2005）．漱石のバウム．山中康裕ら（編）バウムの心理臨床〈京大心理臨床シリーズⅠ〉．創元社，pp.22-28.

第2章
バウムテストの根っこを探る
―― 秘密は木の根に隠されている

■山　愛美

第1節　はじめに

　本稿のタイトルは「バウムの根っこを探る」ではなく,「バウムテストの根っこを探る」である。皆藤(2004)は,「バウムテストは『テスト』ではないと私は考えている。バウムテストは,この命名に致命的な痛みを感じているように思われる」と述べている。バウムテストが日本へ導入されて以来,その真価が十分に理解されずに来た残念な歴史を振り返るならば,この指摘は確かに一理あるようにも思える。しかし,ここでは敢えて「バウムテスト」にこだわってみたい。
　そこでまず,バウムテストがテストであることの積極的な意味を捉えなおし,バウムテスト自体の時間的・空間的根っこ―古層―に下降するイメージを持ちながら,その誕生の背景を探る。この試みは,心理臨床学における基礎的研究と心理臨床のありようについても,重要な示唆を与えてくれるであろう。

第2節　バウムテストとのつきあい方

1. 日本におけるバウムテスト

　バウムテストが日本に導入されて,すでに半世紀の歳月が経っている。1970

年に出版された，コッホ（Koch）のDer Baumtest（1952）の最初の邦訳版，『バウム・テスト――樹木画による人格診断法』は，今日までにかなり普及しており，心理臨床に携わる者であれば，誰もが一度は手にしたことがあるだろう。それは，翻訳部分の「概論」と「樹木テスト施行のための表」，そして翻訳者たちによる補遺「日本におけるバウム・テストの研究」から成る。

翻訳部分のほぼ半分を占める「樹木テスト施行のための表」には，根や幹や枝などの特徴的な描き方が指標として数多く挙げられているものの，それぞれにパーソナリティを記述する言葉がただ羅列されているように見え，それらの中には一見すると互いに矛盾するものさえある。バウム画を前に，当てはまりそうな指標を求めてマニュアル本のように繰ってみては，そのまま投げ出してしまった人も少なくないだろう。このように扱われ，確かにバウムテストは「テスト」であることの痛みを感じていたであろう。

こうした状況の一方で，教育，医療，司法などさまざまな領域の実践現場で，バウムテストが用いられた事例を見聞きする機会を重ねるうち，筆者はそれが非常にうまく心理臨床に活かされているのを感じて来た。実施するのは，スクールカウンセラーや教員であったり，医師あるいは家庭裁判所の調査官であったり，その都度役割や立場は異なるのだが，そこに共通しているのは，実施者が目の前にいる描き手から決して離れることなく，バウムと向き合っていることである。そしてバウムのイメージと，描き手の語りを通して，実施者の中で形作られる描き手の像とを並べてみたり，重ね合わせてみたりしながら，バウムに生命を吹き込む作業が為されているという印象を持った。こうした作業の中から生じてきた言葉を発することで，高橋（2010）が「描画後の対話」（PDD：Post Drawing Dialogue）と呼ぶようなものが生まれ，これは，心理臨床的に意味深い新たな表現の展開へと繋がり得る。

バウムテストが，テストとしての基準を満たしているのかとか，指標に客観性があるのかといった議論に塗れることなく，まず心理臨床家たちがそれぞれの現場で，真摯にバウムと向き合ったのは非常に良かった。比較的，曖昧なものでも曖昧なままで，さほど気にせずそのまま持っておくことのできる日本人の特性が功を奏したといえよう。

また，幸い2010年に，コッホの『バウムテスト』の完成版と見なしうる第3版（1957）の翻訳が，新たに，『バウムテスト 第3版――心理的見立ての

補助手段としてのバウム画研究』として出版された。上述の最初の邦訳版は，看過できない多くの問題を孕んだ英訳版からの重訳であり，幾多の誤訳があった。しかもこの英訳版は，分量的にも第3版の3分の1ほどのものだったため，日本にコッホの基本的な思想が伝えられてなかったことを，岸本（2005）は指摘している。最初の「邦訳版」を巡る問題やこのあたりの複雑な経緯については，岸本（2005, 2010a, 2010b），山中（2010），中島（2010）などに詳しいので，ここでは繰り返さない。

2. コッホとバウム

コッホ自身はどのようにバウム画と向き合ったのか。その様子をわれわれは，以下のような本人の言及からうかがい知ることができる（Koch, 1957/2010）。もっともこれは，コッホのモノローグの語りのようにも聞こえるが。

> たくさんのバウムの絵を静かに眺めていると，バウムとの［心的な］距離が近くなる。次第に，その本質が見えるようになるが，それは依然として直観のようなものである。構造が見えるようになり，識別が可能となり，指標を弁別できるようになる。……当初は分からない部分をそのまま持ちつづけ，どう理解したらいいかという問いを，何日も，何週も，何カ月も，何年も，見え方の成熟過程がある地点に達するまで，問い続けていると，秘密に関わる何かが自然と姿をあらわしてくる。それはしばしば，稲妻に打たれたかのようにひらめいたり湧き出てくる……。（邦訳20ページ）

まず，バウム画を眺めながら，次第にそれと一体になるような体験がある。そこから，直観のようなものとして本質が見える→構造が見える→識別が可能となる→指標を弁別できるようになる，というプロセスを辿る。これは，曖昧模糊とした混沌の中から，構造化や差異化が生じ，指標が生まれ出る物語にほかならない。これは神話における世界の始まりの物語とも符合している。

新しい何かが生まれるには，熱を注ぎつつ持ち続け，ずっと待っている忍

耐力が必要である。つまり，バウムのイメージを大切に持ちながら，そこにエネルギーを注ぎ込み続ける中から，直観は自ずと姿を現す。これは「稲妻に打たれたかのように……」という表現がぴったりの，日常を超えた体験であり，垂直次元の開く瞬間である。コッホは，自らの体験を蘇らせつつ，再び体感しながらそれを言葉にしているような印象を受ける。このことは，この箇所に限ったことではなく，『バウムテスト 第3版』全体を通してそのように感じられる。それがコッホの文体だ。さらに，コッホは以下のように述べている。

> バウムの絵と直観で取り組むことは，魅力的であると同時に不十分なことである。方法のかけらすらない［からである］。しかし，着想はすばらしい。水脈を探し当てる占い棒のように印象に残る。そこで，方法論の最初には，「それは何を意味するのか」という問いがくる。今一度いえば，その外観は何を意味し，次いで，あれこれの指標は何を意味するのか。現象学的にいえば，その答えは，バウムの絵それ自体の本性から生じるものでなければならない。……ずいぶん時間をかければ習得できることが多いとはいえ，素質と訓練という問題は依然として残る。……教えることができるのは，方法論だけである。その助けを借りて，自分で理解するより他ない。（邦訳20ページ）

コッホは，直観だけでは不十分だと断言する。もちろん実施者の素質の問題もある。そこで方法論が必要になるのだが，方法論ありき，指標ありき，であってはならない。「指標は何を意味するのか」，「その答えは，バウムの絵それ自体の本性から生じるものでなければならない」とコッホは言う。まず手元にあるバウム画をしっかりと味わうこと，同時に方法論について学び，さらに指標を一つの入口としてそこから中に入り，どのくらい自分自身でバウムと向き合う体験を深められるかが，重要なのである。「水脈を探し当てる占い棒のように……」という表現は，イメージ豊かで言い得て妙である。「教えることができるのは，方法論だけである。その助けを借りて，自分で理解するより他ない」という言葉は，厳しくかつ真実である。実際に時間とエネルギーをかけて何かをつかんだ者だけが，口に出来る言葉だと言えよう。

次に，ロシアの演出家スタニスラフスキー（Stanislawski）の，モスクワの

芸術劇場の門下生への言葉というのが，引用されている。専門家としてクライエントの話を聞くことが仕事である心理療法家にとって，重みを持って響く。

> インスピレーションが働いているときには存分に演じることができる。しかし，インスピレーションは，いつも訪れるとは限らない。だからテクニックが必要となる。テクニックを十分に習得すれば，インスピレーションが働いているかどうか，観客に気づかれることはない。（邦訳21ページ）

さらにコッホは続ける。「診断を行うものには，その力のやりくりが求められる。方法論は労力と時間を節約する。方法論に基づいた作業が直観を呼び起こす。以上のことは，テストの使用を急ぎ過ぎる人は特に，銘記しておかねばならない」と。方法論と直観。一見相反する両者が補完し合い，エネルギーと時間が費やされて一つに統合されるときに，バウムテストはその真価を発揮するのではないか。それゆえに，バウムテストはバウムテストであることによって，さらにその価値が深められ得ると思われる。

3. テストとしてのバウムテスト

もう一つ重要な点としては，バウムテストが，テストであることによって，心理療法家の中に緩やかな枠組み―客観的視点―ができる利点もあるのではないか。もちろん，描き手や描かれたバウム画を，客観的な視点だけで切り刻むようなことになってしまったのでは元も子もないが，クライエントに添いながら共に歩む視点とともに，このような冷めた冷徹な視点を持ち合わせていることも，心理臨床には必要なのではないか。

また，面接のなかで，バウムテストが，それまでの流れとは違う次元を開く装置として機能するのを，幾多の事例の中で見てきた。特に，時間や空間の枠を設定するのが難しいような場合，あるいは継続して個人面接を持てないような場合，「（実のなる）木を1本描いていただけますか」という教示が，日常から離れた異次元空間に連れて行く役割を果たし得る。それはちょうど，昔話の始まりの「昔々，あるところに～」というお決まりの発端句が，聞き

手たちをファンタジーの世界に連れて行くのと同じである。

第3節　『バウムテスト 第3版』を読む

1. バウムテストの根っこ ──「木の文化史から」

　日本への導入の際に，バウムテストが被った重なる不幸の中でも，致命的だったのは，1970年に出版された「邦訳版」には，第3版の第1章「木の文化史から」の部分がなかったことである。なぜなら，これはちょうどバウムテストそのものの根っこの部分と考えられるからである。「木の文化史から」の冒頭に，「木は人間の根源的な事柄（Urding）に属するものである」とある。ここに，バウムテストの真髄が凝縮されているので，絶対に外せない。われわれはこの短い一文から，コッホがバウム画を通して何を見ていたのか，あるいは，何を見ようとしていたのか，を窺い知ることができる。
　これは，木を描いてもらうということは，人間の根源的な部分 ── つまり根っこの部分 ── を顕にさせることであり，その次元の世界への扉を開いてしまい得るという，コッホの宣言であると同時に，バウムテストを実施する際にはそれ相応の覚悟をせよという，後世のわれわれに対する厳しい戒めの言葉とも読める。第1章は，『バウムテスト 第3版』全体の20分の1ほどであり，分量的には決して多くない。それは，「象徴」をキーワードとして，聖書における木の物語に始まり，世界樹，世界各地の ── 日本の「等」についての記述もある ──，神話やおとぎ話，民間伝承にまで話は及ぶ。そしてコッホは，次のように締めくくっている。

> 　木はこれまでみてきたように，常に何かの比喩であり象徴であって，生み出すこと，とりわけ，豊穣（みのり多きこと）の象徴である。木は魂の座であり，神々の座であって，ギリシアのドリュアス（木の精）は，それぞれの木に宿っているとされた。象徴の意味の解釈は変化を被って来ただろう。象徴それ自体がすでに言葉であり，神話においては原初の強烈な言葉であって，あちこちの民族の習慣の中で，純粋に残っているところもあれば，迷信にま

で変わり果てて残っているところもある。（邦訳14-15ページ）

　われわれは，ここまで，巨木を神聖視して祀りあがめる巨木信仰や，ご神木として樹木を祀ったりする，古来伝わる樹木にまつわる日本の風習や文化をいろいろ思い起こしながら読み進めることができる。バウムテストと取り組むのであれば，まずは身の周りの木々に目をやり，四季折々のそれらの姿を体で感じてみることも意味があるだろう。

　改めて振り返ってみると，われわれは，日々木を見ているようで見ていないし，木のことを知っているようで，実はほとんど何も知らないことに気づく。日本おける木の文化史をたどってみるのも興味深いのではないか。心理療法家の手によるこのような研究も待たれる。

2．「根源的な事柄（Urding）」を見る

　さて，コッホはここからさらに，冒頭の「木は人間の根源的な事柄（Urding）に属するものである」の一文が意味するところの本質に迫る。上述の引用の後，「木は人間的なもの（と人間のかたち）の象徴でありつづけ，それどころか，人間の自己生成の象徴であり，十字の形による宇宙の象徴であると同時に神的なものの徴でもある」と述べ，一つの人格を持つ個としての側面と，全体性へと至る側面を併せ持つ，木の象徴の二重性を指摘している。

　コッホは，ユング（Jung）がグリム童話の『ガラス瓶の中の精霊』を取り上げて論じた論文『メルクリウスの精霊』からかなりの分量の抜粋をして，イメージを拡げていく。この物語は，貧乏な学生が森の中で「出してくれ」という声を聞き，古い樫の木の下の根っこを探すうちに，蓋のしっかりとしまったガラス瓶を見つけるが，声はその中から聞こえて来ていた，というものである。ユングの言葉は続く。

　　木々は個別性（Individualität）を持っており，それゆえしばしば人格（Persönlichkeit）の同義語にもなる。……古い樫の大木は……無意識の内容の中心的なタイプを示しており，強い人格によって目立っている。それは自己（ゼルブスト）の原型（Prototyp）であり，始原の象徴，個性化の目標の象徴である。……童話の主

人公は自分自身のことについては極めて無意識であることが推論される。……自分の'全体性'をまだ統合していないものである。……われらの主人公にとって，木もまた一つの大きな秘密なのである。

秘密は樹冠ではなく，木の根に隠されている。それは人格である。……人格の最も現代的な特徴，すなわち声，言葉，意識的な意図を持つ。それは主人公の男によって解き放たれることを求める……根は無生物の世界，地下の鉱物の領域に広がるものである。心理学的に言い換えれば，自己が，身体（＝大地）に，特にこの化学元素の中に根を下ろしているということになるだろう。……錬金術は元素（すなわち四元素）を，根本（radices）（根，Wurzeln）と記述し，そこに，……個性化過程の目標象徴を表す賢者の石の構成要素が見出される。（邦訳15-16ページ）

そして次に「精霊と木の関係」という見出しの部分が続く。そこには声を聞く体験の五段階が述べられている。① 声と木は同一のもの，つまり原初的な本来の木と守護霊とは一つの同じものである，② 区別が生じる，自然なるものが分裂，高次の分化した意識として立ち上がる，③ 道徳的な質の評価が生じる，④ '霊'の客観的な存在を否認し「単なる幻覚」だと思う，「自分の無意識の声であって，それが木に投影されたのだ」と主張するより他ない，⑤ 「それでも何かが起こったのだ」と考え，無意識の中から立ちあらわれてきた現象であるとする。これは，上述した，コッホの語った，指標が生まれ出る物語と重なる。②の区別の生じる以前の段階の体験が重要なのである。コッホは，バウムと自分自身が一体となり，バウムの声を聞いていた。おそらく戦慄を覚えながら。

長いユングの引用の後，第1章の最後を以下のパラグラフで結んでいる。

読者は，象徴の歴史に関するこの短い脱線を，本書の各所で補足されるとはいえ，テスト心理学の沈着冷静な言葉には，あまりにも無礼なものと感じるかもしれない。象徴思考と象徴理解は，表現の学問から取り去ることはできない。心理学的な思考を，頻度曲線を読むだけでよしとする者は，当然，比喩や対立についての思考や，宇宙的かつ魂の空間についての思考を扱うことはできず，一つの表現がこれと同時にその逆のものを意味することがありう

ることも決して理解することができない。以下のことは心理学に独特なことである。すなわち，心理学においては，一歩前に踏み出せば，同時に一歩戻ることになり，原初あるいは原初的なものへと歩みを戻すことになる。古いものに偉大なる真実かつ本物の内容があると認める傾向がわれわれにはあるというだけではなく——原初的なものは，同時に永遠に新しく，永続するものでもある。(邦訳18ページ)

3.『バウムテスト 第3版』をどのように読むか

コッホの語り口は，独特で，おそらく本人の中ではつながっているのであろうが，あちこちに次々と話題が飛ぶようにも見え，なかなかついて行くのは難しい。まず，第3版の構成を見てみたい。

第1章　木の文化史から
第2章　バウムテストの理論的基礎
第3章　バウムテストの発達的基礎
第4章　図的表現に関する実験
第5章　指標の理解
第6章　臨床事例

こうして見ると，ある程度整理されているように見えるが，ドイツ語の原著を見ると，このように章に数字が振られているわけでもない。確かに「……それぞれの章を見ても理路整然とした構成とはとてもいえない。コッホは直観型であると思われ，文章も論理的な構成や展開がなされているとはいえない部分が多々見られる」という岸本（2005）の指摘は頷ける。

では，どのように読み進めればよいのか。一つの読み方として，この一冊の本を，ちょうど一本の木を描いていくようなイメージを持ちながら読み進めてみてはいかがであろうか。第1章はすでに述べたように，木の根っこの部分に当たる。第2章，3章，4章では幹となる理論的な部分を踏まえつつ，そこに織り込まれた臨床家としてのコッホの姿勢を読み取りながら第5章「指標の理解」に至る。ここで一応「理論的な部分」とは言ってみたものの，

思いつきのような唐突な感じのする記述も多いので，想像力を働かせながら，行間をイメージで繋ぐような読み方をする必要がある。体を通して体感しながら読むことになるので，ただ知的に言葉を追っていく読み方よりも時間がかかるが，こうして，コッホの語り口に慣れておくと，第5章で挙げられている指標がどのように生まれたのかが実感でき，そのプロセスを見てとることができる。

指標は一見して目につきやすい実にたとえることもできようか。指標について知るには，実の結ばれるまでの道のりを，いろいろな側面から辿らねばならない。つまりバウムテストの根っこに立ち戻るのである。第6章では，これまで述べられて来たことが実際の臨床事例の中で，どのように活かされたのかが読み取れる。

目に留まりやすい指標をただ外から見るだけで，わかったような気になってはならない。木の内側に入り，一体となり，根っこまで下降していくことが重要なのであり，さもなければ，根っこの切れた木を見ているだけということになってしまう。

4. 重ねながら読む

もう一つの読み方としては，各章を重ねて読んでいくというやり方がある。重要なキーワードやテーマは，何度も繰り返して語られるので，それらを重ねていくような読み方で読んでいくと，次第に奥行きができてくる。コッホは，初めから直観的にすべてが見えているので，このような書き方になるのだと思われる。

例えば，「根」について。まず第1章で，「秘密は樹冠ではなく，木の根に隠されている……根は無生物の世界，地下の鉱物の領域に広がるものである。……錬金術は元素を，根本（根）と記述し……そこに……賢者の石の構成要素が見出される」と，ユングの論文から引用している。コッホの言いたいことはすでにこの中にすべてあるのだが，読者にとっては，これはなかなかわかりにくい。しかし，少なくとも読者の頭の片隅に「秘密は樹冠ではなく，木の根に隠されている」の一文が残っていれば，それで十分だともいえる。第2章第6節には「根は普通，隠れているか，見えても付け根の部分だけだ

が，根っこがあることは誰でも知っている……」とある。これは誰にでもわかる言葉である。根っこは普通隠れているが，それがあるのは誰でも知っている，そしてそこに秘密があるのだ。これを踏まえた上で，「第5章　指標の理解」の「根」の項目を読むと，第1章の上述のユングの言葉があらためて生きてくる。

　もう一つの例として十字，十字架を挙げる。十字は，＋と－，生と死，垂直と水平など，対立物を一つに繋ぐ象徴として重要な意味を持つ。対立物の結合は，コッホが強く影響を受けたユングが，晩年，錬金術の研究を通して取り組んだ生涯のテーマであり，ユング思想の核を為すと言っても過言ではない。コッホはバウム画研究を通して，この同じテーマと格闘した。第1章のはじまりから，キリストの十字架の言及が，散りばめられるようにして，繰り返し出て来る。第2章第4節では，あらためて木の形態と十字の話題を入口として，少し丁寧に述べられている。とはいえ，依然としてついていくのは決してたやすくはないかもしれない。そして「十字は，犠牲を打ちつける杭でもあり，キリスト自身も十字架上で犠牲になった」と述べ，ここでもユングの次のような言葉を引用している。

　　　神が人間として生まれ，人間を聖霊の共同体に統一しようとしたとき，世界を現実にもたらさなければならないということで，恐ろしい試練に苦しむこととなった。それは苦難であり，彼自身が十字である。世界は神の苦しみであり，それぞれ個々の人間は，ただ暗黙のうちに一つの全体である。そして，自分が十字架を背負うものに他ならないことも十分知っている。しかし，十字架を背負うという永遠の約束こそ神の慰み主である。

　第4章では，催眠下で描かれたバウム画の事例（被験者R）を挙げながら，直交分枝に言及した後「さらに，バウムは十字型のようにみえる」と述べ，「……ここでは，……特別な意味が直観される。苦しみを，あるいは不完全さを背負うことは，十字架を背負うことになるのである」と言う。ここだけを読むと，唐突な感じがするが，上記の部分を底流に持ちながら，一人の人間としてのRの姿を重ねて読んでいくと，「十字架を背負う」という言葉の意味の深みが開き，見えて来る。

初めの方の章で，一見唐突に述べられたことが後にまで通奏低音のように響き続ける。読者がどのような音に耳を傾けるのかによって，聞こえて来る音楽は違うものになる。このような読み方は，個人が自分のありように応じて試してみるしかない。

第4節　バウムテストの誕生

1．バウムテストの最古層

　ここでは，バウムテスト自身の歴史を辿る，つまり時間的に根っこまでに遡ってみたい。コッホの残した仕事の奥には，さらにバウムテストの最古層とでもいえる部分がある。バウム画を心理学的な見立ての補助手段として用いるというアイディアは，スイス，チューリッヒ州の職業コンサルタント，エミール・ユッカー Emil Jucker に由来している，とコッホ（1957）は述べている。そして，ユッカーから「文化の歴史，とりわけ，神話の歴史を十分に考察し，長期にわたる研究の末にバウムと出会った」と打ち明けられたという。コッホは，ユッカーの考えを紹介している。

> 1928年ごろから私はこのテストを，テスト本来の評価をせずに施行してきたが，それは，少しずついくつかの経験的観察の大体のところを確かめるためであった。……職業選択の診断に際して，……被験者自身にも自ずと理解できるような，……補助手段を探し出すことで長らく満足してきた。と同時に，人格全体を，その存在の深い層において把握する必要性，……せめて漠然と察知する必要性も当然感じている。それで私は，バウムテストを選んだのである。（邦訳19ページ）

　ここから推測できるのは，ユッカーもまた，バウムを描くことをテストとして形式的に洗練させることに労力を費やすのではなく，まず自らの直観を大切にしながら，多くのバウムの絵を見ていたこと。木＝バウム自体に，そのようにさせる力があるのだろう。そして「被験者自身にも自ずと理解でき

るような……」という件から，被験者にテスト結果を告げるという形ではなく，絵を介してユッカーと被験者とが対話をしていたのであろうことが窺える。おそらく，それだけではなく，言葉にし得ない何かをも共有する体験が，両者の間で為されていたことが推察出来る。

　ユッカーが長年の仕事を通して得た成果を，具体的にどの程度コッホに伝えたかは明らかではないが，コッホの手によってバウムテストが目に見える形になる以前に，このような歴史があったことは見逃せない。これは，バウムテストを主体として見たときの，バウムテスト自身の隠れた根っこの部分に相当する。「秘密は，……木の根に隠されている」というユングの言葉が，あらためて耳に響く。

2．職業相談から生まれたバウムテスト

　当時，多くの職業コンサルタントが，ユッカーの助言に従ってバウム画を描いてもらうという方法を使っていたということなので，職業相談が，バウムテスト誕生の場ということになる。このことは，今日の日本の就職活動やキャリアカウンセリングと呼ばれているものを思い浮かべると，かなり奇異な感じがするかもしれない。しかし，何事においても，まずは時代や文化的背景を考慮することが重要であろう。とはいうものの，80年以上も昔の，しかもスイスでの職業相談がどのようなものであったのか，残念ながら筆者は知る由もない。そこでせめて，「職業」とは一体何なのか，言葉の歴史を辿りながら再考してみるのも興味深いのではないか。

　「職業」は，原著のドイツ語では"Beruf"，動詞の"berufen"は，「任命する」，「召す」の意であり，"rufen"は「呼ぶ」を意味する。一方「職業」に当たる英語は"vocation"であり，これは，語源的にはラテン語の"vocare（呼ぶ）"に由来し，"voice（声）"と同じである。また「職業」を意味する"calling（呼ぶこと）"という表現もある。誰が呼ぶのか，誰に呼ばれるのか。もちろん神によって呼ばれるのであり，召されるのである。日本語にも「天職」という言葉があるが，これは生まれつき備わった，あるいは天から受けた性質に合った職業とでもいえようか。いずれにしても，職業が決まる際に人間を超えた力の働きが関わることを仮定し，それに対してある種の畏敬の

念を持つという姿勢は共通している。

　スイス，チューリッヒが16世紀にツヴィングリによって宗教改革がおこなわれ，プロテスタント勢力の中心となった地であることを考えるならば，世俗の職業は神が各人に与えた使命であり，それに禁欲的に従事することによって魂の救済がもたらされるといった考えが浸透していたと考えられる。また，歴史的に見ても，また今日においても，スイスでは職業教育が非常に盛んであると聞く。

　今日，私が職業を選ぶとか，こういう職業に就くには「〜の能力が必要」，「〜の資格を取っておくと有利だ」というような発想が強いので，職業選択のための適性をみるテストというと，何かプラクティカルなものを想像しがちである。しかし，こうして語源をたどり，神の声を適切に聞くための職業相談とみるならば，それほど違和感はなくなる。考えてみれば，われわれは自分で職業を選んだような気になっているが，どこか職業に選ばれたようなところもなきにしもあらずではないか。

　コッホは書名の副題として「心理的見立ての補助手段としてのバウム画研究」と銘打っている。実際の相談では，適性をみる，よりプラクティカルなテストとバウムテストとを，併せて施行していたのかもしれない。ここにも，相い対立するものを統合していく中で，本質を見極めようとするコッホの姿勢が見える。ひるがえってあえて極言すれば，その人の根本的なありよう——根っこのありよう——さえ掴めれば，あとは本人の意識的な努力で賄えるのだから，何とかなる，とも言えるかもしれない。心理療法家の適性などを考えると，特にそのように思えて来る。

　今日のように，キャリア教育と称して就職活動において，目先の傾向と対策ばかりに力が入れられやすい時代にあってこそ，職業相談において，バウムテストを導入してみるのも面白いのではないか。もっとも，バウムテスト講座と称して，こんなバウムを描けば採用される，といったマニュアル本や対策本が出回ったりしては元も子もないが。

3. コッホの生涯とテストにおける姿勢

　コッホの生涯とバウムテストについても少し触れておきたい。林ら（1970）

によれば，コッホは，幼くして父親を亡くし，15歳で起重機製造工場に職を求め，苦学をして学位を取った後も，自動車工場で労働者として現場で働きながら研究生活を続けていたとのことである。自らも労働者であったコッホが，長年職業指導に携わりながら，描かれたバウム画を前にして，何を見ていたのか。

　すでに述べたように，コッホ（1957）は「たくさんのバウムの絵を静かに眺めていると，バウムとの［心的な］距離が近くなる。……当初はわからない部分をそのまま持ち続け，どう理解したらいいかという問いを，何日も，何週も，何カ月も，何年も，見え方の成熟過程がある地点に達するまで，問い続けていると，秘密に関わる何かが自然と姿をあらわしてくる」と述べている。コッホは木と人間の類似性を繰り返し指摘しているが，バウムと重ねてコッホが見ていた人々（労働者）はコッホ自身でもあり，そこに見えるのはコッホ自身の姿でもあったのであろう。彼は，労働者に対して職業指導をする者であると同時に，指導される労働者でもあった。このような状況では，主／客は容易に入れ替わる。コッホは，主／客の境界を超えた向こうにある，個々の人間のさまざまな特徴の違いを超えた，いわば人間そのものを見ていたのではないか。そして，同時に自分自身の根源的な事柄（Urding）を見つめていたのではないか。心理療法家が，自ら教育分析を受ける中で，クライエントとセラピスト双方の体験をすることを通して，これまでとは異なる視座を持ち得るというのも，上述のことと重なるように思われる。

4．バウムテストの生まれた土壌

　最後に，バウムテストが培われた土壌はどのようなものだったのか，もう少し想像力を逞しくしてみたい。ユッカーやコッホのような姿勢も，突然生まれるものではないと思われるから。

　ユッカーがバウムテストを施行するようになったのは1928年頃，コッホの『バウムテスト』の初版が出版されたのが1949年，そして改訂されて第3版として出版されたのが1957年である。これをもって『バウムテスト』の一応の完成と見なすならば，1957年こそがバウムテストの生まれ年と言える。すでに述べてきたように，バウムテストの根っこの部分に大きな影響を与えたユ

ングは，奇しくもこの同じ年に「あなたがたに物語った，私が自分の内的なイメージを追求していた歳月は，私の生涯において最も重要な時期であった。……私の全生涯とは，この時期に無意識から突然現れて，わけのわからない大きな流れのように私を圧倒し，今にも破壊してしまいそうだったことを，徹底的に検討し直すことであった。……すべてを含むヌミノースな始まりは，この時期であった」という言葉を，長年非公開だったユングの極私的な日記『赤の書』の冒頭に記している。『赤の書』は，ユングが内的過程の真相を突きとめるために行った自己実験の記録であり，ここにユングの思想の中核があると言われている。つまり，この書は，ユングが残した数々の具体的な業績の根源にあり，地下へとつなぐ存在であるとも言える。

『赤の書』の編者ソヌ・シャムダサーニ（Sonu Shamdasani）（2009）は，「20世紀の初頭から数十年間の間に，文学，心理学，そして視覚芸術の分野において，数多くの実験的試みがなされた。作家たちは，表現上の慣習に潜むさまざまな制限を振り捨てようと目論み，内的体験のあらゆる領域――夢，ヴィジョン，そしてファンタジーに分け入り，それらを描き出した。……心理学者たちは，哲学的な心理学の限界を克服しようと試み，芸術家や作家たちと同じ活動分野を探索し始めていた。文学や芸術と心理学との間には未だ明確な境界は設定されておらず，作家や芸術家たちは心理学者たちから借りものをし」たと述べている。バウムテストの始まりが「木の文化史」だったことの背景には，このような土壌があった。こうしてバウムテストの最古層が培われた土壌にまで思いを馳せるのもなかなか興味深い。

第5節　おわりに ―― 心理臨床学における研究

今日，臨床心理士という職業名も広く一般に知られるようになり，世の中に定着して来た。しかし，それと引き換えに，心理臨床においても研究においても，目に見える具体的なもの，結果が見えやすいもの，わかりやすいものがまず注目される傾向にあるように見受けられる。このような時代だからこそ，コッホ，ユング，ユッカーの残してくれた遺産は重要な意味を持つ。

とりわけ心理臨床学においては，背後にまず生きた人間の存在があり，人

間の痛みが感じられるような研究のみが意味を持つ．基礎的研究であれ，事例研究であれ，研究者自身が自分自身と向き合うことなしに，心理臨床の研究は存在し得ないのではないかと思われる．一見対立するようにみえる基礎的研究と心理臨床が，研究者でありかつ心理臨床家である一人の人間の中で統合されてこそ，初めて研究たり得る．そしてその底辺には，細かく細分化される以前の人間の営み全般に関する「知」があってしかるべきである．今日さまざまな学問領域において，学際的な視点が求められるのも同じ理由からであろう．

　本当に価値のあるものはなかなか姿を現してくれないし，残念ながら，そんなに簡単に手に入れることはできないものだ，と思う．

■文　献

Jung, C. G.（Sonu Shamdasani編）(2009). *The Red Book*. Philemon series. Norton. 河合俊雄（監訳）(2010)．赤の書．創元社，p.196.

皆藤　章（2004）．風景構成法のときと語り．誠信書房，p.11.

岸本寛史（2005）．『バウムテスト第三版』におけるコッホの精神．山中康裕・皆藤　章・角野善宏（編）バウムの心理臨床．創元社，p.39.

岸本寛史（2010a）．Karl Koch "Der Baumtest". 臨床心理学，**10**(3)，470-473.

岸本寛史（2010b）．訳者あとがき1．バウムテスト 第3版――心理的見立ての補助手段としてのバウム画研究．誠信書房，pp.317-321.

Koch, Charles(1952). *The Tree Test*. Bern: Huns Huber. 林　勝造・国吉政一・一谷　彊（訳）(1970). バウム・テスト――樹木画による人格診断法．日本文化科学社．

Koch, Karl(1957). *Der Baumtest: Der Baumzeichenversuch als psychodiagnostisches Hilfsmittel*. 3. Auflage. Bern: Hans Huber. 岸本寛史・中島ナオミ・宮崎忠男（訳）(2010)．バウムテスト 第3版――心理的見立ての補助手段としてのバウム画研究．誠信書房．

中島ナオミ（2010）．訳者あとがき2．バウムテスト 第3版――心理的見立ての補助手段としてのバウム画研究．誠信書房，pp.322-326.

高橋依子（2010）．樹木画テスト．臨床心理学，**10**(3)，662-667.

山中康裕（2010）．『バウムテスト』ドイツ語原著からの初邦訳版への序文．バウムテスト 第3版――心理的見立ての補助手段としてのバウム画研究．誠信書房，pp.i-iv.

第3章
バウムテスト研究の可能性

■ 佐渡忠洋

第1節　はじめに

　この度,50年以上前に著された『バウムテスト　第3版』(Koch, 1957/2010)が邦訳され,われわれはK. コッホのバウム論を身近に感じられるようになった。熟読すれば明らかなように,『第3版』は現在でも新しい思惟の宝庫である。これによってわが国の心理臨床はより深みと拡がりを得るにちがいない。しかし,そのためには今後十年の研究が特に重要になると筆者は考えている。

　本稿では2010年の『第3版』邦訳をわが国のバウムテスト研究の転換点と考え,2009年までの研究の特徴と課題を明らかにしたい。この半世紀の歩みを振り返り,先行研究を批判的に読み解くことはこの期に必要な作業と考えるからである。検討した文献は2009年末時点に筆者が収集できた696編（抄録は除く）の邦文献である（佐渡ら,2010b）。研究を論じる上でその内容と形式とは分けない方が実践的であろう。しかし,課題を具体的に述べていくためにも,以下,対象領域と方法論とに分けて論じる。

第2節　バウムテスト研究の現状と課題

1. 論文数と対象領域からみたバウムテスト研究

　最初にわが国の研究史を簡潔に記す。本技法の普及過程の一端が読み取れ

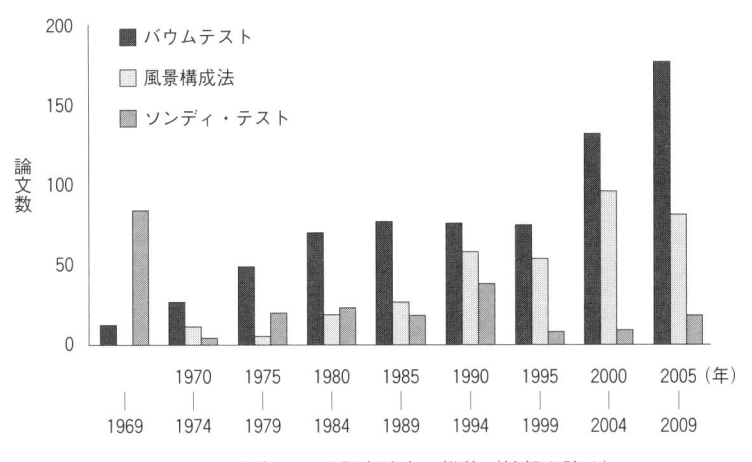

図3-1　2009年までの発表論文の推移（抄録を除く）

るよう，2009年までの論文数の推移を風景構成法（佐渡ら，2011）およびソンディ・テスト（佐渡ら，2010c）と対比して図3-1に示した。

バウムテストは1960年頃にわが国に導入された。当初は発達研究が多く，コッホが提唱した「早期型」をわが国で追試していた。1970年には『バウム・テスト』（Koch, 1952/1970）が英語版からの重訳という形で邦訳され，人類学や生態学などの分野にも導入されるようになった。1980年代には「子どもの不適応」と「精神疾患」に関する研究が，1990年代には「高齢者」に関する研究が多く報告された。特にこの時期，本技法の有用性が広く認められたからであろう，医学系の研究雑誌でバウムが頻繁に掲載されるようになる。2000年以降は「治療効果」「発達障害」「外傷体験」に関する研究が多く報告されている。

2. 対象領域の課題

先行研究を検討した結果，以下の課題が認められた（佐渡ら，2010a）。

第一に，「基礎研究」の不足である。要因を統制した実験手法による研究が少なく，各種要因が十分検討されていない。例えば，臨床場面で多様な用具が使われている現在，画用紙の大きさやクレヨンで描く影響などは検討され

る必要があろう。そして、描き手と見守り手との関係が描画に多大な影響を与える以上、個別法と集団法の比較など実施場面の特徴も検討すべきである。また、既存の「基礎研究」は"狭義"の自然科学から研究が進められてきた。例えば、再検査信頼性の研究は表現されたバウムが安定しており、"変わらないこと"を期待する。しかし日々の実践から、われわれはバウム表現を一回性のものとも捉え、その都度バウムが変化することを体験しているのではないだろうか。したがって、従来の自然科学的な考えからだけでなく、バウムが"変わること"を認め、どのような時にどのように変わるのか、どの部分が如何なる形態へ変わるのかなど、実践的な視点からの「基礎研究」も求められている。

　第二に、追試の不足である。報告が批判的に吟味されることは少なく、知見の洗練が不十分である。心理臨床学は個人プレイの学問で、追試の研究が評価されにくい学問文化かもしれない。しかし、新たな仮説は批判的な検討からこそ生まれる可能性があるため、追試はより積極的に行われる必要があろう。特に数十年前の研究は追試を行い、現在の知見を取り入れるべきである。

　第三に、レビュー論文の不足がある。膨大な研究があってもそれらの知見はまとまりに欠け、各知見の関連が不明瞭である。指標の定義が曖昧であること、解釈仮説が未整理であることはレビューの不足に起因していよう。邦文献をメタ的に検討し、例えば「1960年から2000年における発達研究△編を検討した結果、□□指標は時代の影響を受けにくく、◎歳児の出現率は○±○％である」のような報告があれば、各指標の意味をより理解できるはずである。

　第四に、臨床群の特性についてである。臨床場面で高い利用頻度を誇る本技法は（小川ら、2005）、その時々で注目された臨床群に導入されてきた。しかし、それに比べて検討された臨床群の特性は少ない。多くの心理臨床家が悩むパーソナリティ障害や境界例、2007年頃より注目されはじめた双極Ⅱ型障害は未だまとまった報告がないのである。仮にそのように診断され得る臨床群に特徴的なバウム表現がなくとも、「○○疾患の描き手に特徴的なバウム表現はない」との報告があるだけで有益な資料となろう。

　その他に、新法（変法）が考案されても、その考案者や仲間内のみで普及

し，あまり批判的に検討されていないという課題もある。また，現在の科学技術の発展と近隣の精神医学界の動向を見る限り，IT技術を用いたバウムの画像処理解析に関する研究やバウムと脳科学との関連は今後期待されてよいテーマである。

3. 3人の先達

　テーマに関連して，今日のバウムテストの礎を築いた研究者の内，次の3名の業績に筆者は注目している。一人目は，臨床と研究のはざまを埋める基礎研究を行った心理臨床家の青木健次である。現今の科学的知見は彼の綿密な研究に依るところが大きい（青木，1980など）。二人目は，バウムの生態学的研究を行った心療内科医であり生態学者でもある吉川公雄である。アジアや日本各地のデータを扱っており，彼ほど幹先端処理と文化的要因を研究した者はいない（吉川，1978など）。三人目は，発達や遺伝など幅広い研究に従事した心理臨床家で精神科医の山中康裕である。双生児研究や「メビウスの木」の指摘は貴重な財産であり，彼の報告には治療論への配慮が随所に行き渡っている（山中，1976など）。
　3名の重要な研究は，包括的に検討することで興味深い知見が得られるであろう。彼らのような真摯な研究活動は，現在にこそ求められている。

第3節　方法論からみたバウムテスト研究

1.「数量化研究」と「質的研究」

　方法論の特徴を明らかにするために邦文献を分類した（表3-1）。
　「数量化研究」とは何らかの指標を用いてバウムを数量的に検討したものである。指標を通してバウムを捉えるという意味で「指標アプローチ」と言うこともできる。「質的研究」とは数量化を目的とせずバウムの読み込みから検討したものであり，バウムの事例研究などはこれにあたる。解釈による研究という意味で「記述アプローチ」と表すこともできる。両者の線引きの議論

表3-1　方法論の分類（*n*=696）

技法の紹介	46編（ 6.6%）
数量化研究	282編（40.5%）
質的研究	202編（32.0%）
提示・言及	127編（18.2%）
その他	39編（ 5.6%）

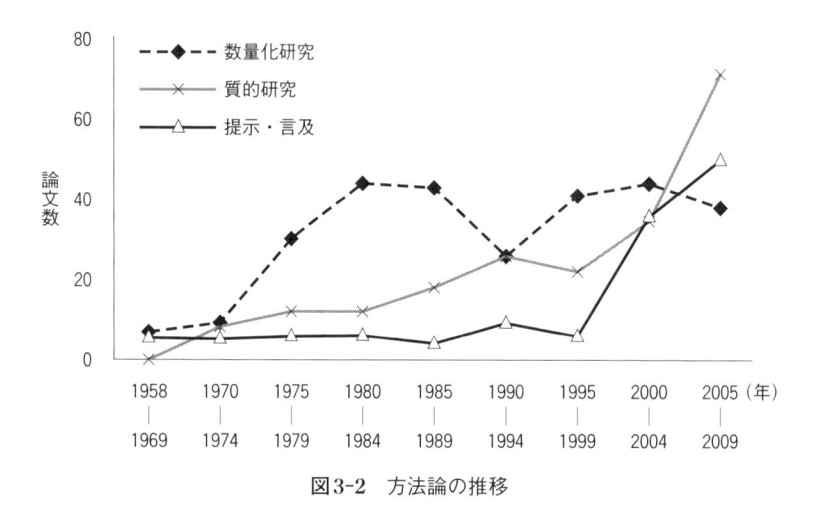

図3-2　方法論の推移

は実り少なく，研究者の臨床的態度という点では本来共通すると思われるので，ここでは「数量化研究」と「質的研究」に大別できるとのみしておきたい。これら以外にも，技法を紹介する「紹介」，論文中にバウムの図を掲載したり技法に言及したりする「提示・言及」がある。

　論文数の推移を見たところ（図3-2），2000年までは「数量化研究」が最も採用されていた。2000年以降は「質的研究」「提示・言及」が数を伸ばしたことが認められた（佐渡ら，2010a）。

2.「数量化研究」の特徴

「数量化研究」の特徴は，具体的な根拠を提示でき，現代科学と親和性が高い点にあり，その基本原理は対象を"分ける"ことである。「数量化研究」で

表3-2 数量化研究の分類（n=282，重複あり）

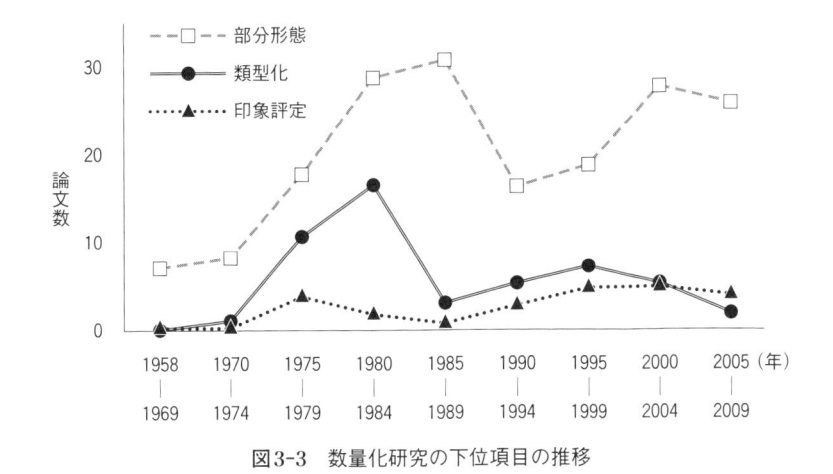

部分形態	176編（62.4%）
類型化	49編（17.4%）
印象評定	24編（ 8.5%）
空間配置	38編（13.5%）
測定	30編（10.6%）
指標関連	12編（ 4.3%）
その他	43編（15.2%）

図3-3 数量化研究の下位項目の推移

用いる指標は研究者の視点を意味しており，研究の質は用いる指標の精度と理論に規定される。

この方法に対して「数量化できないものがある」「手法が強引である」などの批判は当然予想される。しかし，それらは本法の限界を示すものであっても，その有用性を否定するものではなく，ひとつのパースペクティブとしてはやはり実用的である。「数量的に検討すれば実証的な研究である」との誤った認識による研究が，「数量化研究」の評価を下げているように思われる。

「数量化研究」の特徴を明らかにするために，重複を可とする下位項目を設け，さらに分類した（表3-2）。「部分形態」とは一線枝や幹上直のようにバウム形態を部分的に捉える指標を用いて検討したもの，「類型化」とは大まかにバウム全姿のパターンを検討したもの，「印象評定」とはSD法用の形容詞

対によって評定者が受けた印象を検討したものである。その他にも，用紙へのバウムの配置を検討する「空間配置」，幹の実測値を検討したり樹冠の比率を検討したりする「測定」などがある。論文数の推移を見たところ（図3-3），「数量化研究」の中では「部分形態」が最も主流のアプローチであることが認められた。

3.「数量化研究」の課題 ――「部分形態」を中心に

最も論文数の多い「部分形態」には以下の課題がある（佐渡，2010a；佐渡ら，2010a；坂本ら，2010）。

第一に，指標の定義についてである。指標でバウム形態を捉えるには，その指標が示す形態部と他の形態部とを区別する必要があり，そのための定義が不可欠である。しかし，用いた指標の意味する形態が不明瞭な論文が多い。例えば，中島（1985）の指摘の通り，コッホの「モミ型幹」指標が，最初「T型幹」と和訳されたことは誤解を生じさせた。それに加え，後の研究者が「T幹」「T字幹」「T字型幹」「モミ幹」「モミの幹」の名称を与え，同じ名称でも異なる形態をスコアする論文があることも問題である，と筆者は考えている。このことは，先行研究の参照を難しくさせ，知見の蓄積を妨げていよう。今後，研究者は論文内で各指標の定義を示すか，各指標の引用先を明記する必要がある。

第二に，数量化の信憑性の課題である。いくら厳密な定義があっても指標との合致の判断は難しい。そこで複数人が評定に参加し，彼らの評定結果を照らし合わせ，最終評価に信憑性を持たせる必要性が出てくる。多様な反応を検討する投映法研究において，この評定者間信頼性の吟味は不可欠であるが，「部分形態」の内，吟味した研究は13.1％（23編）のみであった。これは，先行研究の数量的データに疑問を投げかけるものである。今後，評定者間信頼性の吟味は必須の手続きにすべきであろう。

第三に，実施法の課題がある。臨床場面では個別法が，調査場面では集団法が採用されやすく，両実施法では描かれるバウムが異なる可能性がある。しかし，これまで実施法の要因は未検討で，「部分形態」の内，個別法のみによる研究はわずか12.5％（22編）であった。これは，実施法の要因が軽視さ

れてきたこと，臨床場面に還元されにくい形で知見が集積されてきたことを意味する。今後は，両実施法の異同を明らかにすること，可能な限り個別法で施行したデータから研究を行うことが求められている。

　第四に，統計学的分析の課題である。「部分形態」では，出現度数を群間で比較することが多い。そのとき統計学的分析は仮説検定法として用いられるが，多くの研究が統計学の論理から逸脱している。統計学では危険率5％で20項目を分析した場合，64％ほどの確率で偶然の差を拾うことになり，理論上，20項目を分析すると1項目ほどに偶然の差が生じる計算になる。しかし「部分形態」の内，20項目以上を分析した研究は71.6％（126編）にもおよび，多数の指標を網羅的に分析する研究（スクリーニング法）が多かった。このことは偶然の差を真の差であるかのように論じた研究が多いことを示唆している。

　第五に，研究者の仮説についてである。仮説検定法として統計学的分析を用いるとき，帰無仮説を設定し，それを棄却することで初めて「差がある」と論じることができる。したがって，統計学的分析には必ず研究者の仮説が関与するが，「表現○○は□群より△群に多い」と具体的な作業仮説を提示してから分析を行った研究は，「部分形態」の内わずか4％（7編）にとどまる。また，検討に用いた指標の選択理由を記していない研究も多かった。これらは，統計学的分析を都合よく使用してきたこと，指標の選択を軽視してきたことを示している。また，スクリーニング法による研究が多いことを踏まえるならば，「たくさんの指標を分析すれば，いずれかの指標に有意差が出るだろう」という研究者の安易な意図が窺える。このような研究では，真に意味ある知見を報告することは困難だろう。統計学的分析の課題克服については次節の「スポットライト分析」において詳述する。

　他の「数量化研究」においても看過しがたい課題が認められる。以上のことは，「数量化研究」が自然科学の考えに依拠しているように見えて，内実，方法論に多大な問題があることを示している。また，自然科学を冠する研究者がバウムテストを批判する場合，それは —— 臨床的事実は別として —— 正鵠を射ている場合があるのだろう。どのような研究であれ，自然科学的な方法論で研究し，最大限の配慮をもって示された数量的な結果は，その文脈において認められたひとつの根拠であって，それ以上でもそれ以下でもない

価値を持つ。したがって，今後はまず，強みとする数値化を適切に行い，妥当な形で分析することで，研究の精度を上げるよう努めなければならない。課題の多くは，研究者の努力で解決できるものなのである。

4.「質的研究」の特徴

「質的研究」の特徴は，一次資料と文脈に配慮し，事例研究を重視する心理臨床学と親和性が高い点にある。研究者の仮説によって研究が進み，"知"を紡ぎだすように論じるという意味で，研究の質は研究者の「読む力」と「言葉にする力」に規定される。

この方法には，「実証的でない」「思弁的である」との批判が予想される。しかし，われわれはバウムを理解するときに必ず質的な理解を試みているはずで，指標はそもそもバウムの質的な読み込みから生まれた視点である。したがって，質的な理解は研究の基本であって，決して否定されるべきものではない。「数量化研究」とは異なる言葉で語るひとつのパースペクティブであり，臨床学的なアプローチである。ただし，研究によっては「事例を提示すればそれでよし」との態度や，露骨に「研究者の研究」に成り果てている場合がある。これが「質的研究」が特に批判される所以であろう。

「質的研究」は，バウムを質的に読み込むもの（106編）と，バウムの象徴的・文化的な意味などを論じたもの（96編）とに分けることができた。2005年以降に論文数が急増しているのは，『バウムの心理臨床』（山中ら，2005）に所収された論稿の影響であろう。

5.「質的研究」の課題

「質的研究」の課題は，筆者と先行研究との対話の結果を記述する方法で示したい。それは，「数量化研究」のように分類することが困難であるからだけでなく，「質的研究」と近い方法をとる方が馴染むと考えたからである。

第一に，一次資料の提示の仕方である。多くの研究が最初に一次資料を提示し，その後に物語を展開させるよう論述し始める。それは，具体的な議論を始める土台であり──それ自体が具体的な臨床的事実でもあるが──，

論文の批判的な読み込みを可能にさせる著者と読者の共通領域である。しかし，一次資料を省略しすぎる研究が多いように筆者には感じられる。素材の描写が説明的になり，刈り込まれた盆栽のような形で資料が提示されている。冗長な論文を推奨するわけではなく，投稿規定などで難しいのは承知の上であるが，今後は，生きた事例の描写，将来においても議論可能な素材の提示が期待される。

　第二に，検討事例の数である。心理療法過程の検討では1事例のバウムが吟味されることが多い。また，臨床事例や調査事例への質的なアプローチでは，3～5事例が取り上げられやすい。しかし，データ数が少ない場合に質的なアプローチを用いると考える研究者が多いように思われる。これは本来「質的研究」が有用である理由とは異なり，データ数が方法論を必要以上に規定している。「質的研究」が方法論として有用であるのなら，中規模事例を質的に検討しても良いだろう。カナー（Kanner, 1943/2001）の報告はその好例である。11症例の詳細な提示によって，彼はより説得力ある論文を著すことができ，この報告がわれわれを自閉症概念へと導いたことを否定する者は誰もいないであろう。

　第三に，心理療法でのバウムの検討方法である。心理療法過程で描かれたバウムを検討するとき，多くの研究が心理療法過程からバウムを"抜き出して"検討していた。この方法はバウムテストのアセスメント的側面に重きを置いた研究である。しかし，本技法の治療的側面にも配慮して研究を行うならば，この方法で十分とは言いがたい。関係性の下で描かれたバウムを理解し，バウムテストが治療的にも働き得ることを理解していくためには，前後のコミュニケーションやセラピストの内に生じたことも含めて丁寧に記述し，バウムを心理療法と渾一体のものとして，または言語的なものと非言語的なものを表裏のものとして理解していくことが必要であろう（岸本, 2008）。

　第四に，知見の信憑性についてである。これは「質的研究」に必ず付いてまわる課題である。われわれが知見の信憑性を確保するためには，既存の知見との関連で考察に整合性を与える試みが必要である。このモデルとなるのが，発達障害への心理療法の事例研究から治療過程に生じたある形式を抽出し，自らの仮説と比較した河合（2010）の論稿である。数値とは異なる方法で研究者の仮説に具体性を与え，対比のもとで仮説が洗練されれば，知見の

信憑性という課題を乗り越えることができるかもしれない。

　以上の課題は，「数量化研究」に比べて克服困難である。それは，研究知見へ影響する研究者の能力が「数量化研究」以上に克服を難しくさせるためである。しかし，バウムテストの臨床学的展開は「質的研究」の発展抜きには語れないので，各々の研究者が努力を続けることが必須である。精度の高い体系的レビューを行うことができれば，より具体的な課題を措定でき，課題解決へと向かえるかもしれない。今後筆者は，最善の方法を考えつつ，いずれ「質的研究」と邦文献全体のレビューを報告したいと考えている。

6．その他

　加えて，論文の記述とバウムの提示方法についても言及しておきたい。従来の論文は，手続き，実施法，教示，指標の数，定義，統計値などの記述が不十分で，追試が不可能なものが多い。また，図において用紙の縁が示されておらず，空間の配置の程度が読み取れない報告も散見される――コッホ自身がまさにそうであるのだが。読者のためにも，記述は丁寧に行われるべきであり，用紙の縁は示す方が良い。

第4節　臨床に活きるバウムテスト研究の展望

1．コッホと先達から学ぶ

　今後の研究を考える上で，コッホの基本姿勢を取り入れることを最初に強調したい。この点に関しては，岸本（2005）や佐渡（2010b）が『第3版』邦訳書の20ページを引用して指摘しているため，ここでは繰り返さない。ただ，簡潔に述べるならば，それは研究者（治療者）が積極的にバウムにコミットメントし，バウムのイメージを温め，理解がある地点に達するまで，そのイメージと向き合う心理臨床家の姿勢である。これは，臨床のみならず研究でも，そして「数量化研究」や「質的研究」でも共通するものであろう。この姿勢から研究が展開すれば，"臨床的"な知見は確実に増えると期待できる。

また，課題を有する先行研究を「欠陥論文」と捨て去るのではなく，それらを改めて吟味する必要もある。そのためには，わが国の知見を複数の視点（研究者）で体系的に検討すべきであろう。その後，わが国と諸外国の知見（例えば，Stora, 1994 や Waser, 2000）を比較できれば，研究の新たな地平が開かれると思われる。

2. スポットライト分析

　方法論に関して，筆者はコッホの基本姿勢を参考に，研究者の仮説からバウムに光を当てて検討する「スポットライト分析」を考えた（佐渡，2010b；坂本ら，2010）。これはデータの収集後，得られたバウムをじっくり眺めて仮説を生成し，研究者が意味を感じた部分に焦点を絞り，仮説を統計的に検証するという方法である。これは新たな方法というよりも統計学に準じた方法にすぎない。しかし，統計学の理論を無視し，闇雲なスクリーニング法の研究が多い現状を鑑みれば，強調することに意味があると思われる。

　丁寧で慎重な仮説生成に基づいてスポットライト分析を行えば，バウムを数量的にも質的にも検討できるであろう。そして，先述した統計学的分析の課題を克服でき，各指標の心理学的な意味はより明らかとなり，臨床場面に貢献できる知見が報告できると思われる。

3. 臨床研究への期待

　ここで，ある研究を例示したい。大瀧ら（1993）は，時折うつ病者が「葡萄型」のバウムを描くとの経験から，精神科病院入院中に週1回のバウムテストと SDS（Self-rating Depression Scale）を行った内因性うつ病者のデータを，神経症圏のうつ病者のデータと比較して分析した。その結果，入院期間に「葡萄型」を描く者は内因性うつ病者に多く，「葡萄型」は SDS 得点が減少する時期に出現すること，「葡萄型」を一度でも描く者は治療の遅延化が生じやすいことなどを見出した。

　これは臨床研究のオーソドックスな流れである。実践の一部をまとめた報告であり，臨床から発せられた知見である。しかし，心理臨床学が臨床現場

を大切にし，そこで得られた疑問をテーマとする学問であるにもかかわらず，臨床研究は意外と少ない。

　臨床研究は本技法の発展を考える上で重要な役割を担う。それは，実践の中で体験した疑問や興味深い出来事を，臨床に根差した態度から公共性を有した形で報告されれば，これほどバウムテストに貢献する研究はないと考えるためである。疫学的な調査研究は，臨床研究の後や臨床で得られた仮説を検討するために行う方が，われわれの経験と研究の間にズレを生じさせないと筆者は考える。

4. 臨床資料の取り扱いと縦断研究の促進

　今後の臨床研究では，これまで以上に臨床的に均質性の高い対象群を構成することに注意を要した方がよい。中安（2010）が指摘するように，対象者の特性をDSM-IV-TRで分類することは，一見操作的な定義による実証的研究に思えるが，臨床に役立つ知見は得られにくい。したがって今後は，統計的に検討するために均質性の低い多数の事例を扱うよりも，われわれの臨床経験から治療上重要な特性に注目して対象群を構成した上で検討した研究の方が，小規模事例であっても，臨床的に有意義な知見を報告できると思われる。

　そして，臨床研究では縦断研究が最も実践に近く，対象者の特性を捉えやすいだろう。先行研究では，仮説が未成熟のまま安易に横断研究を行う報告が多いように思える――横断研究を軽視するつもりはないが。集団調査に入る前に，縦断的な研究で丁寧に描き手たちの特徴を把握し，仮説を練ることが，今後特に必要になるだろう。風景構成法においても，複数回の実施の必要性が指摘されており（佐々木, 2005），治療論として評価の高い中井（1974）の寛解論も丁寧な縦断研究から知見を見出したではないか。発達研究だけでなく臨床研究でも縦断研究がより注目されれば，個人のバウムの変化と同時にバウムの恒常性も追うことができ，病理を理解する研究だけでなく治療論からの研究が増えるのではないかと筆者は期待する。

5. 研究と実施への責任

　バウムテストは簡便であるために導入しやすい技法とされるが，それは治療者側にとって簡便に使えてしまうことをも意味している。また，児童生徒の理解のために学校の教員がバウムテストを使用していると耳にしたことがあるが，非専門家がバウムテストへ接近することを，われわれの報告は助長するかもしれない。さらに，「この本を読む前に自分でバウムを描いてみてください」と述べるテクストがあるが，見守り手の前で1本のバウムを表現するという最も重要な点を，この言葉は読者に伝えることはできていない。そして2011年4月現在，バウムテストの保険診療得点は280点であり，時間と労力の割には稼げる技法であるが，そのことが本技法の利用頻度の高さとあまりに関連してはいないだろうか —— 心理士が収益に貢献することを否定するわけではないが。

　これらは，バウムテストの研究と実施に伴う責任を示す僅かな例にすぎない。しかし，われわれの倫理感を問うに十分な例であるはずだ。

第5節　コッホからの手紙 —— むすびにかえて

　2011年3月4日，筆者が注文していた『Der Baumtest 第2版』が届いた。なんとそこには，コッホからの手紙が挟まっていたのだ（図3-4）。おそらくコッホが共同研究者の誰かに贈った『第2版』をドイツの古書店が引き取り，それをたまたま筆者が注文して入手したのだと思われる。それは本稿の正式な執筆依頼を受け取る1日前のことだった。

　これは極めて意義深いメッセージであると思われる。『第3版』が邦訳されたこと，われわれが新たな研究の出立を迎えたことを，あちらの世界から，コッホも応援してくれているのだろう —— と考えることもできる。本章の表題「バウムテスト研究の可能性」とは，『第3版』から学び，上述した課題を乗り越え，誠実な態度で臨床から"知"を発し続ける未来にあるのであって，それこそコッホとの共同作業（Mitarbeit）に他ならない，と筆者には思える

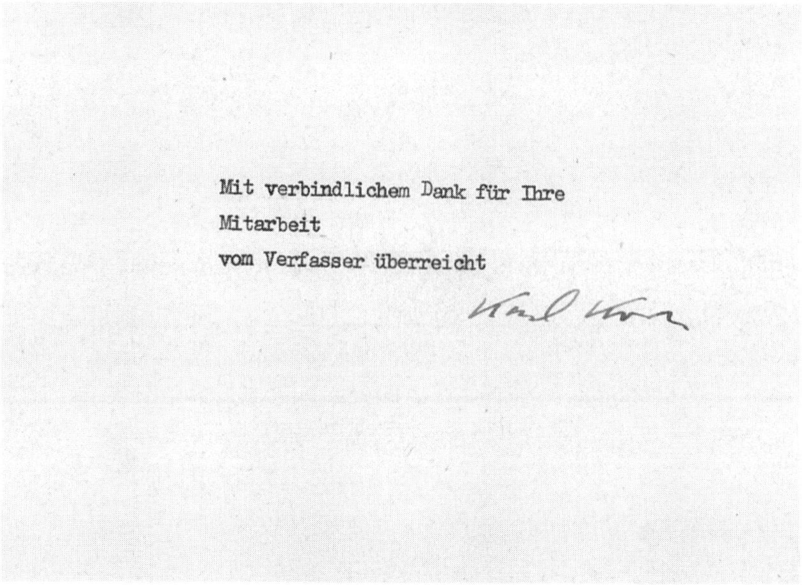

あなたの協力に心から感謝をこめて　著者謹呈

図3-4　ドイツの古書店から届いた『バウムテスト 第2版』に挟み込まれていたカード。共同研究者に宛てたコッホの献辞と思われる。

のである。

■ 文　献

青木健次（1980）．投影描画法の基礎的研究（第1報）──再検査信頼性．心理学研究，**51**(1), 9-17.

Kanner, L.（1943）. Autistic disturbances of affective contact. *The Nervous Child*, **2**, 217-250.
　Kanner, L.（1973）. In *Childhood Psychosis: Initial Studies and New Insights*. New York: Wiley. 十亀史郎・斎藤聡明・岩本 憲（訳）(2001)．幼児自閉症の研究．黎明書房，pp.10-55.

河合俊雄（2010）．子どもの発達障害への心理療法的アプローチ──結合と分離．河合俊雄（編）発達障害への心理療法的アプローチ．創元社，pp.27-50.

岸本寛史（2005）．『バウムテスト第三版』におけるコッホの精神．山中康裕・皆藤 章・角野善宏（編）バウムの心理臨床〈京大心理臨床シリーズ1〉．創元社，pp.31-54.

岸本寛史（2008）．なぜバウムテストをするのか．堺・南大阪地域活性化のための拠点としての心理臨床センター報告書，pp.4-14.

Koch, C.（1952）. *The Tree Test: The Tree-Drawing Test as an Aid in Psychodiagnosis*. Bern:

Huns Huber. 林 勝造・国吉政一・一谷 彊(訳)(1970). バウム・テスト —— 樹木画による人格診断法. 日本文化科学社.

Koch, K.(1957). *Der Baumtest: Der Baumzeichenversuch als psychodiagnostisches Hilfsmittel.* 3. Auflage. Bern: Hans Huber. 岸本寛史・中島ナオミ・宮崎忠男(訳)(2010). バウムテスト 第3版 —— 心理的見立ての補助手段としてのバウム画研究. 誠信書房.

中井久夫(1974). 精神分裂病状態からの寛解過程 —— 描画を併用せる精神療法をとおしてみた縦断的観察. 宮本忠雄(編) 分裂病の精神病理2. 東京大学出版会, pp.157-217.

中島ナオミ(1985). Kochの原著"Der Baumtest"とその英語版との比較対照による検討(第1報). 大阪府立公衆衛生研究所報・精神衛生編, **23**, 27-40.

中安信夫(2010). 精神病理学は精神疾患の脳科学研究の片翼を担うものである. 臨床精神医学, **39**(9), 993-1002.

小川俊樹・福森崇貴・角田陽子(2005). 心理臨床の場における心理検査の使用頻度について. 日本心理臨床学会第24回大会発表論文集, p.263.

大瀧和男・村田桂子・川口浩司(1993). バウムテストに見られたうつ病者の「葡萄型」表現について. 臨床描画研究, Ⅷ, 69-185.

佐渡忠洋(2010a). 実施法と評定間信頼性からみたバウムテスト研究の精度 —— バウムテスト文献レビュー(第二報). 岐阜大学カリキュラム開発研究, **28**(1), 21-32.

佐渡忠洋(2010b). 日本におけるバウムテストの研究. 臨床心理学, **10**(5), 674-679.

佐渡忠洋・坂本佳織・伊藤宗親(2010a). 日本におけるバウムテスト研究の変遷 —— バウムテスト文献レビュー(第一報). 岐阜大学カリキュラム開発研究, **28**(1), 12-20.

佐渡忠洋・坂本佳織・岸本寛史・伊藤宗親(2010b). 日本におけるバウムテストの文献一覧(1958-2009年). 岐阜大学カリキュラム開発研究, **28**(1), 33-57.

佐渡忠洋・田中生雅・山本眞由美・緒賀郷志(2010c). ソンディ・テストに関する邦文献一覧(1951-2009年). 岐阜大学教育学部研究報告(人文科学), **59**(1), 147-158.

佐渡忠洋・中島郁子・別府 哲(2011). 風景構成法の本邦における文献一覧(1970-2010年). 岐阜大学教育学部研究報告(人文科学), **59**(2), 153-169.

坂本佳織・佐渡忠洋・岸本寛史(2010). バウムテストのスポットライト分析. 日本心理臨床学会第29回大会発表論文集, p.255.

佐々木玲仁(2005). 風景構成法研究の方法論について. 心理臨床学研究, **23**(1), 33-43.

Stora, R.(1994). *Le test du dessin d'arbre.* 3e éd. Paris: Augstin S. A.

山中康裕(1976). 精神分裂病におけるバウム・テストの研究. 心理測定ジャーナル, **12**(4), 18-23.

山中康裕・皆藤 章・角野善宏(編)(2005). バウムと心理臨床〈京大心理臨床シリーズ1〉. 創元社.

吉川公雄(1978). BAUMTEST —— ボルネオにおける研究. 加藤泰安・中尾佐助・梅棹忠夫(編) 社会 文化 人類学 —— 今西錦司博士古稀記念論文集. 中央公論社, pp.335-396.

Waser, C.(2000). *Der Dreibaumtest: ein projektiver Zeichentest zur Bezichungsdiagnostik, Handanweisung.* 2. Auflage. Frankfurt: Dietmar Klotz.

第 2 部

バウムテストの実践

第4章
面接前に描かれるバウムテストの意味

■ 岡村宏美

第1節　はじめに

　バウムテストを治療初期に描いてもらうことは，治療の手がかりを得る上で大切であるとされている。面接開始前に描かれたバウムと，バウム描画後にクライエントが語った木のイメージを，セラピスト（筆者）が治療の節目で見つめ直すことにより，クライエントに対する理解が深まり，治療における視点の転換をもたらしたり，治療の支えとなった1事例を経験したので，ここに紹介したい。
　〔紹介にあたり，セラピストより事例となるクライエント本人に説明を行い，本書に事例の内容と本人が描いたバウムを掲載する同意を得ている。個人情報保護のため，事例の本質を損なわない形で事実を改変してある。〕

第2節　事例提示

　片頭痛を主訴として来談されたAさん（以下A），40代の独身女性会社員（専門職）である。

1．生育歴，現病歴，面接にいたるまでの経緯

　Aは2人姉妹の末っ子として出生し，発育には特に問題がなかった。父親は

多忙で母親が要の家庭であった。家族仲は良く，干渉が少なく自立を求める家風であった。小学生までは父親の転勤のため，何度も引越しを繰り返し，環境にはなじんでいたが，常に異質にならないよう心がけて過ごしていた。中学は自ら希望し，私立中高一貫校に入学した。学校生活では友人らと委員や部活を頑張り，楽しく過ごしていたが，中学2年頃より，もやもやするような感じを抱くようになり，漠然と「死にたい」と思うようになった。17歳時，学校行事の翌日にはじめて片頭痛を発症したが，服薬が必要なレベルではなく，片頭痛のために学校を欠席することはなかった。

高校卒業後，自らの希望で親元を離れ大学進学した。大学生活はグループには属していたものの，特定の親しい友人はいなかった。大学院卒業後，専門資格を取得し就職したが，仕事が多忙で1年半ほどで出勤しにくくなった。

30歳時，母親と祖母が相次いで病死した頃より片頭痛が悪化し，痛みを抑えようと鎮痛薬を飲みすぎることが続いた。35歳時より3年間海外勤務となり，専門治療をうけたところ，片頭痛の症状は少し軽くなった。しかし，帰国予定直前に上司とトラブルがあり「もうここにはいられない」と感じてその日を境に辞職し，帰国した。帰国後，別会社に勤め始めたが，片頭痛がひどく，欠勤が多くなり，2年半後に休んだまま退職となった。

現在の職場では10年ほど勤務をつづけているが，片頭痛のために欠勤しがちであった。業務にも支障が出ており，上司からは再三苦言が呈されているとのことであった。片頭痛のために，仕事だけでなく，趣味や旅行もままならないようだった。

40代より，不眠のため総合病院精神科受診を開始した。不眠は改善したが，気分の落ち込みがあり，定期的な受診を続けている。X−1年，片頭痛の悪化を理由に3カ月間休職した。X年にAが精神科主治医に希望したことから，セラピスト（以下Th）が心理検査と心理面接を実施することとなった。

2. 面接開始前の心理検査（バウムテストを中心に）

A. 検査時の様子

Aは年齢相応の落ち着いた見た目に比して，少女のような繊細さを感じさせる女性であった。心理面接を希望する理由を問うたところ，「片頭痛の軽減

目的で。休職していたとき，片頭痛は精神的なものではないかと知り合いに言われ，カウンセリングを勧められた。母親も母方の祖母も片頭痛持ちで遺伝的な要因もあると思います。片頭痛の出方から職場による精神的ストレスによるものかと思って……」と述べた。心理検査はバウムテスト，POMS，P-Fスタディ，文章完成法，ロールシャッハテストを実施した。

B．バウムテスト

　防衛が働きにくくなることで内的側面の情報が得られ，より立体的なパーソナリティの把握ができるという仮説（森田，1995）を元に，2枚法を実施した。教示は，1枚目は「木を1本描いてください」，2枚目は1枚目の描画の直後に「先ほど描いていただいた木とは別の木を1本描いてください」とし，2枚描き終わったところで，描画後の質問を行った。教示後，Aは少し考えた後に，すらすらと描いた。

【1枚目のバウムの描写】（図4-1参照）　用紙中央から若干左寄り，用紙の下端から約5cm程度上より起始した，普通の大きさの木である。描線は全体的に薄く，途切れがちである。幹は約18cmの長さの上下開放型の2線幹で，幅は幹下端が約4cm，中央が約1.5cm幹，上端が約2.5cmと中央で若干すぼんでいる。根は描かれておらず，地面は幹下端より2cmほど上に，単線で描かれている。樹冠は幹の上部から5cmほど下を起点とし，途切れがちで8カ所ほど空白がみられる単線で，幹を包む形で描かれた，直径約15cmの正方形に近い円形である。幹の上端から5cm下までの間の幹両側に，単線で上向きの枝が4本ずつ描かれており，樹冠内でさらに枝分かれしている。枝のつながりは悪く，とぎれがちでバラバラとして見える。幹の上部中央に1本だけ，開放型で先に進むに従って広がった，大き目の2線枝が斜め右方向に突き出た形で描かれている。

【2枚目のバウムの描写】（図4-2参照）　用紙中央から若干左寄りに位置する普通の大きさの柳の木である。描線は全体的に薄い。用紙の右端から，7cm×17cmの長方形に区切られた地面の左端部分より起始している。地面よりさらに左部分に，用紙の左端と連続した形で，水位2.5cmほどの水辺が描かれている。幹は約12cmの長さで，幅は幹下端で約4cm，上端で約2cmである。幹の上端両側から1線枝が複数本，用紙左側下部に向かってカーブして

図4-1　面接開始時のバウムテスト1枚目　　図4-2　面接開始時のバウムテスト2枚目

描かれており，それが樹冠となっている。線は途切れがちで重なりあって描かれている。幹上部は空白が目立ち，左側下部に近づくに従って枝の量は多くなり，枝先には輪郭は明確ではないが，葉のようなものが描かれている。樹冠の枝は水辺に向かって垂れるような形で描かれており，枝先から水辺までは10cm程度空いている。

　Aの描いたバウムを見たときのThの第一印象は，「……薄い……」というものであった。木としての形態は保たれているが，描線が非常に薄く途切れがちであり，現在のAのエネルギーは全体的に非常に弱くなっているように見受けられた。

　描画後に質問したところ，Aは自分の描いた木をじっと眺めつつ答えた。

【1枚目のバウムの描画後の質問】　「〈どこに生えている？〉まっ平らな草原のようなところで青空が広がっているような。〈季節は？〉初夏ですかね，緑が深くなる頃ですかね。10年以上前，海外の勤務先にいたときの感じ。空気がすっきりして，からっとしている。いい風が吹いている。〈加筆修正したい場所は？〉正面から太い枝があるのがおかしいな。葉っぱとか花とかが

あってもいいかも。ブーケによく入っているような……桜のようなものが満開ではないけど緑の間に咲いている。木陰のところにすわったりするのがいいなあと」。

【2枚目のバウムの描画後の質問】「〈どこに生えている？〉水辺ですね。こっち（左端）が水のつもり。川かなんかかな。〈季節は？〉春の頃，緑の明るい色がきれいな，とてもきれいな……〈イメージ？〉水辺の柳のようなふわふわとしている……いい風が吹いて枝がふわふわしていて水がきらきら光ったような。ボートに乗って遊んでいるような。柳の緑っていうのはきれいな緑，明るい。〈加筆修正したい場所は？〉柳のフワフワした感じはわかるんですが，こっち側（右部分）は……どうなっているのかな……。柳は風が動くにつれて動く感じ」。

Aのバウムに対するイメージは生き生きとしており，Aが描いたバウムからThが受けた弱々しさやエネルギーの乏しさはまったく感じられなかった。Thは描画とイメージとのギャップに強い驚きを覚えた。しかし，どちらもがA自身なのであろうとThは感じた。

A本人の中には豊かな力があるが，それは長くせきとめられているようであり，現在使えるエネルギーは乏しく，細部に行き渡らずに，すぐに枯渇してしまうようだった。Aはそんな現実から遠ざかり，感情を抑えることで自身を守ろうとしているようだった。Aは現在，バウムが示すとおり，自身が内心で思い描いていることと，実際の動きの間に著しい差が出ている状態なのかもしれないとThは考えた。

C．その他の心理検査（POMS，P-Fスタディ，文章完成法，ロールシャッハテスト）から得られた情報

資質は豊かで個性的な人だが，現在抑うつ的で活気がみられない。よりどころのない不安感や寂しさを持っている。良い自己イメージと否定的な自己イメージの間で長年葛藤を抱いており，意思決定や行動においてネガティブな影響を及ぼしている可能性がうかがえる。思考を重視し，感情抑制的な傾向が強いが，時折感情に過度に影響され混乱する。情報処理においては情報を過剰に取り込みすぎたり，細部にこだわりすぎる傾向があり，時折処理の質が未熟になることがある。

文章完成法には「私の不平→なんだろう……片頭痛にことよせてけんめいに仕事をしていないように思える自分に対するものだろうか」,「もし私が→3つ願うとしたら,①片頭痛がなくなること,②片頭痛がなくても平気な強さを持つこと,③ぜいたくでなくてもいいが,世界中を旅行すること」と書かれていた（下線はAによる）。Aは片頭痛そのものに困っているだけでなく,片頭痛があることを言い訳にして物事を回避する側面がある自分自身をどこかで自覚しており,そうでなくありたいという思いを持っているようであった。

3. 心理面接の経過

面接開始前に心理検査の結果報告を行い,2週間に1度,50分間の心理面接を開始することとなった。面接の経過を4期に分けて報告する。
また,Thが節目ごとにAが描いたバウムを見直すことで,新しい視点や治療を続ける支えを得たので,ともに報告する。

第1期 ♯1〜♯7

Aはよどみなく,これまでのこと,片頭痛で困っていること,仕事では,お金よりもやりがいを大事にしていることを語った。連続欠勤については,「数日休んだ後に,出勤する際にはとても気が引ける」と述べたかと思うと,「嫌いな人や嫌なことはないけど,仕事場にいても特にいいこともないので,行きたくない」と述べた。ThはAのすらすらとした話しぶりに翻弄され,事実関係ははっきり理解できるものの,A自身が本当のところどう感じているのか,わかりにくいように思えた。また,ThはAが罪悪感をあまりもたず欠勤を繰り返しているように感じ,内心苛々した思いでAの話を聴くことがあった。

♯7,面接終了時,Aが夏休み期間の面接日時についてThに聞いた際,Thが思わず「私には夏休みはないので通常通りで大丈夫です」と必要以上に強く返答したところ,Aの表情は見る見るかげり,「すいません」と縮こまり俯いた。その後面接は片頭痛のために1度キャンセルとなった。

Thは,自身がまるでAの上司のようにAが休むか休まないかを気にしす

ぎていることに違和感を覚え，これまでの面接過程を振り返り，Aに実施した検査の中でも気になっていたバウムテストを見直すこととした。Aの描いたバウムを眺めている内に，Thはどちらの木も用紙の左側に描かれていること，特に2枚目に描かれた柳の木が，左側に向かってふわふわと揺らいでおり，用紙右部分には何も描かれていないことに気づいた。また，描画後の質問でA自身が「こっち（右部分）は……どうなっているのかな？」と述べたことが思い起こされた。Thは，言葉や態度が知的で，一見罪悪感薄く欠勤を繰り返すAの内心にはむしろ強い劣等感や罪悪感が存在し，自分に未来や発展性がないかのように感じてAが前に進みにくい状態にある可能性を念頭におき，Aに沿おうと考えた。

第2期　♯8〜♯23

♯8で，Thより前回のキャンセルと♯7終了時の一件についてAがどう感じたか問うたものの，Aの反応は薄かった。しかし，同じ回でAは，現在の自分について，「上司から最低限のことだけをやれと言われているが，他の人みたいに自分もやらなければと思い，あれこれ計画するものの頓挫する」，「いつも大きなガラスの山を越えて遥か向こうの到達点まで行かないといけないような気になるが，うまくいかない」，「ときどき皆は世界をスムーズに行けているのに，自分だけ足をひきずりながら必要最低限のことをやっとやっている気になる」と珍しく感情的に述べた。Thは大きなガラスの山のイメージをとりあげて，2人でその途方もない大きさやつるつるとして登り難い感じ，世界で自分ひとりだけうまくいっていない感じを味わった。Thが，大きなガラスの山のイメージが出てきた際には，小山くらいのイメージに修正して，一歩ずつ歩むこと（職場で簡単でできそうなことから少しずつやること）ができるとよいのだが，と述べると，Aは考え込んだ。その後，大きなプロジェクトの一員として仕事をこなすことができたと報告があった。これまではプロジェクト全体に関わろうとしてはうまくいかなかったが，今回は自分の担当分だけに集中したとのことだった。

一方で，Aはプロジェクトの節目には片頭痛を起こし欠勤していた。また，軽い片頭痛にもかかわらず頻繁に数日間欠勤することを繰り返したり，必要以上に薬を服用したりすることがあった。Aとしては片頭痛悪化予防のため

に当然のことをしており，周囲の理解が足りないと考えている様子であった。

♯13でAは，一般的に片頭痛の誘因は気候の急激な変化（暑さもしくは寒さ），まぶしさ，人ごみや騒音，睡眠不足もしくは睡眠過多，空腹，月経など体調の影響などがあげられると語った後,「あれもこれもって考えると何がなんだかわからなくなる」と述べた。Thが，いろいろな要因が絡まりあっているみたい，と返すと，Aは「精神的なこともあると思うし，職場に行きにくいことも片頭痛に関係ある」と述べた後，実は自分には仕事人としての基礎がないと思っている，焦ってついついあれもこれもしようと思ってしまうと語り，「小山くらいでやれればいいが，なかなかそう思えない」と述べた。Thが仕事も，片頭痛の誘因みたいにいろいろ絡まりあってうまくいかないのか，と返すと，「本当だ。一緒かもしれない」と述べた。さらにAは片頭痛とともに気分の落ち込みが起こること，「少しでも痛いと，もっと悪化するのではという恐怖感がある」と述べ，片頭痛時の落ち込みや恐怖感を，暗がりの中にある巣のようなもの（2人で『暗がり』と命名）の中に引きこもり出られない感じとイメージした（♯17）。

面接を始めて10カ月が経過したところで，Aは職場の上司より，あと1年で退職するよう告げられ，欠勤が増加した。♯22ではぼんやりとした表情で,「痛みより今の状況に疲れた」と涙した。その後も片頭痛を理由に欠勤，心理面接の当日キャンセルが続いた。ある日「片頭痛がひどくて神経内科に入院しました。また連絡します」と電話があった後，Aから音沙汰がなくなった。

Thは大きなガラスの山を前に圧倒され，片頭痛を起こしては『暗がり』に引きこもるAに対してなんの手伝いも出来ておらず，未来がみえないような，なんともいえない無力感にのみこまれそうな気分になった。そこでThは再度，面接の経過とAのバウムテストを見返した。Aの述べたバウムのイメージが思い起こされ，Aの中には，育っていく力があるはずだが，流れがせきとめられているので，すぐに使えるエネルギーが不足してしまう状態にあり，現在の入院はAがせきとめられている部分を再び動かすためのエネルギー補給の場とも捉えられると思われた。「Aが戻ってくるのを待とう」とThは考えた。

第3期　♯24〜♯49

　♯24で2カ月ぶりに来談したAは幾分痩せ，落ち着いた表情であった。Aは，片頭痛が連日して起こるようになったため，2カ月間休職し，神経内科に入院していたこと，市販の鎮痛薬の濫用が判明し，市販薬の服用が全面禁止されたこと，入院時より片頭痛の痛みの度合いをVASスケールで24時間，毎日記録していることを語った。また，「入院して，今の職場でやっていくことに限界があると思った。年度末で職場をやめて，自分なりに今後の人生を考えたい」と述べた。Thには大量の鎮痛薬によって物理的にせきとめられ，曖昧になっていたAの思考が薬の使用制限によりずいぶんとクリアになり，A自身が現在の自分の状態を見つめなおした上で辞職の決断をできたように感じた。

　面接では，VASスケールを2人で眺めながらAが2週間どう過ごし，片頭痛がどのような状態だったのか話してもらうことがつづいた。入院以降2カ月の記録をともに見直してみたところ，片頭痛の程度はほぼないか，軽い痛みに終始していることを，A自身が発見した。

　♯25でAは復職後，年度末で退職する意思を上司に告げることに躊躇していると語った。これまでの経緯から上司との関係は悪く，「何を言われるか……」と怯えた様子であった。これまでのAの辞職時の経緯を振り返ると，行けなくなってそのまま退職したり，ある日突然退職したりすることが多い様子であった。Thは，Aのタイミングで上司に話し，辞める準備ができると良いと思うと告げた。その後Aは上司に退職の意思を伝えたところ，特に責められることなく受け入れられたと，面接で報告した。

　Aは今後も仕事を続けていきたいという希望が強く，退職の準備とともに転職活動を始めた。2人でAに適したペースを考えたところ，Aは「間に休みを入れながら，週3日程度の仕事だといけるかも」と述べた。しかし，Aに舞い込んできた仕事は比較的ハードで専門的な業務を求められる常勤職であった。Aは先方の条件をすべて受け入れ，仕事に就くことにしたと語った（♯28）。

　その後，採用決定の連絡が予定期日より遅れたことで，Aの不安は高じ，久しぶりに片頭痛を理由に欠勤し，カウンセリングも当日キャンセルとなった。

次の回でAは「私なんて雇われないんじゃないかって……悪いところばっかりだから，駄目になったんじゃないかと不安で，休んでしまった」と述べた。Thが，「自分に自信がなく，駄目だという思いが高じてしんどくなった？」と返すと，「……はい。そういうのがあると，すぐ片頭痛に逃げ込んでしまう」と述べた。

その後，退職までは連続して勤務できていた。退職にあたり，「寂しさはあるし，いろいろなものを手放したが，自分で次の職場を決めて辞められるのがよかった」と述べ，周囲へのあいさつ周りや身辺整理を行い，年度末で退職した。

新しい職場では，AとThが見積もったAのペースよりも仕事量が多くなる恐れがあった。そのため，大きなガラスの山のイメージには注意して，できれば小山のイメージで仕事を続けることを目標とした。Aは，求められている業務は最低限こなしていたが，わからないことがあったら困るという不安感から，仕事の予習をしすぎ，疲れから時折1日欠勤することがあった。Aは「派手にやりたい，格好良くしたいっていうのがある。これだけやりました！みたいなのを周囲に見せたいと思うことがある。自分のペースだと予習はしない方がいいかも」と述べ，頑張りすぎる傾向の裏には認めて欲しい気持ちが強く存在していることを省み，力の配分の調整を試みるようになった。前職のように片頭痛を理由に連日欠勤することはなくなり，「最近は片頭痛が起きてくれなくなった。休むときは，自分がしんどくなって休んでいる」と述べた。

転職して4カ月が過ぎた頃，実父が亡くなったことを契機に片頭痛が頻発し，気分の落ち込みが強くなった（♯38）。Aは求められている業務は最低限のレベルでこなしたが，連続欠勤が続いた。Aは「『暗がり』に入ってしまう感じ。余裕がない」と述べた。3カ月ほどで落ち着いた後は欠勤することなく，「大きなガラスの山のイメージはほとんどなくなり，最近はやるべきことはちゃんとやろうと思っている。小山でもういいや……と。仕事が何とかできそうな感じがしてきた」，「片頭痛の治療では，痛いから無理だと思っていたのが，治療が進んでくるとだんだん痛くても大丈夫だから，心のもち方を考えようと思うようになって卒業していくのが大事だと，昔本で読んだけど，自分にはぴんと来なかった。今は少しわかるようになってきた」と述べるよ

うになった。

　しかし，転職後9カ月を過ぎたところでAは上司より，欠勤が規定日数の範囲を大幅に超えていることから，年度末で解雇すると告げられた。♯47でAは解雇されることを報告し，「自分が一番弱いところなので，すごく悔しい」と流し涙した。「前職よりはちゃんとやれたと思う。でも，それじゃあ今の職場では足りなかった。自分の限界だった」と述べた後，片頭痛を理由に面接を2度当日キャンセルした。

　♯48では，落ち着いた表情で来談し，解雇通知後，欠勤はしていないものの，しばらく上司がいる事務所にまったく行かず，上司を無視して過ごしていたが，次第に「悲劇のヒロインぶるのが面倒だな」と思うようになり，現在は上司に普通に接していると語った。♯49では，挨拶回りや整理を行い，年度末に退職したと語った。

　Thは前の職場，新しい職場を辞める際，また父親を亡くした際，Aは別れのダメージを強く受け，片頭痛と回避的な傾向が出現したが，最後には持ち直し，A自身で，かたをつけたように思えた。Aは退職にあたり周囲からしばらく休むよう提案されていると語った。A自身の考えを聴くと，「こんな風に長く休むのは初めて。いろいろしたいことがある。外国に行きたいけど無理かなあ。墓参りにもいきたい。部屋の掃除も。少しずつかなあ」と述べた。

　Thは次第にA自身が，面接開始前に描いたバウムにみられていたような『せきとめられており，エネルギーの乏しい状態』を脱しつつあるように思われた。エネルギーが蓄えられ始め，Aが思っていることと，実際の行動とのギャップが次第に薄くなってきているような感触があった。しかし，この動きを促進するためには，今の面接のあり方では足りないものがあるように思えた。

　Thは再度面接の経過とAのバウムテストを見直すことにした。バウムを眺めているうちに，蓄えはじめているエネルギーをどう使えればAは育っていけるだろう，とThは考えるようになった。これまで，「片頭痛とつきあいながらなんとか仕事をする」という観点から面接を行ってきた。しかし，今後面接において必要なのは，仕事だけではなく，Aが自身のペースを大事にしながら，仕事も含めて本人が『いろいろしたいこと』をやり，人生を楽しんで生きていくことであるように思われた。Aに面接のテーマの再設定を提案

してみようとThは考えた。

第4期　♯50〜♯70
　退職後，Aはいろいろしたいことがあると語りながらも，調子が優れない様子であった。「『暗がり』の中に引き込まれているみたい」と述べ，面接も「片頭痛が起こりそうな感じがする」と，当日キャンセルが2度続いた。♯51でThは，Aとともにこれまでの経過を振り返ることにした。Aは，自分のペースでは仕事は1週間に2〜3回がちょうどいい，もう常勤はこりたと苦笑しがら語った。生活上の金銭については余裕があり，今後も支障ないとのことであった。Thより，これまでは片頭痛を抱えながらも仕事をしていくことに重きをおいて話し合ってきたが，今後は仕事も含めて，Aが自分の人生を楽しんで生きていくことに面接のテーマをシフトしてみるのはどうかと提案したところ，Aはうなずいた。
　♯52でAは，軽い片頭痛が起こった際，片頭痛は治ったものの『暗がり』に引きこもったために，コンサートを当日キャンセルしたと語った。いまや，片頭痛自体よりも，『暗がり』に引きこもってしまうことの方が，仕事や，趣味やプライベートの用事，面接に出かけようとするAを邪魔していることが明らかとなった。Thは，今後の人生を考えるにあたって，何をするにしても土壇場のキャンセルはA自身がやろうとすることに悪い影響を及ぼすように思うことを伝えた。その上で，ThはA自身が人生を楽しむことを大事にしながら，土壇場でのキャンセルをなくす練習を面接でしてみないかと提案した。具体的には，片頭痛があっても片頭痛が起こりそうでも，精神科や神経内科の主治医もおり入院施設もある病院の面接には，キャンセルなく毎回来談してもらい，片頭痛がまさに起こっているときには，実際どのような気分になるかを話してもらったり，片頭痛が起こりそうなときに実際に家から病院まで来てみると片頭痛は果たして起こるのかどうか，2人で観察してみるというものであった。Aは面白がり，「いざとなったら病院ですもんね」とうなずいた。
　その後，毎回の面接はまずAが『今日の片頭痛の具合』について話すところからはじまった。面接中もしくはその後に片頭痛が悪化することはなく，片頭痛が起こりそうな予感がしているときでも，実際に起こることはほぼな

かった。Aは自身と片頭痛の関係を振り返り，30歳時のピークと比較して痛みがかなり減っていることが自分の中で明らかになったこと，片頭痛が悪化するのではという恐怖感から鎮痛薬を濫用したり，過剰に休みすぎていたが，現在はなくなったことを語った。また，「自分が負担に思うことがあると片頭痛が起こりやすいこともわかってる。それから，軽くても痛みは確かにあることも。でも，起こることを怖がらずにどうつきあうかが大切だと思う」，「出先で起こってもまあ，いっかぁと思うようにしてる。ただ，家にいるときに起こったら，外出するのが難しい。『おんぶお化け』みたいな感じで出てくるからなあ。『おんぶお化け』は子どものお化け。連れて歩けたらいいんだけど」と述べた。片頭痛が起こったときの気分の落ち込みや悪化への恐怖感は，『暗がり』にA自身が引きこまれるというイメージから，A自身に乗っかろうとする子どもの姿の『おんぶお化け』に変化したようだった。

　面接でも日常でも，予定したことを土壇場でキャンセルすることはほぼなくなった。それとともに，Aは幼い頃から興味があった分野の勉強をはじめることに決め，ほとんど欠席なく学校に通い，意欲的に学びはじめた。また，これまでの仕事の経験を生かしたアルバイトに週に2回のペースで休まずに行くようになった。

　♯57では「重大な事件があります！」と片頭痛の悪化を怖れて30年来行けずにいた海外旅行に長期間行けたことを嬉しげに語り，「今後も無理のない範囲で行ってみる」と述べた。

　♯58では常勤の仕事に就くよう強く請われたが，今の自分のペースでできるか，また自分がやりたいことかどうかをよく考えて，次の日断ったと述べた。ちょうど面接をはじめて丸4年が経過したころだった。

　Aより希望があり，面接開始前の検査との比較のためにバウムテストとロールシャッハテストを実施することとした。筆者の勤務先では，面接開始後のクライエントの検査はTh以外の心理士が実施する決まりであった。そのため，Thは検査後の面接時に，バウムテストを含んだ検査結果をともに眺めることをAと約束し，他の心理士に検査施行をお願いした。

4. 面接開始4年後の心理検査（バウムテストを中心に）

A. 検査時の様子（Thではない心理士が施行。カルテ情報より）

心理検査はバウムテスト，ロールシャッハテストを実施した。緊張した面持ちだったが，検査には協力的で，ロールシャッハでは「前回は混乱してよくわからなかったけど，今回は前よりよく見えた」と述べていた。

B. バウムテスト

Aが描いたバウムテストの描写を記述し，実際に描かれた木を以下に提示する。なお，教示は「木を1本描いてください」とした。

【バウムの描写】（図4-3参照）　用紙中央部に位置し，用紙の下端から約1cm程度上から起始した，大きめの木である。描線はしっかりとしており，若干途切れはあるが，きっちりとつなぎなおされているので，空白は見受けられない。樹幹は上下開放型の2線幹で約14cmの長さがあり，幅は幹下端で約3.5cm，上端が約3cmであり，下部に進むに従って広くなっている。描線は濃い。樹冠は幹上部から，半径約15cm程度の単線の枝が放射線状に薄く描かれており，葉，つぼみ，花が枝とはつながらない形で，枝が見えるか見えないかくらいにぎっしりと描かれている。描線は全体的に濃く，つぼみにはすべて陰影がほどこされている。樹冠右側は葉の形が少々明確でなく描線も薄めであり，樹冠左側ほどはぎっしりと描かれていない印象をうける。樹冠下部付近の葉，つぼみ，花に線が引かれ，「はっぱ」「つぼみ」「はな」と，それぞ

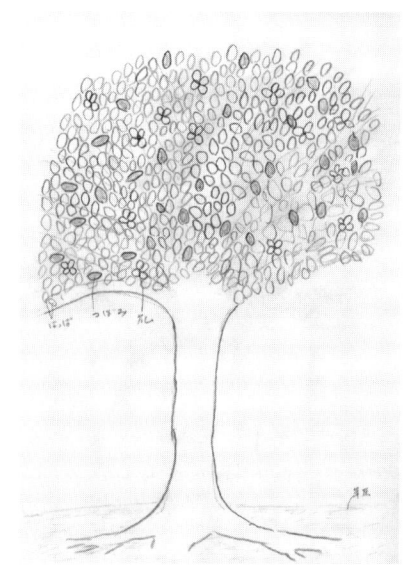

図4-3　面接開始4年後のバウムテスト

れ説明が加えてある。根は開放型で描かれ，地面は根元の2cmほど上に描かれ，薄い陰影をほどこされ，線を引かれ「草原」と説明が加えてある。

バウムの描画後の質問でAが述べたイメージは以下の通りである。〈　〉は検査者の質問である。

【バウムのイメージ】「北海道のような草原があって，大きな木が立っている。あんまり大きい木ではないけど。ある程度の高さはあるかな，人より高いくらい，2mくらい。青々としたつぼみがついている。いくつかは花が開いている。まだ実はなっていないな。草原にさらさらと風が吹いている。〈樹齢？〉30年くらい。〈季節？〉5月の……さわやかな初夏。落葉樹で春にまた葉をつける。大風や台風にもなんとか耐えるだけの大きさや強さがある」。

Aの描いたバウムと，描画後のAのイメージは，面接開始時に描いた1枚目のバウムのテーマと非常によく似ていた。しかし，今回描かれたバウムと描画後のイメージでは，Thが面接開始前に描かれたバウムとイメージに感じたようなギャップが見受けられなかった。せきとめられていたエネルギーは動き始め，木は大地の養分を吸い，枝葉をのばし，花を咲かせてすくすくと育っているようであった。将来への不安ももちろんあるが，多少のことではそう簡単に折れたりしないという気概も感じられる木であった。A自身が今生きていることを歓んでいるような印象を受けた。

検査後面接時にThはAとともに，今回描かれたバウムと面接開始時に描かれたバウムを眺めた。Aは目を見張り，4年前のバウムを指し，「何これ。薄い……。幹も細いし……，あのときは一応，大木のつもりで描いたのに」と苦笑した。また，「それが今はこれになった」と，今回描いたバウムを誇らしげに見つめ，「やっぱり線が濃くなったし，葉やつぼみや花がいろいろ描いてある。まだ若い気で，これからいろいろ伸びていく感じで楽しく描いた。1回目のときもイメージが同じなのに全然違う」と述べた。

C．その他の心理検査（ロールシャッハテスト）

面接開始前の検査時に認められたような抑うつ，よりどころのない不安感や寂しさ，良い自己イメージと否定的な自己イメージの間での葛藤，情報を過剰に取り込む傾向には改善がみられた。一方で，思考が混乱しやすい点や感情の抑制の強さは依然として存在し，今後の課題となった。

第3節　まとめ

本事例から面接開始前に描かれたバウムテストの役割を2点あげる。

一点目は，治療初期において，バウムが現在クライエントがおかれている状況やクライエントの内面を如実に表していることである。本事例においては面接開始前のバウムと描画後のイメージは，Aの中には豊かなエネルギーがあるが，現在滞っており，内心で思い描いていることと，実際の動きの間に著しい差がある可能性を示した。

二点目は，面接経過の中でバウムが灯台のような役割を果たしていることである。本事例においてはThがAに陰性感情を抱いたときや，面接キャンセルが続いたときなど，面接の方向性を見誤りそうなときや面接中断の危機の際に，Thがバウムを再度見つめなおすことで，AとThの現在位置が明らかとなった。クライエントの現実状況や面接場面がうまくいかないときほど，バウムを眺めることはクライエントと再び向き合う力を与えてくれるように思われる。

岸本（2006）は，描画やイメージと言葉は相補うものであるという観点から，外見から伝わってくるものと絵で伝わってくるものは同じではなく，絵やイメージをコミュニケーションのもう一つの手段として使用することの重要性を論じている。本事例では，描かれたバウムと面接時の語りとともに，描画と言葉の間に位置するような，『描画後に語られるイメージ』を大切にすることが有効であったように思われる。

■文　献

岸本寛史（2006）．NBMと描画．臨床描画研究，**21**，44-58.
森田裕司（1995）．バウムテスト2枚法の有効性に関する考察 —— 臨床経験による検討．中国四国心理学論文集，**28**，90.

第5章

手足のしびれを訴える女子大学生との面接過程
―― 「私」ならざる「私」との出会い

■倉西 宏

第1節 はじめに

　これまでバウムテストはアセスメントの手法として用いられることが中心であったが，実際はテストという側面を越えた治療的な力を有しており，描くこと自体がセラピーになり得るのである（加藤，2003）。バウムはその描き手の在りようを動かし，心理療法のプロセスを推し進めることがある。
　そのような用いられ方や研究は少ないのだが，近年になってバウムについての再検討がなされるようになり，『バウムの心理臨床』（山中他編，2005）をはじめ，岸本（1999，2004）や加藤（2003），成田（2007）や多田（2008）などが見られるようになっているが，まだまだ少ないのが現状と言える。
　そこで本論では，バウムを用いた事例を提示し，バウムが描かれることによる心理療法的意義を示したい。

第2節 事　例

1. 事例の概要

　以下，クライエントの言葉を「　」，セラピスト（以下Thと略記）の言葉を〈　〉で示す。
　クライエント　Aさん，女性，21歳，大学3年生。

主訴 集団の中にいたり緊張すると，手足がしびれてくる。急に腹痛がしたり，大学にも行きづらく，不眠もある。

面接の環境 Aさんは寮に住んでおり，そこにカウンセラーとして勤務しているThが寮内にある面接室にて行った。

家族 母（44歳），工場勤務。弟（19歳），フリーター。「自由で私にはできないことをやってのける」。小・中学校と不登校だった。

生育歴・現症歴 幼少期からひとりで遊ぶのが好きで，言いたいことを言うのが苦手だった。小学校でも人と合わせるのが苦手で，仲良しグループが嫌だった。しかし，5年時に転校生が来て，その子と2人で遊ぶようになっていった。この頃からしびれは2, 3回あったという。父は「物心ついた頃から」全身性エリテマトーデス（難病指定されている自己免疫疾患）を患い，毎日薬を飲み，その病の影響から日光に当たると炎症を起こすため，Aさんとは夜にドライブなどに出かけることもあったという。本好きの父の影響で，Aさんも本が好きになるなど，父は「自分の根の部分をくれた人」。その父が中学1年で亡くなる。昔から医療系に関心があり，自身の怪我や腰痛の際にお世話になったことから，医療系の大学に進学。大学入学後，寮に入るが，集団の中に入るとしんどくなり，手足がしびれたり腹痛などが起こるようにもなる。

X−1年11月（大学2年）には大学に行けなくなり，心療内科に受診。同年12月には1カ月ほど実家に帰省し，休養することになった。帰省期間が終わり戻ろうとしたら，再び手足がしびれて腕が上がらなくなり，冷たくもなってきた。休養期間を延ばすと決めると，手も暖かくなるということがあった。

X年4月からは，留年になるものの大学に復帰したが，学校や寮でもしんどいことが多く，Thとの面接に至った。

診断 身体表現性障害。「鬱とも言われた」と，抗うつ薬・抗不安薬・睡眠剤を処方。

2．面接経過

2年半の経過を5期に分けて報告する。

第1期：X年9月〜X＋1年3月（#1〜#12）

　主訴や大学への行きづらさ，生育歴やこれまでの現症歴を語る。Aさんから話すことは当初は少なく，Thが尋ねてそれにポツリポツリと言葉を返す形で，沈黙も多かった。面接が数回進むと大学をこのまま進むかどうかに迷いが生じ始め，同時に希死念慮も生まれ，ものも食べられなくなる。そのような緊張感の中で，Aさんは大学を辞めると決心する。

　すると希死念慮が収まり始め，果物やご飯とみそ汁といったシンプルなものから食べられるようにもなる。Thは，医療系に進む自己の死とともに身体の中身を入れ替えるようなことが起こっていたかのように感じる。そしてはじめは大学を辞めて働くことを考えるが，Aさんが強く関心を持っていた文学部への編入を決意する。複数校受験すると，それにすべて合格し，新たな生活が始まることになった。

　＃12では，初めて夢を報告。

　夢①：顔はわからないが，ある男性と自分が一緒にいる。その人は許婚で，自分に対して『あなたは許婚だ』ということを言ってどこかへ行く。

第2期：X＋1年4月〜8月（#13〜#29）

　新しい大学が始まり，その大学への楽しみを実感しながら毎日を過ごすようになっていく。読書も増え，友人もできたが，体調不良で休んでしまうことはときどきあった。しびれも断続的に現れ，不眠から朝はいつも起き辛く，服薬は続けていた。ストレスの程度によって食欲にも波があった。これらの中で毎回数個の夢を報告するようにもなる。

　また，夢の報告が始まると同時に，Aさんが塗り絵が好きということでマンダラ塗り絵を提案し，並行して進めていった。

　*夢⑩：学校の校庭にいて，走り幅跳びをしている。自分の番で飛ぼうとしたら，靴が踵が高い子どものストラップみたいなのがついた赤い靴。靴は重く感じて，重いけど走ろうと思って夢がさめる。「真っ赤にびっくりした」。*赤から連想し，解剖や血が苦手であることを語る。また，赤は危険信号であると同時に，勇気が出る色だという。

　夢⑲：実家の近所の道路で産婦人科を目指して歩いている。病院に入って

診察を受けようとするが，何の診察をしてほしいかわかっていなくて，わかっているのは妊娠しているかどうかではなくて，何かの検査をして，異常が無いと言ってほしいこと。受付の女の人が来て，隣からうるさく質問してくる。問診を書いているから邪魔しないでほしいし，診察してもらう人がその人だとわかって嫌だな，診察されたくないなと思う。夕方ぐらいの日が沈む前の空が真っ赤だった。

夢㉑：朝起きて，二段ベッドをはしごで降りて，カーテンを開けたら空が灰色で，少し大きめの雪がチラチラ舞っていて冬のような景色。服装は夏のパジャマ。窓を開けようとしたけど，雪だからやめる。きれいだなと見ているが，人はいなくて，建物と雪の景色だけで，少し淋しい感じ。

#28になると，「最近自分やこれからのことを考える時間が増えた。たったひとつでいいから自分で答がほしい。自分の中にありそうだから。譲れないもの，軸が生まれるような。自分と会話する時間を夏休みには作ろうと思う。1本の木みたいなイメージがあって。今は根がぐらぐら。ちょっとでもいいから根を張りたい。いろんなものを吸収したい。葉を揺らしたり，上はいろんなことを感じてゆったりと風に揺られててもいいから。下はどっしりとしたような，根がある木になりたいなって」と語る。

#29では，少しずつ丁寧に塗り進めた完成間際の塗り絵を見て，「私の中にこんなにたくさんの色があったんだ。こうして客観的に見ていると，きれいだなって感動している」。最後に残った中心部の円を，すべての色を使ってスペクトラムを作り，塗り絵は8回かけて完成させた。細やかに色を変えて彩色した塗り絵は万華鏡のよう。「完成したかったけど，終わりたくなかった。もっと塗っていたかった。色を塗っていると，自分の好きなもの（水色なら青空，など）がイメージとして浮かんできた。この塗り絵で，ずっと黒が使えなかった。黒はその上に重ねても汚くなりそうだし，変わらない，取り返しがつかない感じがしたから。それに，すごい暗闇みたいなイメージだった。でも，実際塗ってみたらそうでもなかった」。

第3期：X＋1年9月～X＋2年3月（#30～#50）

夏休みの帰省中に，X－1年から既往があった飛蚊症の受診を行うと，網膜剥離になっていることがわかる。2,3日中に手術しないと失明すると言われ，

第5章　手足のしびれを訴える女子大学生との面接過程――「私」ならざる「私」との出会い

急遽入院し，手術を行った。眼科医によると，傷跡からみて，半年前にははがれていただろうとのことだった。それを聞いたThは強く驚くも，Aさん自身はそのことよりも，入院中の体験について語る。手術は無事成功し，「入院中はすごくゆっくりできた。窓際だったので，外を眺めて空や景色を見ていた。今まであまりそういうことをしたことがなかった。ゆとりができたように思って，すごくいいものをもらった気がする」。(Thはその体験をともに喜びつつ，網膜剥離への不安などが語られないことに，少し違和感を持った)。

　また，薬の効き目への疑いを持っていたが，信頼して飲めるようになり，さらに徐々に集団にも入れるようになり，その自分を見れるようにもなってきたのだという。〈少しずつだけど進んでいる感じがするね〉「でも学校の人には通院していることも言えていないし，集団の中に入れないときもある。自分では進んでいるのかわからないときがあるし，進んだり戻ったりしているよう」。そこでThから，木を描いてみるというのはどうかな？と提案。そういうのを定期的に描いて，自分がどういう感じか見ることができるのではと思うし，木のことを話してくれたときから気になっていたことも伝える。すると「やってみたいです」と即答される。

バウム①（図5-1）（#31）：木を中央に描いた後に，落ち葉を左下に2枚描くと，すぐにそれを消し，同じ場所に双葉を描く。強い集中を示し，30分かけて完成。描くのみでセッションの時間となり，翌回にバウムについて話してもらう。「上は緑の葉で下は茶色の落ち葉。ここにあるものすべてが必要。緑がいっぱいで，葉がいろんな方向を向いている。うまく成長できたところは花が咲いていて。もっと大きくなるには太陽の光がないといけない。チョウは，木の雰囲気がやわらかい感じだから他のものも寄せてしまう。土に根が

図5-1　バウム①

ついているイメージが出てこなかったけど、水をいっぱい吸えるところを作ろうとギザギザを作った。緑が大きくなって下に落ちて、っていうサイクルを回りながら成長しているイメージで描いた。双葉の種はどこから来たかわからないけど、落ち葉の中から出てきた。双葉はこの木の一番最初の頃のような気がして。白い雲がある青い空で。風や周りはおだやかで、ゆっくりしている。この木は独立して1本だけポツンと立っている」と、ゆっくりかつこれまでにない生き生きとした様子で一気に語る（#32）。死と生の流転を見るようであり、バウムとその描き語る姿から生命力を感じる。

#34では「嫌な夢を見た」。*夢㉓：すごく大事にしている腕時計をトイレに落としてしまう。トイレは使用した後で、すぐに拾って洗面台で洗ってタオルでごしごしした。動いているか耳に当てて確かめたら、秒針の音がしてほっとして、もう二度とそういう思いはしたくないと思った。*

「この夢を見たときに、なんだか先生に伝えなきゃって思ったんです。最近心の底に自分がわかっていない、自分とはまた別のところから上がってくる声とかメッセージがあるような。それを拾おうと自分の中と会話することを試みている。今まではそれに無視をしていた。なんとなくわかっていたけど、自分の中に自分でないものがあったのが許せなくて。でも、体からのしんどいとかサインが来るようになってきた。自分には自分の存在以外のものがあって、心にももっと深い部分があって。それを自分に返してくることがあるんだってようやく実感した。サインを無視すると、体調崩してもっと大きなサインになってくる。サインに合わせ無理しなかったら、体調が良くなっていって、そういうことに気付いていけた。ジレンマが起こらなくなった」と語り、その気付きにThは驚愕とともに感動と、少しの不安もよぎる。

ただ、その後も寮の行事の役割などが不安で、電車で涙することもあり、何かに追われている感じや手足のしびれがくることもあった。その中でも学校に行けることの達成感を感じ、「不調時がマイナスではなく不調時がゼロで好調時はプラスと思うと楽」、「しびれの症状は無くならないのかもしれない。診断を受ける前からしびれはあった。風邪をひくのと同じで、調子が悪くなるとしびれが出ると考えたらいいと思うようになった。しびれてくる自分を認めるとまではいかないけど、受け入れることができるようになったのかもしれない。しびれが自分の一部というか」、「強くなりたいと思うようになっ

ている。嫌なことを跳ね除ける強さではなくて，受け入れる強さ」と語るようになっていく。

　年始には年賀状が届く：「先生とお話していると自分の中にこれだけ話したいことがある自分にとても驚きます」。しかし年度末になり，「1週間何をしていたか憶えていなくてすごく嫌な感じ。記憶を無くしたというか」ということが毎週続くようにもなる。

第4期：X＋2年4月～8月（♯50～♯66）

　ひとり暮らしをしていた弟が自殺で亡くなったことがわかる。涙を流しながら，状況や今の気持ちを話す。ThにもAさんの話を聞く。「苦しくて悲しくてしんどい」，「いろんな感情があるが，言葉にできない」。弟とは1年半会っておらず，「最後ぐらいはみんなで見送ってあげたい」。父が亡くなったときも，その場に居合わせることができなかったという。葬儀などを終えて帰ってくると，「弟の顔がすごくきれいだった。死んでいないみたい。落ち着きたいと思うけど，納得ができない」。また，母が第一発見者で，弟の後を追うのではと心配も募る。ただ，そのような思いと同時に食欲があったり，弟のことに冷静で感情が出てこない自分がいることにも気づく。その後，弟の遺影に使った写真が届くと，「写真を見ると，そこに弟がいるように思って落ち着く。現実感が無い感じだったけど，その写真だけは現実とわかっている感じ」と，少しずつ弟のことを収めようとしていた。

　その弟のことが少し落ち着いてきた頃に再度バウムを提案。**バウム②**（図5-2）（♯59）：「根が土の中に入ってしっかりはっている感じ。青々した葉がいっぱいついていて，ふんわりしている。栄養が行き届いて，何種類もの果物がなっている。大きな雷で，音も大きくて，眩しく光っていて，すごいどしゃぶりの雨なんですけど，どっちかと言うと，あったかくて，この雨が木にとっては栄養。この2匹のカタツムリは仲が良い。別の場所に雨宿りのために下に降りている途中。全体的にプラスのイメージ。雷だけイメージがよくなくて，木に当たったら燃えてしまう。でも，頭の中でふくらんだ木のイメージを描いたら雷も出てきて，あまり描きたくないけど，必要な気がして」。〈これから〉「このすごい雨を抜けた後は，もっと土から離れづらいずっしりした根と幹になって。下からしっかり支えてくれる」。

それらと並行して，1週間のことが，思い出せなかったり昔のことに感じるという訴えが続く。「自分は何をしていたんだろう，もったいない。記憶にないことがあって現実感が無くて，夢の中のよう」。さらに，「昔から思い出したくないことがいくつかあって，過去には戻りたくない。つらいままで記憶が止まったままで，気持ちを切り離して忘れようとしないと，自分が耐えられなかった」と言葉にされる。

　そこから，これまで思い出せなかった・思い出したくなかった出来事を思い出すという作業が始まる。

図5-2　バウム②

父との生活や死別，高校時の骨折，弟の出血を伴う怪我，数回の引っ越しのことなど，過去を回想し語るセッションが続いた。それらの中で，高校の部活の合宿で同部屋の友人が恋人を部屋に連れてきたことから，恋人同士で仲良くしているのを見るのが嫌になったことも思い出し，語ることでその気持ちが減ったという。「これから生きるのは今までの人生がベースになっていて，積み木みたいに積みあがっていく気がしていて。今困らなくても未来の自分が困るのなら，嫌な過去とも向き合っていかなきゃって思います」。

第5期：X＋2年9月〜X＋3年3月（#67〜#86）

　夏休みに帰省したが母はまだ波があり，急に弟の話になるなど，母の話を聞くことが多かった。これまでは，人と関わらないといけないと思いつつ，自分の時間が無くなるのが嫌で，どっちつかずになっていた。でも，自分は自分と思うようになったら，同時に人といるのも嫌じゃなくなって，心が軽くなった。窓の外や風，虫の声などを感じるような余裕が生まれてきた。

　#70でバウムを提案。**バウム③**（図5-3）：「描くのは楽しかったけど，悲しいのを描きたかった。そうしたら，雷と二つに裂ける様子がイメージとし

て浮かんできた」。

#71では，足の爪に真っ赤なマニキュアを塗って来談し（以前にも塗って来談したことはあった），バウムについて話す。「傘が飛ぶぐらい天気がグルグル荒れ狂っている木を描きたくて。木以外のものは元気に働いていたり，咲いていたり。地面は土，小石が混ざっている部分，土の三層。その中をモグラが自由に動いて，穴を掘っていて，新しいものを発見して，ここ（木）に持ってきてくれる気がして。自分にとって楽しいものが見つかったという嬉しい気分。木は寿命が無いことを知っていて，雷が自分に当たって割れて，ホッとしている。木は寿命がいつ終わるのかと不安だったり，虫におなかを食べられて，自分の寿命は無いと思って落ち込んでいたときに雷。自分に近いのが木とモグラ。モグラはいろんなものを見つけて楽しいのはわかるし，木もずっと不安でいつになったら終わるんだろうっていうのが自分の気持ちに似ていて。それから解放されるのを見て，羨ましいなって。羨ましいのは終わりがあること」。時間がなくなり，翌セッションでもバウムについて話すことになる。

図5-3　バウム③

#72では，「ひどい天気だけど，木が無くなった後に晴れて青空，太陽も出てきて，新しい植物がはえてくれて，新しいものがまた育っていく。この絵で終わりじゃなくて，次があると思ったら，わくわくでそれが楽しい」。「今の連想で気づいた。忘れていたこと。自分が空想，想像するの好きだったなって。保育園で好きな女の子やお花を描いて，この子の友人は？　好きな人は？　って加えるように描いていくのが好きだったなって。でも，他の子から絵がへたって言われて，描くのが減った。小学校入って，児童館で提出した塗り絵に金のかざりをつけてもらえた。塗り絵が認められたようで，どんどんするようになった。こういうことを思い出せたこと嬉しい。自分は思い出

が積みあがって心の中に残っている感じがしない。恐ろしい嫌なことばかり残る。でも楽しいこと憶えていた自分が嬉しい。出てくるのがわくわくする。後ろを気にしていたけど，今の時間を楽しもうって」。また，この頃からしびれの頻度がかなり減ってきたことも報告される。

夢㉟（#73）：*実家でお母さんと弟が出てきて3人でくっつくようにいる。一緒に3人でテレビか何か観ている。会話はしていなくて，一つの同じものを3人で見つめている*。「この夢で，生きていたときに，弟の部屋に母と一緒に行ってテレビ観たことを思い出せた。弟と楽しい思い出あった。幸せな感じの夢だった。今回の夢と思い出を自分の中で忘れないようにしたくて，気持ちが暖かくなって笑顔になった」。この夢は死した弟が自分の中で生きているのだと内在化される悲嘆夢だとThは感じる。

夢㊱（#74）：*生理は終わっていたのに，寮のお手洗いに行って用を足したら，生理のときのように血が出ていてびっくりする*。「この1週間，空想とか想像をしていた。すごく楽しいということをその度に思い出して。忘れていた昔の自分と今の自分とがつながったような感じがして。想像ができるようになってから，自分の思っていること伝えたいとき，はっきりしたイメージがすぐ浮かんで言葉にしやすくなった。イラストも浮かんできて，そのまま伝えようとしたら，手のジェスチャーも増えた。いろんなイメージがわいてくるときって，すごく『自分でいて良かった』っていうような体験だった」。

その後，不眠は改善され，服薬もしなくなる。しかし体調不良が続き，日々の記憶が無く，感情が出ないとの訴えも再燃。「からっぽのグラスがあるだけという感じ」。そして#77の後のある夜中に，突然目の焦点が合わず物が二重に見える，体が左に傾く，眼球がつり上がるなどの症状が出て，神経内科に入院となる。検査の結果，フィッシャー症候群（難病指定の自己免疫疾患）であることがわかる。神経内科主治医によれば，通常数ヵ月で自然治癒するもので，Aさんの症状も順調に和らいでいるとのことで，3週間で退院し，年末だったためそのまま帰省となった。

戻ってきてすぐの面接では，Aさんの目が大きくなり，雰囲気には女性らしさが増したような印象をThは強く受ける。その後も経過は順調で経過観察となるが，念のため眼科にも受診すると，瞼の開きが大きいことなどからバセドウ病の可能性を指摘される。検査の結果，バセドウ病は否定されたが，

第5章　手足のしびれを訴える女子大学生との面接過程――「私」ならざる「私」との出会い

「健康じゃない自分が不安。小さいとき風邪をひいて手に力が入らないようになって，地元の大きな病院にかかったけど，原因は不明だった。人に言うと心配や迷惑をかけるので嫌」。

　大学卒業間近になり，学生時代のことを振り返り，これまでの過程をThが労うと涙する。卒業後は実家に帰ることになり，Thとの面接も終えることとなった。「残りたいという思いもあったが，地元に帰るということが決まったら，少しほっとした。ここは5年間暮らしたが，ここに住んでいる感じではなかった」。心療内科の主治医にも伝えると，気になることが無ければ通院の必要も無いと言われた。

　#82でバウムを提案。**バウム④**（図5-4）:「葉が茂っていて，紙よりも少し大きいぐらい。実はあんまりならない木。根っていうか幹も太くて何か守っている。夏の夜で蛍がいる。光っているのを描きたかった。何か守っているけど寄せ付けないのではなくて，虫とかモグラ，セミとかが集まってくるような感じで，あったかい。もぐらは歌って楽しく掘っている。木が好きで，そばに住んでいる。自分が好きなトトロの映像がうかんで，2人（めいとさつき）が夜にトトロと会ったときの木みたいなの。蛍がいると思ったら，蛍が住んでいるような，近くにきれいな水っていうか，池がある。周囲はたくさん木がはえていて，森みたい」。全体は描き切れなかったが，泉を有する守り神のような雄大さは，Aさんをこれからも守ってくれるかのようであり，「蛍の光」からはThとの別れの表現にも感じる。

　#84, 85では，日々の記憶が無く「からっぽでそこで止まっている感じ」。からっぽからイメージを連想してもらうと，「液体が入っていた空きビン」を連想。Thはバウムの池の水を思い出し伝えると，「しんどいときは，川とか水がある場所によくいっ

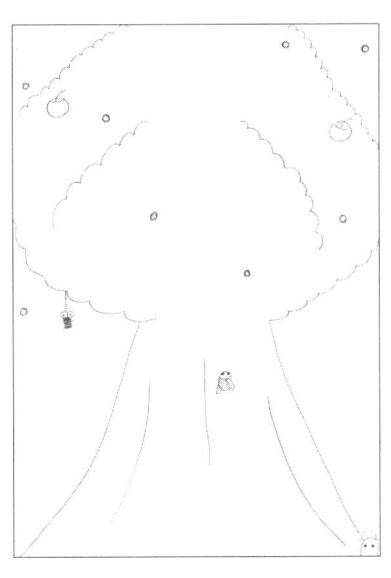

図5-4　バウム④

ていた」〈水は何か鎮めてくれるのかも〉「雨の音とかは自分の悩みを消してくれる。江國香織の本で『消炎作用』という言葉を思い出した。そういうのがあるのかも」。空きビンに関して「これに終わりとかゴールがあるかはわからないけど，その欠けたところを埋めて元に戻すということをしていけたらと思うようになった」。

#86（最終回）「大学5年間のことを振り返っていたら，それまで空っぽだった瓶に液体が半分ぐらいたまっているイメージがわいてきた。ただ，それが減っていくこともあるかもしれないと思っていて。でも，減ったとしても，ほんの少しは底に残っているものがあると感じて。残っているものがあるので，それを持って生きていけるような気がする。話していたら，ビン自体が自分のようにも思う。ビンは変わらない自分の部分。そして，そのビンを見ている自分もいるように思えてきた。ビンを見ている自分は，何かあったときに再びビンを見つめ直してやっていくような感じ」と話され，面接を終えることとなった。

第3節　考　察

1.「私」の顕れ

　Aさんは医療系の大学から一度死を体験し，新たな文学部への道に移る。そしてThとの出会い，または編入による新しい世界や自分との出会いを感じさせられる，許婚との出会いの夢①を経て，Aさんは新生活を迎えた。その後さまざまな身体症状や疾患に見舞われ，弟の死がありながらも，大学生活を生き抜いた。

　第2期では，新生活を踏みしめる日々とともに，夢とマンダラ塗り絵を並行して行う。マンダラ塗り絵は，日本においては塚崎（1991）が臨床に導入して実践し，現在は大人の塗り絵として心を癒すものとして広く使われるようになっている。このマンダラ塗り絵の特徴について神田橋（2009）は，①安全性が高く暴発しない，②拒絶しやすく誘惑的でない，③あらかじめ最終的な統合も準備されており，まとまっているという枠もある，④賦活して秘

められているものを表に出すという働きがあると述べ，子どもなどより広く適応が可能ではないかと指摘している。Aさんも色からさまざまなイメージを賦活させられ，#28では湧き上がるものの存在を感じて，「自分の中にありそう」な「軸」を求め，生まれてきた自己イメージを木に乗せた。そして「私の中にこんなにたくさんの色があったんだ」と，塗り絵という色の鏡を通して対象化され，かつ象徴的な「私」を実感する体験となった。

　初めて描いたバウム①では，樹冠の葉は，定まらない成長の方向性と湧き上がる不安のようにも見えるが，それとともに死と生の流転から生に傾く姿が描かれたように思う。描く様子とその語りからは，自らの中から自ずと出てくるものに身をまかせているかのようであり，描くことで内と外を繋ぐチャンネルへの開けを得たようにも思われた。その後，夢㉓での大切な時計を拾うためにトイレに手を突っ込むかのように，自分が触れ難かったものに飛び込み，「心の底に自分がわかってない，自分とはまた別のところから上がってくる声とかメッセージ」を「拾おう」と始める。そこには「拾おう」とする「私」が生まれると同時に，拾われる「私」も顕れてきたのである。

　また，年賀状からも，「私」を越えて「私」が顕れてくるAさんの様子がわかる。4枚すべてのバウムも自ずと顕れたバウムイメージをAさんが描き手として「私」の要素を加えて生み出されたように思われた。つまり，「内なる私」と「私」との両者によって生み出されたものであり，バウムは描き手としての「私」と「内なる私」とを呼び起こす役割になっていたようにも思われる。

　Aさんにとって，夢も大きな役割を果たしていた。河合（1991）は夢を「『私』の思うままにはならない」ものとしているが，Aさんは夢をはっきりと掴み，さらに夢をそのままに受け取り反応していたようにも思え，しっかりと「夢を生きていた」（河合，1991）ように思う。そして夢がやってくるのと同様に，自分の中からやってくる「メッセージ」の存在をも受け取る在りようを持ち始めたように思われた。バウム①で「ここにあるものすべてが必要」と語ったように，「身体からのしんどいとか，サイン」等の「無視」してきたものも本来は必要であることを認め，それはAさんの「存在全体の回復運動」（河合，1991）にまで広がっていったのではないだろうか。

2. 主訴における身体症状と身体

　経過の中で身体症状はかなり減少したが，完全に無くなるまでは至らなかった。Aさんが身体的に問題を抱えている可能性はあるが，血や性への抵抗感，バウム ① の根を隠す多数の木の葉や過去のことを思い出せないという訴えからも，抑圧の存在も考えられよう。さらにバウム ① では，地面は無く爪先立ちのようにとがった根の先でバランスを取り，大地とのつながりが見えてこず，身体との遠さを感じさせられる。さまざまな症状を持つ身体は，Aさんにとって「『私』の思うままにならない」ものであっただろう。ただ，バウム ① では，根差すイメージが出てこないと意識できており，根を隠す葉は土を生み得る要素と捉え，蓑虫の眼差しからも下方向へエネルギーが向いていることがわかる。

　また，夢 ⑩ では，靴の踵の高さは大地からの遠さを示しているように見えるが，同時に重さは自分が大地から離れられない存在であることも示しているかのようでもあった。そして，身体からの内なるサインを受け取るようになると，第3期の終わりには，症状ある身体も「自分の一部」と「受け入れる」ようになった。

　バウム ② では，成長途中でバランスは少し悪いものの大地が生まれ，その土の良さを示すミミズも存在し，重心は低く根は大地を掴むようになった。さらに，カタツムリはより下意識を目指し，これからも「下からしっかり支え」ようとしている。この大地とのつながりは身体とのつながりを感じさせ，木という「私」が大地に根差し始め，それは身体が「私」に根差し始めたことだと考えられるのである。

3. 木の変容

　バウム ③ の自然の猛威に満ちた世界はAさんの心的体験であろうが，ついには雷が落ち，木は真っ二つになる。このように二股に割れた木は「木股」と呼ばれることがあり，コッホ（Koch, 1957/2010）によれば「木股は，落雷によって自然にできたものであっても，人為的に作られたものであっても，

木を聖なるものにする」とあり，そこには聖なる力や生命力が秘められるのだと続けて述べられている。さらに古事記（倉野校注，1963）においては，大国主神(おおくにぬしのみこと)と八上比賣(やがみひめ)との間に生まれた子の名が『木俣神』といい（八上比賣が木股に挟み捨てたため，そのように名付けられた），それは別名『御井神』と呼ばれている。つまり，木股と水には同一性が備わっていると考えられ，ここからも木股に宿る生命力を感じる。また，木股に加えて木から出る毛虫は男性性器のようにも見え，バウム ③ は死とともに性を強く帯びたものであることが考えられる。

　これまでも夢 ⑩ の赤への強い反応や，真っ赤な夕日の中に産婦人科を訪れる夢 ⑲ からも，Aさんの身体を考える際に，女性性というものを考える必要があった。このバウム ③ の後には足爪を赤く塗って来談し，報告した夢は心理的な初潮を表しているようでもあった。しかし，その後のフィッシャー症候群は心理的変化が身体に大きく影響を与えたようにも思われたり，やはり身体は「私」ではないことを突き付けるかのようでもあった。ただ，その入院から帰ってくると，Aさんはより女性らしさを漂わせるようになっており，バウム ④ では聖なる要素を携えたかのように，大地だけではなく，池との繋がりも得たのであった。これは先の木俣神と御井神の同一性を思わせるものであるが，水を内包する木の在りようやThが感じた女性的な存在感からも，Aさんがそれ以前よりも女性性を内包するようになったようにも思われた。

　成田（1996）は，臓器移植患者や心身症では身体という内部のものが外部化されてしまうことを指摘し，それらを内在させることの意義を述べている。バウム ④ の池は，これまでバウム ②，③ では雨という外から浴びるものとして外部に存在していたものが，より内側のものである木につながる池へと反転するように内在されたと言うことができ，同様に破壊的な雷という光も，よりやわらかに包む蛍の光として木を守るものに，さらに，身にまとっていた赤い靴や夕日が夢 ㊱ で血液として，内在されるまたはより「私」に近いものとして存在するようになったことが言えるのではないだろうか。これはAさんが身体とつながり，「私」としての全体を実感していくプロセスと重なる。Aさんはイメージすることへの開けとともに，「昔の自分と今の自分とがつながったよう」と体験し，語りに身振りもつき，身体とのより強いつながりも窺えた。外部化されていたものが内在されるようになり，「自分でいて良

かった」と言うように，「『私』が『私』であるということ」が身体を通して腑に落ち，私全体を感じることができたかのようであった。

4. Aさんとこの世

Aさんには，面接以前より死がAさんの周囲に付きまとっていたように思う。中学で父と死別したが，夜しか外出できず薬を毎日服用する父の姿には常に死の影があったのではないだろうか。その父と同一化するように本を好きになり，文学部の編入にも至る。第1期の希死念慮に始まり，さらに弟の死。「この世」との関連では，夢㉑の冬の寒さを感じるも，窓越しに世界を見るところなどからは離人的な在りようを持っていたことが考えられ，バウム②でも地平線はやや遠くにあり，現実感の遠さを感じさせた。Aさん自身も網膜剥離やフィッシャー症候群という大病を患い，バウム③では木が死に至る。その語りにあるように，早く終わりたいという死の願望が無意識的に常にあったのかもしれない。ただそれは，終わりあるこの世における生を求めていたようにも考えられるのである。

第4期においてAさんが過去を思い出すことは，現在における自己の連続性を取り戻そうという試みであり，それはAさんがこの世における「私」性を生み出し，この連続する現実世界を生きていこうとする取り組みであったと考えられる。バウム③は死を迎えたのであるが，同時に大地の上によって立つ姿を見せ，バウム④では夜という死の世界をAさんの内で抱えるようになったようにも思われた。そして面接の最後に，何かあってもビンに残る液体の存在を感じ「生きていけるような気がする」と語ることができたことは，本当に大きなことであっただろう。

5. バウムを描き語ることの意義

岸本（1999，2004）や成田（2007）は，バウムを施行することでそれまでとは異なるコミュニケーションのチャンネルが開くことを述べており，加藤（2003）も「バウムがきっかけになって家族に話題がおよび，治療が深まる。これが木景療法の心髄」と述べている。本事例でも同様の働きが起こってい

たと考えられ，バウム③の語りからは，イメージを連想しながら行う描画が好きだった幼少期のことを思い出した。これはAさんにとって一つの原風景と言えるだろう。つまり，バウムは描き手の原風景等の「私」の「根」の部分を浮かび上がらせ，「私」性を突き上げてくるものなのではないだろうか。

　加藤（2003）は「木景療法」と名付けて「バウムによる力動的心理療法」を行っているが，そこではセッションごとに木を描くのみで治療が終結したものもあり，木を描くこと自体が治療的であることを示している。本事例でも，木を描くことがAさんの心理的プロセスを推し進める心理療法的要素があったように思われる。Aさんにとってバウムは，塗り絵や夢と同じように「私」ならざる「私」の表出であり，未だ知らない「私」との出会いであったように思われる。

　バウム①からバウム②には連続する成長が示されているが，バウム③からバウム④には，成長というよりも次元が変わる変容が行われたように感じる。バウム③とその連想では死と再生を表出し，死に傾いていたAさんの在りようは，木股で跨ぐように死と生の両方の世界に足をかけたようでもあった。バウム④では，これまでの動的な在り方ではなく静的な夜の世界へと反転し，Aさんが「生きていける」ように，内から守る御神木へと変容していったように思える。このバウム④だけでなく，描かれる木はすべて描き手を内から支えるものとなり，木が変化していくことは描き手を守るものが変化することであり，その結果描き手の生き方も変わっていくのではないだろうか。つまり，バウムとは描き手の心を表すと同時に，バウムが描き手を導くということもあるのではないだろうか。

第4節　おわりに ── 木を生きる

　「夢を生きる」（河合，1991）という言葉があるように，バウムにも"木を生きる"という発想があってもいいのではないだろうか。バウムとはそういった生きたものなのであり，描き手が木を生きるためには，われわれ自身がしっかりと木を生きる必要がある。コッホ（1957/2010）は，バウムを「どう理解したらいいかという問いを，何日も，何週も，何カ月も，何年も，見え方の

成熟過程がある地点に達するまで,問い続けていると,秘密にかかわる何かが自然と姿をあらわしてくる。それもしばしば,稲妻に撃たれたかのようにひらめいたり湧き出てくる」という治療者が木を生きる姿を述べている。同様の態度はユング(Jung, 1929)が夢について,「長いあいだ徹底的にひとつの夢をまさに文字通り沈思黙考すれば,すなわち胸に温めておけば,そのときほとんど例外なく何かが現われてくることを知っている」と述べ,さらに河合(1976)も夢について,「分析者も被分析者も努力を重ねても意味がわからないことはよくあることである。(中略) そのわからないままのことをずっと心に留めておくと,だいぶ経ってから,ときには数年後になって,その意味がわかることもある」と述べていることとも通ずるものと考える。ここからもユングと河合隼雄とコッホにはイメージへの取り組み方に共通点があることがわかるが,これらは極めて重要な態度であるように思う。この在り方はイメージだけでなく,われわれの臨床における他者への向き合い方とも合致するのではないだろうか。

■ 文　献

Jung, C. G.(1929). The aims of psychotherapy.(*CW* 16-5). 林 道義(編訳)(1989). 心理療法の目標. 心理療法論. みすず書房, pp.33-62.
神田橋條治(2009). 2009年つかさき医院事例検討会での発言. 未公刊.
加藤 清(2003). 究極的関心と心理療法. 横山 博(編) 心理療法 —— 言葉/イメージ/宗教性. 新曜社, pp.271-294.
河合隼雄(1976). 影の現象学. 思索社, pp.33.
河合隼雄(1991). イメージの心理学. 青土社, pp.103-120.
岸本寛史(1999). 癌と心理療法. 誠信書房.
岸本寛史(2004). 緩和のこころ. 誠信書房.
Koch, K.(1957). *Der Baumtest: Der Baumzeichenversuch als psychodiagnostisches Hilfsmittel*. 3. Auflage. Bern: Hans Huber. 岸本寛史・中島ナオミ・宮崎忠男(訳)(2010). バウムテスト 第3版 —— 心理的見立ての補助手段としてのバウム画研究. 誠信書房.
倉野憲司(校注)(1963). 古事記. 岩波文庫, pp.45-48.
成田慶一(2007). バウムというコミュニケーション. 大阪大学大学院人間科学研究科心理相談室紀要, **13**, 156-162.
成田善弘(1996). 心と身体の精神療法. 金剛出版, pp.13-23.
多田和外(2008). バウムテストの実際. 堺・南大阪地域活性化のための拠点としての心理臨床センター報告書. pp.31-36.
塚崎直樹(1991). マンダラ様図形に対する彩色の試み. 芸術療法学会誌, **22**, 90-97.
山中康裕・角野善宏・皆藤 章(編)(2005). バウムの心理臨床. 創元社.

第**6**章

クリニックにおける心理療法とバウムテスト
── 不登校中学 2 年女子生徒の心理療法過程から

■ 小野けい子

第1節　はじめに

　大和ことばで，樹（ki / itsuki）は，命（inochi）や血（chi），息（iki / ibuki）と同じく，力強いエネルギーの流れを意味している（大山，2005）という。
　筆者は，大学病院の中にある「こどものこころクリニック」において，臨床心理士として医師との連携のもと，心理療法に当たっている。心理療法は毎回医師の診察後50分を原則に行われるが，心理療法の初回とその後約3カ月毎にバウムテストと風景構成法を実施し，いわば心のレントゲン写真として，その変化を追っている。
　そこで描かれるバウムに，筆者はいつも先に書いた意味で，クライアントの命の流れを聞く思いがする。また，このバウムはいつも医師とのコミュニケーションにも大切な役割を果たしている。
　心理療法過程で大変印象的な2枚のバウムを描き，そのバウムにクライアントの命の息吹を感じ，そのことがセラピストと心理療法過程を支え，医師とのコミュニケーションにも役立った事例を紹介する。この事例では2枚のバウムしか描かれていないが，こうした経験を経て，現在では，初回と約3カ月毎にバウムテストと風景構成法を実施することとしたのである。

第2節　事例の概要

クライアント：籠（こもり）暁子さん（仮名），初診時13歳，中2，女性。
主訴：学校に行けない。行こうとしたり無理に行くと，吐き気や嘔吐がみられ，体調不良になる。
家族：プライバシー保護のため家族についての記載を省略する。
問題の経過：乳幼児期には特に問題なし。小学校中学年からクラスメートに「女のくせに男みたいな格好をして……」などと言われるいじめにあい，不登校気味になった。中学入学後も不登校気味。中2となって4月までは何とか通学していたが，5月の連休以降ほとんど不登校。中間試験は何とか受けたが，辛くて寝つきが悪く，朝起きられなくなった。また，眩暈，立ちくらみ，心悸亢進などがある。小学4年7月から某メンタルクリニックを受診し，主に投薬を受けてきたが当クリニックに転院を希望し受診した。当クリニックの担当医師が心理療法の適用を判断し，2回目の通院時から，筆者が心理療法を担当することとなった。
医師による診断と投薬：適応障害（不登校）。初診から第15回まで，以前のクリニックに引き続きドグマチール，ルボックス，レンドルミン等を処方。
面接構造：クリニック外来にて，週1回小児精神科医の診察後，1回50分の面接。
外見・印象：紺のシャツに黒いパンツで男性的な印象，肥満体形。

第3節　心理療法過程とバウムテスト

以下，クライアントをClと略記して発言を「　」，セラピストをThと略記して発言を〈　〉で表記する。

1.　第1回

暁子さんは面接室に入って椅子に座り，前髪の伸びた顔を伏せ気味にして

第6章　クリニックにおける心理療法とバウムテスト——不登校中学2年女子生徒の心理療法過程から

いるが，話し始めるとよく話してくれる。

　「実のなる木を1本書いてくれる？」と言うと，あまり逡巡することなく，左側根元から描き始め，少し不連続があるが，あとはすっと一気にバウムを描いた（図6-1）。紙の中央の空間，約10cmのまったく葉をつけていない人の手のような形のバウムである。冬枯れた木のようなこの淋しい木は，クライアントの守りの薄さ，エネルギーの枯渇した様子，孤独感を強く印象付けるものであった。この手掌状の木の，葉のない鋭く尖った枝先は，大変攻撃的な

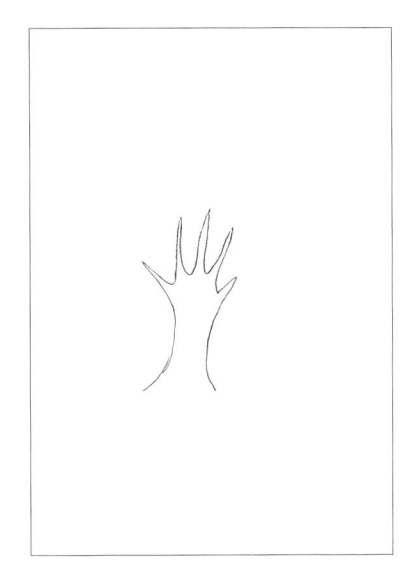

図6-1　バウム1

印象を受けるが，手は重心を左方からやや右方（外界側）に移して，上に向かって伸ばされており，指はつながりを求め，何かに触れ，何かをつかもうと伸ばされた「援助を求める手」としてThに訴えかけてくるものでもあった。また，幹の左方に見える描線の不連続は，ヴィトゲンシュタイン指数から計算すると3歳5カ月頃でフロイトのいうエディプス期初期にあたり，性のアイデンティティ獲得を巡る内的な傷つきがあったかもしれないことを示唆している。

　続いて風景構成法を描いてもらった（図6-2）。天に抜ける川が描かれて，川は風景に統合されず，暗い空，付加された雲から雨が降っている。「巷に雨の降るごとく，わが心にも涙ふる」（Verlaine, 1874/1973）心境なのであろう。顔の黒く塗られたスティック状の人，窓のない家も暗い印象を与えるが，まだ何も植えられていない青い水をたたえたかなり広い田圃も描かれ，ここに希望を見る思いがする。季節は冬，時刻は明け方とのことであった。畔道も黄緑色で，田圃では田植えの用意がしてあるというのに，季節はまだ田植えには遠い冬なのである。

　好きなことを尋ねると，「今，井上ひさしの『新釈　遠野物語』を読んでい

図6-2　風景構成法1

て，すごく面白い」とのこと，Thは柳田国男の「遠野物語」しか知らなかったが，井上ひさし氏らしい洒脱さの織り込まれた，しかし同じ遠野物語らしい河童や狐と出会う怪奇譚の短編集であるらしい。大学を休学して療養所でアルバイトをしている主人公が，狐穴近くの岩屋に住む老人を昼休みに訪れて話を聞いていく設定。クライアントが面接室を毎週訪れて自らの無意識の世界にも触れていく心理療法の設定とその物語の設定がなんだかよく似ていると，Thはふと思って楽しくなる。遠野物語が面白いと話してくれる暁子さんは，生き生きとしてきて楽しそう。スティービー・ワンダーとポール・マッカートニーの音楽が好きなことも話してくれた。

　山中（1978）は，不登校に対して「内閉神経症」という概念を提示し，この「内閉」が，外的には社会的自我の未成熟とされる消極面を持ちつつも，内的には「退行」，しかもそれは次なる「新生」をもたらすための「さなぎの時期」と言うべき積極面を持つことを指摘した。治療的にも彼らの「内閉」をできる限り保障すること，その上で，彼らの話に耳を傾け，彼らの「内的な旅」の同行者として付き合い，ひたすら彼らの「内的成熟」を待つべきと主張している。具体的には，夢，絵画，詩などの「イメージ」の展開や，読書とか音楽鑑賞など彼らの限局した興味の「窓」を尊重し，この「窓」に同調させて，その「窓」を通して語り合っていく方法を提示している。筆者は，この山中の方法に倣って，不登校の人たちへの心理療法を行っている。

図6-3　MSSM 1

2. 第2回

（医師の診察では，学校には行きづらいこと，不眠を訴え，他院で処方されていた薬では，夜中に目が覚めてしまうとして，もっと作用時間の長い薬の処方が欲しいと訴えている。）

暁子さんは，面接室に入室すると「学校へ行けとお父さんが強引で苦痛。もう学校へは行きたくない」と訴える。今日は，巴のマーク（陰陽，光と影の象徴）のマーク入りのTシャツを着ているのが印象的である。

今日から，色彩誘発MSSM法（注1）をしてゆくこととする。

MSSM 1（図6-3）

Thがコマどりをして，①最初のぐるぐる描きをピンクのクレヨンですると，暁子さんはどうすればよいのかよくわからないように，黄緑色のクレヨンで同じようなぐるぐる描きの線を重ねた。続いて②暁子さんが青で書いてくれたぐるぐる描きに，Thは玉を持つ天使の姿を投影した。③Thが黄緑色で描いたぐるぐる描きに，暁子さんは緑と青の色を使って，山と空を描いた。暁子さんは，少し楽しくなってきたようで，少し顔がほころびる。④次に暁子さんのオレンジ色の描線に，Thが笑っている女の人を投影すると，暁子さんも笑っている。⑤次にThのピンクの丸っこい描線に，暁子さんは「寝ている幼子」を投影した。Clの投影ばかりでなく，Thの投影したものも，Clとの関係性の中で投影されたものなので大切にしたい。これら全部の出てくる

物語を求めると,うーんと考えた後,①で描いたものを「混沌(カオス)」と名付けて,次のような素敵な物語にまとめてくれた。

 物語:『天使がある世界を持っている。外から見ると混沌。でも山と空(天と地),寝ている幼子,笑っているお姉さんも居る世界』。

 暁子さんの今は,外から見ると混沌であるけれど,内には大きな可能性のあることを述べた物語に思われ,まずまずの良い滑り出しである。

3. 第3回

「何度も見る怖い夢があるんだけどーーー」とおずおずと繰り返し見る怖い夢が語られた。

 夢①:家の中に居て,男の人と女の人が倒れているんだけど,血みどろで……。何回も見続けて……結局,それはお父さんとお母さんだった。血みどろ。自分の手を見ると,血みどろだった。

 夢が報告されると,通常はその夢についてクライアントの感じたこと,連想したことなどを尋ねるが,この日は雰囲気からも内容からも,そうしたことはしなかった。〈それは怖かったね〉と言うと,コクンとうなづく。〈大人になっていくっていうのは,お父さんやお母さんに守られたり,素直に従ったりでなくって,お父さんもお母さんも否定して,お父さんともお母さんとも違う,暁子さんだけの個性や生き方を見つけていくことかもしれない。否定するって,もちろん心理的な意味でだけど,この夢は,そういうことと関係しているのかもしれない。暁子さんらしい個性や生き方を大切に育てていくと,夢も変わっていくんじゃないかと思うんだけど。今度またこの夢を見たら,どこが変わったか見ておいてね〉と言うと,「そんなことがあるんだ」と少し落ち着く。〈遠野物語が面白いと話してくれた暁子さんも,スティービー・ワンダーとポール・マッカートニーが好きだと話してくれた暁子さんも,素敵だなと思ったよ〉と話すと,テレビ番組でも家族それぞれとても好みの違うことを話し,暁子さんの好きな刑事番組,ミステリー番組について話してくれた。

4. 第4回

(診察時に「睡眠が浅く,夢を見るので寝たくない」と医師に訴えている。)

よく似た夢を見たと，夢が報告された。

 夢②：*自分だけ，横に倒れていて，「やめて」とも言わず抵抗しないのを，父母，その他の人に蹴られ，踏み潰される。家の内ではなく外だった。*

「先の夢1の前の場面だと思う」とのこと。〈実際に暴力を振るわれたことある？〉と聞くと，「ううん，ない」〈でも，非難されているって感じてるのね〉「そう，学校に行かないといけないと厳しく言われてる」。

「国語の教科書の中のフクロウの話を読んだ。少年2人が，森の中にフクロウの卵を探しに行って，フクロウの巣が見つからなくて，見つけるのを諦める。次の日，先生と巣を見つける。フクロウが卵を温めている。卵を取ろうとすると，親鳥が攻撃してくるけれど，木に登って取ろうとする。卵は割れやすいから，口の中に入れて運ぼうとする。でも先生が木から落ち，諦める。その後，嵐が来て，巣も吹き飛び，フクロウの親もヒナも死んでしまう。一羽だけフクロウのヒナが生きていた。ヒナは卵からかえると，すぐ親鳥に暖めてもらわないと死んでしまうんだけど，その1羽を育てるの」。

「やはり国語の教科書のチンパンジーの話が心に残った。チンパンジーは文化を持っていて，集団によって，ある集団はある実を食べるけれど，他の集団は食べなかったりするんだって」。

「イースター島のモアイのことも読んだ。謎が多くて，守り神なんだけど，1500年も前に大きな石をアブラヤシの木をコロにして運んだらしい。海を背に並んでいる」と，とても楽しそうに話していった。

次回第5回，クライアントはとても勢い込んで入室して松沢哲郎のチンパンジーの本の話をし，早川いくをの『変な生き物』という本，糸井重里の本も持ってきて，不思議な生き物の話を夢中でしてくれる。

5．第6回

黒地に白で，雄大な針葉樹林の自然の中に月とオオカミの描かれたTシャツを着ているのが印象的だった。

変化した繰り返し見る夢が報告された。

 夢③：*お父さんとお母さんが死んでいるのって。私がしたみたい，ナイフを持っていて……。その後，外に出た。私は色がついているのに，他*

は全部モノクロだった。外を歩いているのに、誰も気づかない。友人もいたのに、何も気づかない。

　暁子さんだけ色がついていて、あとは全部モノクロだったこと、ナイフを持っていたこと、その後外に出たこと……と随分変化している。モノクロとなって、以前の「血がべったり」といったリアルさもなくなっている。心理的に親を殺す（否定する）ことによって、子は成長するのかもしれない。ナイフは切る道具だが、親との分離は、青年期の重要なテーマである。暁子さんだけ、色がついていたとは、暁子さんが、自分らしい個性と人生を生き始めているということなのだろうか。家族の問題を離れて外に出たが、まだ他者との関係は作れないでいる様子の夢にも思われた。

　これ以降、悪夢が報告されることはなかった。医師への不眠の訴えもほとんどなくなっている。

　「コンラート・ローレンツの『ソロモンの指輪』っていう本がとっても面白かった。ハイイロガンや、アヒルや、いろんな鳥を、卵から孵化させて育てた人がいる。その人の後をずっとついて歩くようになるんだよ」、「ハイイロガンや、アヒルのヒナはローレンツ博士の後をついて歩くようになったんだけど、クジャクのヒナは、孵化した最初にカメを見て、カメの後をついて歩くようになったんだよ」。

　「バラエティ番組の中で、面白い看板だとか、面白い人なんかが取り上げられるコーナーがあるんだけど、平均65歳のチアガールのチームが取り上げられていて、元気が良かったよ」など話してくれた。

6. 第7回

　「西岸良平の『三丁目の夕日』っていう漫画を読んでいる。何巻もあって長い。人情味豊かでいい感じなんだよ」と、この漫画について話し、「ルーマニアのバンドの歌を聴いていると、まるで日本語に聞こえる言葉が出てきて面白い」など話した。ユーモラスな話題もよく出るようになった。

MSSM 2（図6-4）
　①Th：（乳母車で眠る赤ちゃん）→ ②Cl：人 → ③Th：（ウサギ）→ ④Cl：ネッシーのような恐竜 → ⑤Th：（ネコ）
　物語：『赤ちゃんが寝ていて、これからお母さんと一緒に家族に会いに行

く。その間にウサギやネコに会い，道を聞く。大きな湖があるんだけど，まわりはドロだらけで，道が通れないから，その湖に住む恐竜に，向こう岸まで乗せてもらって，家族に会いに行く。家族には無事に会って幸せに暮らす』。

多くの文化で，「赤ちゃん」は新しい可能性を象徴していることが多いし，海や湖は無意識を意味することが多い。第6回の夢3で，家族との分離が話された後，今回この物語の中で眠っている赤ちゃん（眠っている新しい可能性）は，これからお母さんと一緒に家族のところに会いに行く。ウサギやネコの知恵という意識ではない知恵に助けられ，大きな湖の周りは泥だらけで道（意識）が通れないので，無意識の中を，無意識の中に住む恐竜に乗せてもらって家族に会いに行く。家族には無事会って幸せに暮らすという話。「眠っている新しい可能性」の旅を見守って行きたいと思った。

これ以降も，このように，Clが興味を持つ「窓」を通じて，Clの話に耳を傾け，時に応じて色彩誘発MSSM法を施行しながら，心理療法過程が進んでいった。

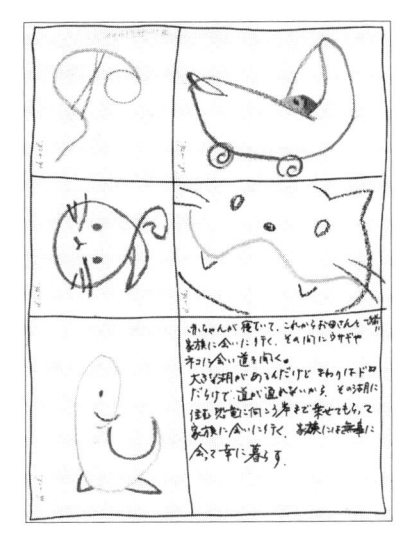

図6-4　MSSM 2

7．第9回

再び，バウムテストと風景構成法を描いてもらっている。

バウム・テスト2（図6-5）は，樹が成長して枝が分化して伸び，芽吹いた。太い根がはって，しっかりとした樹になり，一目で成長を感じさせる。空中に浮いたように描かれているのは，まだ現実に根を下ろして生きていないことの表現であろう。バウム2の幹と枝の基本構造がバウム1と類似しているからこそ，バウム2はバウム1の成長した姿と認識される。幹の左側描線の不連

続も共通しており，不連続は上方に移動し短くなっている。「外傷の印の時期測定は通常最初の樹木で正確になされる」「（治療的接近によって）傷跡は段々上方に移動し，時に完全に消失する」（Bolander, 1977/1999）とされており，治癒方向への変化が認められる。描線は柔らかくのびやかである。

　まだ登校は困難であるし，当クリニックの治療方針がなかなか父に理解されないなか，2カ月弱で，バウムにこのように明らかな変化が見られたことは，嬉しかった。父に直接治療方針を伝える医師にも，このバウムの変化は一見して理解され，先に述べた山中の主張する治療方針を自信を持って継続することができた。誰もがこのバウムにClの命の息吹を感じ，そのことがThと心理療法過程を支え，医師とのコミュニケーションにも役立ったのである。こうしたことは，この事例に限らず，バウムテストがいつもわれわれのクリニックで果たしている役割であるということができる。

図6-5　バウム2

　風景構成法2（図6-6）では，天気が晴れた。家も山も田圃も道も明るい色で塗られ，季節は春となり蝶々が舞っている。天に抜けていた川も，地面に落ち着いたが，いわゆる「此岸なしの川」で川の手前の岸が描かれていない。此岸なしの川は，通常小学1, 2年あたりで消えるとされているが，筆者は，不登校児の風景構成法でよく見かける。ただ心理的な退行を表しているというよりも，いわゆる内閉を，外界よりも内界に心開かれ，此岸（現実世界）よりも別の世界に開かれた心のありようの反映したものといえるかもしれない。道とその上に描かれた花や動物は少し浮遊して見え，再体制化前の退行とも見受けられる。山が手前に描かれ，前回同様，黒く顔を塗られたスティック状の人，水の入れられたまだ何も植わっていない田圃が山の後ろに描かれている。田植えは初夏まで待たねばならない。前回に比して，好転している

図6-6　風景構成法2

が，現在の「次なる新生のための退行状態」を示す描画ともいえよう。

バウムはこれ以降描かれていないが，この事例の終結までの過程を駆け足でMSSM法や描画のイメージの変化を追って見てゆきたい。

8. 第10回

MSSM 5（図6-7）

① Cl：雨 → ② Th：(海に浮かぶヨット) → ③ Cl：水晶 → ④ Th：(帽子を被った男の子) → ⑤ Cl：真珠

物語：『海へ男の子が宝を探しに出る。日が強いのでお気に入りの帽子を持って行った。途中で雨が降ったりして大変だったけど，水晶や真珠を見つけて，家に持って帰って幸せに暮らす』。

主人公は，もはや赤ちゃんなどではなく，勇敢な男の子となった。多くの文化において海は無意識を象徴すると述べたが，男の子は，無意識の世界の宝を探しにゆく。途中の雨とは，雨でもあり，汗でもあり，涙でもあったかもしれない。海の宝物である水晶や真珠，つまり無意識にとらわれていた心的エネルギー（宝）を獲得し，意識の世界に持ち帰った話とも見える。現実にも，暁子さんはギターを習い始めるなど，活動を始めている。

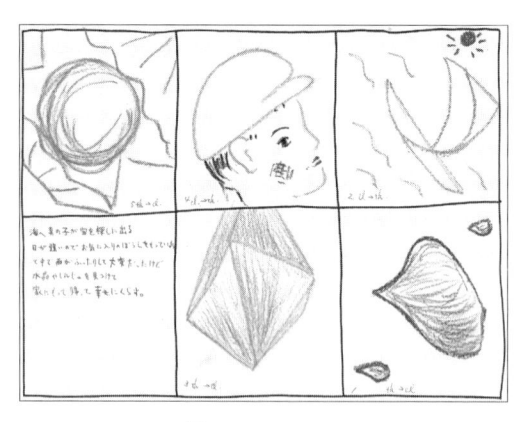

図6-7　MSSM 5

9. 第13回とその後

　この回の暁子さんは，白地に和風の小花（梅，萩，竹，桜）の描かれたシャツを着ていて，女性的な印象を受ける。
　MSSM 7（図6-8）
　① Th：（カエル）→ ② Cl：丸い鼻の人の顔 → ③ Th：（高い鼻の人の顔）→ ④ Cl：ピンク色の花 → ⑤ Th：（ピンクの花のついたスリッパ）
　物語：『ある探検家が森に住んでいました。カエルが探検家に頼みがあって，「きれいなピンク色の花を探して欲しい」と頼まれたので，探しに行った。花をみつけたのでカエルに渡して，「明日になったらお礼のものを渡したい」とカエルに言われたので，次の日にカエルの元に行くと，花を使ったスリッパをもらった』。
　少し文章が混乱し途中からは探検家の語りとなっている。Thの描いた緑の描線を茎にしてClが美しいピンクの花を投影して描くと，ガラッと世界が明るく変わった。Thは，その花を付けたスリッパを描いた。Clはそれを見て，「こんなスリッパが本当に欲しくなっちゃった，作りたくなった」と言う。
　森もまた，多くの文化で無意識を象徴する代表的なものである。カエルはグリムのカエルの王子様を連想させる。カエルはまた水中と陸，無意識と意識の両方の世界を行き来できる動物でもある。カエルに頼まれて，探検家が森を探してきれいなピンクの花を見つけてカエルに渡すと，次の日，カエル

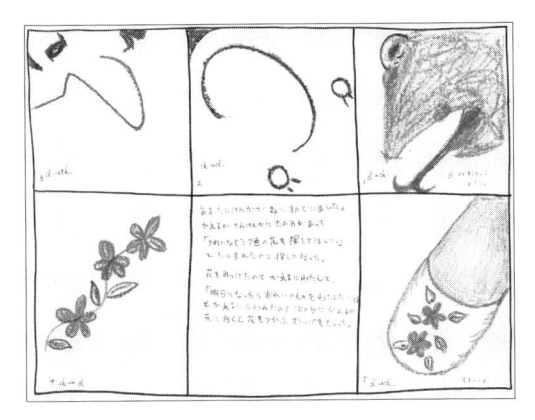

第6章　クリニックにおける心理療法とバウムテスト——不登校中学2年女子生徒の心理療法過程から

図6-8　MSSM 7

からお礼にきれいなピンクの花のついたスリッパをプレゼントされる。無意識を旅して花を見つけた探検家は，カエルから履いて歩いていけるスリッパをプレゼントされている。スリッパには，探検家自身が無意識の世界で見つけてきた花（宝）がついている。MSSM法の絵では，二人の人の顔が投影されているが，物語には一人しか登場していない。物語の語り口からして，Clは探検家に同一視している節があるが，探検家はどちらなのだろう。この物語のカエルはまだ王子には変身しないが，変身したのは探検家，花のスリッパをもらって，丸い鼻の探検家が，鼻の高い美しい人（男性にも見えるが，唇が赤く塗られて女性にも見える）に変身したイメージがThにふと浮かんだ。MSSM 5の物語に似ているが，MSSM 5より大変な進歩を感じる。

　現実にも，暁子さん自身が履いて歩いて行けるスリッパをもらったかのように，フリースクールに通うことを考え始め，次の週には見学に行き，体験入学，そして次の月から正式にフリースクールに通うようになった。MSSM法の中では無意識への旅の話とみえる物語が繰り返し作られてきたが，それもこれで最後となった。

　その後の面接時には，現実のフリースクールでの話がほとんどとなった。第16回以降，医師による薬の処方も行われていない。やがて，フリースクールに仲良しの仲間ができた。男子3人と暁子さんの4人で，ゲームセンターにも一緒に行ったり，ギャグを飛ばしあったり，携帯でブログも始める。10歳

頃にあったいじめのこと，自分が女の子なのが嫌だったことも話された。

　冬休みはずっと，自分のこころの整理をするかのように，自分の部屋の掃除をして過ごした。正月明けの面接時には，心の整理もできたかのようなすっきりした顔，眉の濃いしっかりした美人に見えた。黒いお洒落なコートを着て，「このコートを着てメガネをすると，ハリー・ポッターのようだと言われるんです」と嬉しそう。

10．第25回

　「湫人（しゅうと）」という自分の考えたキャラクターを描き，相田みつを風の詩を書いて持って来てくれた。「雪だるまだろうが，謎の生物と言われようが気にしない。湫人だもの」という詩で，「湫人」という落款まで押してある（図6-9）。

　「私は秋生まれだし。湫人という名前にした」。聖書の創世記に，神はカオスから天と地を分離し，やがて土から人を創造したとあるが，「湫（くて：低湿地）」の柔らかい土を丸めて作った達磨のような「湫人」が創造された。「初めは，斧やカマを持たせて，血なんか描いてたんだけど変わってきた」。「フリースクールで，いろいろなキャラクターを描いていたら，友達が雪ダルマみたいで可愛いと言ってくれた」。「湫人は私」。「男とか女とかでなく，私は私」。可愛い湫人の丸い姿が，少し暁子さんと似ている。暁子さんは新しい鼈

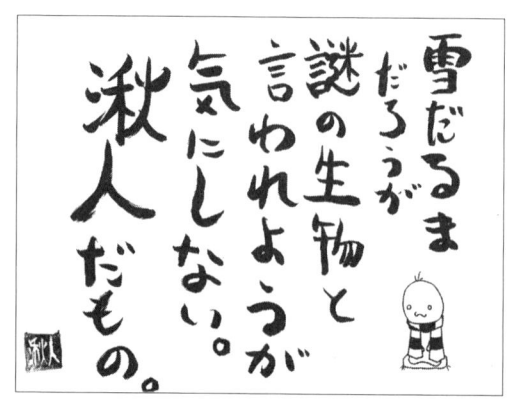

図6-9　詩「湫人だもの」

甲の眼鏡をして，今日もとても美人に見えた。「雪だるまだろうが，謎の生物と言われようが気にしない。湫人だもの」は，暁子さんの高らかなエゴアイデンティティ宣言に思えて，胸が熱くなった。この回以降，MSSM法の中でもClが湫人を描くこともあるようになった。

11. 第30回

MSSM 13（図6-10）

① Th：（ドイツ国旗の揚がったレストラン）→ ② Cl：羽ばたく鷲 → ③ Th：（湫人と桜の木）→ ④ Cl：スズランの花 → ⑤ Th：（旅行カバン）→ ⑥ Cl：太陽

今日は，Clではなく，Thの投影に湫人が登場している。①から⑤を終えたところで，最後のコマにも，Clは今日は物語を作るのではなく，交互スクリブルをしたいと言う。そして，ClはThの描いたオレンジの描線に太陽を投影した。オレンジと朱色と黄色を使って入念に描かれた輝く太陽は，ただの太陽ではなく，Thにはどうしてもユングが自己の象徴であるとした曼荼羅象徴（注2）と見えて感動した。「意識領域の心の営みと無意識界の心の営みとの総和から成り立つところの，なかなか簡単には言い表しがたい全体性」(Jung, 1951/1990) である「自己」体験の表現と感じられたのである。ちなみにClのニックネーム暁子は，Clがこの太陽を描いたことによる。この太陽

図6-10　MSSM 13

第2部　バウムテストの実践

図6-11　シュークリーム死守！　　図6-12　Syu-10

が昇るまでの暁の時期を，Clの内的な旅に同行してきたという思いが湧いてくるからである。場面は日常現実場面のものとなってレストランが描かれ，スズランの花が咲き，桜も満開である。力強く羽ばたく鷲や旅行鞄は，出立を思わせるものでもある。

　さらにClは2枚の絵を描いて持って来たと見せてくれた。1枚は，キャラクターが，シュークリームの箱を抱え込んで，「死守！」「わたさん」と守っている絵で（図6-11），友人との楽しいやりとりの声まで聞こえてきそうな，ほほえましい絵。そしてもう1枚は，まるで妖精のような月の形のブローチを付けた神秘的な美しい少女の絵だった（図6-12）。「Syu-10」（「しゅうと」と読める）のサインが入っている。Syu-10像の出現にThは大変深い感動を覚えた。ユング（Jung, 1984/2002）は「女性にとって月は彼女の最奥の本質を表している」と言う。MSSM 7も思い出された。暁子さんの心に誕生した神秘的で妖精のような少女Syu-10像は，これからどう成長してゆくのだろう。

　その後2回来院したが，フリースクールにすっかり適応し，学年末で面接は終結した。「Syu-10」は「しゅうと」であり面接の「しゅうてん（終点）」でもあったようだ。最後のMSSMの中でThは満開の桜の木を投影しているが，最後にもう一度バウムテストをしたら，暁子さんは果たしてどんなバウムを描いてくれたのだろう。

（注1）　MSSM法（Mutual Scribble Story Making Method：交互ぐるぐる描き投影・物語統合法）は，山中（1984）創案による描画法で，B4かA4の画用紙に黒のサインペンを用いて枠取りし，6コマか8コマに分割し，ThとClが交互に黒のサインペンによるぐるぐる描きとクレヨンによる投影を繰り返し，最後のコマにClが全投影物を統合する物語を作成する方法。「色彩誘発MSSM法」（小野，2008）は最初のぐるぐる描きから黒のサインペンではなくクレヨンを用いるMSSM法の変法の一つであり，色彩のぐるぐる描きは，黒い描線よりも感情を載せて描かれることとなる。

（注2）　曼荼羅とはサンスクリット語で本質・真髄・中心を表すmandaと所有を表す接尾辞laからなる語で，「本質を所有するもの」の意味であるという（真鍋，2003）。曼荼羅図は，円や四角あるいはその組み合わせからなる図をいい，仏教における悟りの境地を描いたものといわれる。この曼荼羅図に似た円や四角からなる図や造形が，心理療法過程の転回点で描かれたり制作されることがあり，C.G.ユングは，意識も無意識も含めた心の全体性であり，また同時にその中心である「自己」の普遍的なイメージであるとしている。

■文　献

Bolander, K.（1977）. *Assessing Personality Through Tree Drawing*. Basic Books. 高橋依子（訳）（1999）．樹木画によるパーソナリティの理解．ナカニシヤ出版，pp.298-299.

Jung, C.G.（1951）. Gnostic Symbols of the Self. *Aion*. CW9/Ⅱ. Princeton University Press, pp.189. 野田倬（訳）（1990）．グノーシス主義における自己の象徴．アイオーン．人文書院，p.213.

Jung, C. G.（1984）. *Dream Analysis*（Seminare）. Walter-Verlag AG. Olten. 入江良平・細井直子（訳）（2002）．夢分析Ⅱ．人文書院，p.53.

大山泰宏（2005）．バウムの存在論の可能性．山中康裕・皆藤　章・角野善宏（編著）バウムの心理臨床．創元社，p.30.

小野けい子（2008）．MSSM法の可能性．精神療法，**34**（5），517-525.

真鍋俊照（2003）．東寺密教曼荼羅四　解説編．同朋舎，p.28.

Verlaine, P. M.（1874）．堀口大学（訳）（1973）．ヴェルレーヌ詩集．新潮文庫，p.131.

山中康裕（1978）．思春期内閉Juvenile Seclusion——治療論よりみた内閉神経症（いわゆる学校恐怖症）の精神病理．中井久夫・山中康裕（編著）思春期の精神病理と治療．岩崎学術出版社，pp.17-62.

山中康裕（1984）．箱庭療法と絵画療法．佐治守夫・福島　章・越智浩二郎（編）ノイローゼ——現代の精神病理　第2版，有斐閣，pp.75-91.

山中康裕（1999）．心理臨床と表現療法．金剛出版，p.96.

第7章

終末期がん患者のバウム

■ 田中美知代

第1節　はじめに

1. 緩和ケア病棟における臨床姿勢

　筆者が臨床心理学を学ぶことになったきっかけは，終末期の縦隔胸腺腫の患者さんとの出会いであった。筆者はその患者さんのプライマリーナースであったが，その患者さんの思いを十分くみ取ることができないまま旅立たれたのである。そして，そのときの筆者の思いは，その後，臨床心理士の道へ進む原動力となった。
　病院臨床では，他のスタッフとともに連携して臨床活動を行うことが求められる。一人ひとりの患者さんが緩和ケア病棟に来られるまでに歩んで来られた道を辿り，そこから見えてくる気持ちを患者さんと同じ地平に立って見つめ，患者さんの気持ちに添い，その気持ちをスタッフと一緒に考えながら関わることを臨床姿勢としている。このような筆者の基本的な臨床姿勢は，『癌と心理療法』（岸本，1999）との出会いが大きく影響している。すなわち，「心に添う」姿勢（山中，2001），「一歩引いた形で患者の語りに耳を傾ける」姿勢（岸本，2004）を大切にしている。
　また，時には，タッチなどの身体的な関わりも取り入れている。患者さんは，身も心も疲れ果て，心身のエネルギーを枯渇されて緩和ケア病棟に入院して来られる。それゆえ，心理的な援助には，人の持つエネルギーを送る（贈る）という感覚を大切にしている。心理療法を専門とする臨床心理士であっ

ても，いわゆる「手当て」の感覚が必要なときもあると考えている。

2. 事例の命名について

　今回の事例の命名に関しては，患者さんの名前を，仮名ではあるが，より現実に近い名前とした。これは，山中や岸本の命名の方法に倣ったことをここで明らかにしておきたい。
　事例の名前に命名することについては，岸本（1999）が『癌と心理療法』の中で詳しく述べているので，そちらを参考にしていただきたい。筆者が患者さんと関わらせていただいていたそのときに遡り，ひとりの人間として患者さんを紹介したいと考えたからである。

第2節　臨床事例

1. 事例の紹介

高山由希子さん　40代後半　女性：肺癌（右上葉）
　高山さんは3年前の10月に健康診断で，胸部X線の異常を指摘され，右上葉の肺癌と診断された。そして，その年の12月には右上葉切除術を受け，翌年1月から6月まで化学療法を受けたが，その1年後の6月にはPET検査で縦隔リンパ節転移および右腸骨に再発していることがわかった。同年7月にはゲフィチニブ（商品名：イレッサ）が開始され，放射線治療も施行し，その後，自宅で療養されていたが，腫瘍の進行，多発骨転移，両側肺転移がわかり，その翌年2月には，疼痛緩和のため，持続性疼痛治療剤（オキシコドン塩酸塩徐放錠；商品名：オキシコンチン）が開始された。
　また，てんかんの既往があり，治療を受けていた病院の診察時に，てんかん発作が起こり，病院から「これ以上，治療ができない」と言われ，その病院の紹介で，3月に緩和ケア外来の面談をされて，緩和ケア外来でのフォローとなっていた。6月21日には，疼痛がひどくなり，疼痛緩和を目的として，緩和ケア病棟へ入院となった。

高山さんは，中肉中背で目が大きく，ショートカットの髪型。帽子とワンピースがよく似合う40代後半の女性であったが，実際の年齢より若く見える方であった。言葉で伝えることが上手でないところがあり，痛みをスタッフに伝えるときに支障を来すこともあった。ご主人と二人暮らしであり，後見人（キーパーソン）は，ご主人であった。

2. 経過について

6月22日　その日はCT検査があり，筆者がお部屋に挨拶を兼ねて訪室したのは，CT検査の後であった。筆者が訪室するなり，「痛いです。ジェル，ジェル」と叫んで，訴えられる。〈痛いですか？ 看護師さんを呼びましょうか？〉その表情から，ナースコールで看護師さんに来ていただく。看護師さんにジェル（抗炎症鎮痛薬のジクロフェナクナトリウム；商品名：ボルタレンジェル）を塗布してもらい，しばらくすると落ち着かれた様子であった。ここで，初めて高山さんとゆっくりお話をすることになる。

〈CTへ行かれて，お食事もこれからなのですね〉「あんまり……」。〈食欲がないですか？〉「脳のレントゲン，行くまでは，『食べたいな』と思っていましたが……。同じ格好をしていると痛くてね」。（仰臥位から側臥位へと体の体勢を常に換えながら，ベッドはギャジアップの角度をひっきりなしに換えられたりしておられる）。〈そうなんですね〉「主人が来る頃に，汗がすごく出るんです。ここに来たら，ましになるかなと思っていましたが，変わらないですね」。〈そうでしたか〉「2～3日で……」。（体の向きを換えられて，話が途切れる）。〈ご主人が来られる頃に汗が出るんですね〉「……」（ウトウトされている）。〈今日はお疲れですね。また，お部屋に伺ってもよろしいですか？〉「はい，お願いします。一人だと暇なので……」。

6月25日　訪室時にはご主人がおられ，ご主人に挨拶する。高山さんはバウムクーヘンを召し上がっておられたのだが，にわかに顔が痛み（前胸部痛）の表情に変わり，胸に手を当てられたために，すぐにナースコールして看護師さんに来ていただく。

看護師さんが，「痛み止めは何がよいですか？」と尋ねられても，高山さんは胸に手を当るばかりであり，看護師さんの「点滴」という言葉に，かろう

じて振り絞るような声で「て・ん・て・き……」と答えられるのが精一杯であった。

　看護師さんが退室されて3人になると，「ここ（腰部）が上がっているのが気になる」と腰部の違和感を訴えられて，ベッドはギャジダウンしきっていたが，ベッドの足の部分を下げられないことに納得いかないようであり，コントロールボタンを繰り返し押しておられる。筆者が〈腰をさすりましょうか？〉と声をかけると，「お願いします」とお返事が返ってくる。しばらくの間，腰をさすりながら，〈このあたりですか？〉，〈どうですか？〉と声をかけるが，お返事はない。痛み止めの注射が施注され，退室する際に挨拶すると，会釈される。高山さんは痛みがあるときは混乱されるようであり，そのときは沈黙されるようであった。

　6月29日　お部屋には時間を決め，枠組みを持って訪室していた。訪室時，ご主人も交えてのお話となる。また，7月6日の訪室時には，絵を描いてもらいたいことを伝える。その後，1年前にやけどをされたが，その跡が痛いこと，主治医にそのことを伝えるが，どうもうまく伝わらないことを話される。「先生はそのこと（やけどの跡が痛いこと）に首をかしげてはりました」〈そうなんですか〉「はい」。〈なかなか，先生にうまく伝えるのは難しいですか？〉「うーん」。〈入院については，先生からはどのように伺われましたか？〉「先生が『2〜3日，入院して様子をみたらどうか』と言われて来ました」。〈先生からそのように伺われましたか？〉「……」。ご主人が助け舟を出すように話し始められる。ご主人：「いや，先生やないやろ。ソーシャルワーカーの方から，『お部屋が空いたがどうか？』と聞いてもらって，ちょうど，そのときは調子が悪いときだったので，『入院します』となりました」。〈そうだったのですか〉「そうやった！　2〜3日って聞いていたから，持ってくる物も持ってきていなくて……」。〈そうでしたか〉「入院してから，主人に『あれ，持ってきて』とか言って，持ってきてもらっています」。〈それでは，家のことがご心配ではないですか？〉「そうなんです。家がぐちゃぐちゃで……」。〈ご主人は思った物をちゃんと持ってきてくださいますか？〉「なかなかうまく伝えられなくて，私はあれはどこやったかなと思ったりしてね」。〈それはそうですよね。そしたら，ご主人がうまく持ってきてくださるか，イライラされるのではないですか？〉「そうです」。

7月6日　20分かけてバウムテスト（1回目：図7-1参照），40分かけて風景構成法（構成のみ：図7-3参照）を施行する。

　7月9日　訪室時，眠っておられるが，顔に玉のような汗をかいておられ，汗をタオルで拭きとり，しばらくの間，ベッドサイドで見守る。

　多職種カンファレンス（週1回）。この日のメンバーは，医師，看護師，薬剤師，臨床心理士である。筆者から，バウムテストと風景構成法を施行してみて，描画に表現された特徴をスタッフに説明し，高山さんをどのように援助していくのがよいかを話し合う。

　高山さんは，一つのことに集中すると，他のことが見えないなど，これまでの生活の中でも一度に多くのことを処理することができないなどの支障があったのではないか，一度に複数のことをしたり，聞いたりすることが難しいと示唆されるため，援助について，特に，何かの説明をするときは，最初にどのようにしていくかの全体的な見通しを話してから，説明途中にも理解されているかどうかを確認していくことで，ご本人とスタッフの「ズレ」を埋めることが必要であること，具体的には，スタッフが，痛み止めを選んでもらうとき，検査を受けるとき，薬剤の説明をするときに，ご本人に確認しながら，できれば，絵や文字にして説明するなどの細やかな配慮をしながら，ゆっくり時間をかけて説明する必要があることを話す。そして，バウムのイメージを共有する。

　7月13日　45分かけて，風景構成法の彩色をされる（図7-3参照）。

　7月16日　痛み止めの点滴中。〈痛いですか？〉「これしているからダメですね」。

　7月20日　回診時，ご主人と映画を見にいかれたことを話される。

　いつもの時間は入眠中。ご主人と外出時の様子などのお話をしていると目覚められる。「昨日の夜，眠れていないので……」とウトウトされながらも，「この間の絵はどうでしたか？」と尋ねてこられ，風景構成法について，印象などをフィードバックする。

　7月23日　バウムテスト（2回目）を予定していることを伝える。「どんなん描くか考えておくわ」。

　60分かけてバウムテスト（2回目：図7-2参照）を施行する。バウムテスト施行後，サロンでかき氷を召し上がりながら，ご主人とのケンカのエピソ

ドを話される。

7月24日　看護記録より　10歳の頃からずっと診てもらっている先生（神経内科のクリニックの先生）が処方された以外の内服薬を拒まれる。その先生を信頼されており，診察を受けたいと，涙ぐまれながら話される。

7月26日　看護記録より　てんかんの治療のために，神経内科受診される。

7月27日　入浴中。その後，廊下で高山さんに会い，声をかける。
〈さっぱりされましたか？〉「はい」。〈ご主人，来られていますね〉「だいたいこんなものです。毎日，来ています。仲直りしました。ありがとうございます」。

7月30日　入眠中。廊下のソファで他患者さんとお話をしていると，部屋から出て来られ，「スリッパの中敷きがとれた」と誰に話しかけるともなく話されている。他患者さんとのお話を終えてお部屋に伺うと，スリッパの中敷きがとれて困っておられる。ボンドで中敷きを接着し，明日まではスリッパを履かないで，そのまま置いておかれるように説明する。

8月6日　ドッグセラピー（月2回）。サロンにセラピー犬（セントバーナード犬の大型犬，抱っこできる小型犬）がやってくる。高山さんも楽しみに待っておられる。
「さっきまで寝ていました。もう少ししたら，大きい犬が来るので起きています」。セラピー犬が来るまでの間，病室でこれまでに行かれた旅行の写真を一緒に見せていただきながら過ごす。

8月10日　サロンで行われているビーズ教室に参加。ウトウトされながらも，ピンクとブルーのペアの作品を作っておられ，声をかける。

8月13日　ウトウトされている。声をかけると開眼されるが，すぐに閉眼される。しばらくの間，そばで見守る。

8月17日　痛みが強く，昼食も食べられてない。
看護記録より　ご主人が病室に来てくれてもゲームをしていて，その音が気になると，訴えられる。ご主人には，「しんどい時とか，体が痛いときにはさすったり，声をかけてほしい……もっと私の話を聞いてほしい。でも，通じないから……」と涙ぐみながら話される。

8月18日　看護記録より　ウトウトされながらも，「ビーズがしたい」と部屋でビーズをされる。

呼吸苦の出現により，夕方，呼吸苦や痛みを緩和するために塩酸モルヒネ，ハロペリドール（商品名：セレネース）の持続皮下注射（CSI）が開始される。夜には，酸素が1リットル/分で開始される。

8月19日　看護記録より　病状の悪化に伴い，夜間もご主人が付き添われることになる。CSIの流量が増量となる。

8月20日　筆者の訪室に眼を開けられるが，〈お顔を拝見しに来ただけなので，お話はされなくてもよいですよ〉と伝えると，すぐに閉眼される。ご主人も黙ってベッドサイドに座っておられ，一緒に見守る。ご主人に〈お疲れではないですか？〉と労をねぎらうと，ご主人はホッとされたような表情をされて頷かれる。

看護記録より　ドッグセラピーあり，「犬が見たい」と言われ，お部屋にセラピー犬が訪問。犬を抱っこされて，にっこり微笑まれる。

8月23日　看護記録より　喘鳴が増悪，痛みも増強しており，混乱されることも増えてくる。CSIの流量が増量となる。

8月24日　看護記録より　主治医よりご主人とお姉さんに病状説明あり，夕方より鎮静開始の予定となる。

訪室時，ご主人はベッドサイドにおられる。筆者もご主人と一緒に見守る。

ご主人が「受け入れられないです」と涙ぐみながら，ポツリと話し出され，お話を傾聴する。「えらかったのは，決して『自分だけこんなことになるのか』ということは一切言いませんでした」。〈そうなんですね〉「それは，てんかんで人と比べたらあかんと小さいときから思っていたからだと思います……。でも，唯一，お姉さんとは比べていました。お姉さんのことを信頼していましたしね」〈そうなんですね。……お話はされましたか？〉「あんまりしていないです。（病室に）来たときは，お風呂に入っていたり，すれ違いばかりでしたから……」〈そうでしたか。でも，ご主人が来られることを心強く思っておられますよ。ずっとそばにおられて，安心されていると思います〉。

筆者はご主人の労をねぎらったが，これほど，ご主人がご自分の思いを話されたことは，これまでになかった。

8月31日　訪室時，閉眼されていたが，ご主人が肩をチョンチョンとされると，開眼されて，ニコッと微笑まれ，再び，閉眼される。ご主人と一緒にそばで見守る。〈ご主人がそばにおられて安心ですね〉と声をかけると，頷か

れるような仕草をされる。

9月3日　訪室時，お名前を呼ぶが，返事はなく，ウトウトされている。ご主人と一緒にそばで見守る。

9月10日　声をかけるが，反応されない。しばらくそばで見守っていると，酸素マスクを外そうとされるので，〈どうされましたか？〉と声をかけると，開眼されて，「のどがかわいた」と話される。

9月13日　看護記録より　ご家族に見守られながら，永眠される。ご主人は，取り乱される様子なく，ご本人が好きだったという帽子を胸の上に置かれ，付き添われる。

9月14日　ご主人が，「ここ（緩和ケア病棟）に来てよかった」とお手紙を書いて，プライマリーの看護師さんに渡されたと聞き，お仕事を休み，夜間も付き添い，見守っておられたご主人の姿を思い出した。妻の最期を取り乱すこともなく，看取られたと知り，安堵の気持ちがした。

　看護記録によると，2回目のバウムの後，身体的に痛みの増強もあり，高山さんなりのコミュニケーション方法ではあったが，これまで言葉で表現できなかったことを表現されるようになっていったようである。それは，不安や拒絶の表現であったり，自分のしたいことであったり，自分の気持ちを言葉で表現し，伝えられていた。そして，看護師さんと話をすることで，パニックになられても落ち着かれることもあった。

　後日，プライマリーの看護師さんは，「ご本人の訴えを上手にキャッチできないこともあったが，ご主人と一緒に外出されて，買物したり，映画を見たりする時間も取れて，そのような時間を過ごすことができたことはよかった。そのときの笑顔が忘れられない」と話された。

第3節　バウムテスト・風景構成法の実践

1．病院臨床とバウムテスト

　コッホ（Koch, 1957）は，バウムテストのテスト状況について，「1枚の紙と1本の鉛筆を差し出して，『果物の木を描いてください』と求めることが，最小限必要なことであり，物質面でこのテストに求められるものである。被験者は，描画能力を調べられていると考えて，先入観を持たずにテストに臨む。（中略）多くの診断的補助手段は，その意図がわからないので何か裏があるのではと，被験者が不信感を抱いてしまうが，バウムの場合はそれもない」と述べており，バウムテストが患者さんにとって，侵襲の少ない心理検査であることがわかる。

　終末期の癌患者さんへのバウムテストの実践については，ベッドサイドで実施可能であり，患者さんへの侵襲性が少ないにもかかわらず，描かれたバウムをなぞり，そこから見えてくるものを共有していくことで，患者さんの語りが促進されたり，セラピスト側に新たな援助への発想が生まれたりすることが，さらなる心理的援助につながっていくのではないかと感じている。すなわち，バウムテストを「コミュニケーションの助け」，あるいは「心理的見立ての補助手段として」（岸本，2010）用いることで，多くの視点を得ることができる。

　解釈に際しては，岸本（2010）が述べるように，記述のレベルを便宜的に1次レベルから3次レベルの3つの水準に区別しておくとよい。1次レベルの記述とは，主観を排した中立的な記述であり，2次レベルの記述は，解釈者の価値判断がそこに入ってくる。3次レベルの記述は，さらに概念的なものであり，抽象度が上がる分，そぎ落とされるものも多く，いきなりこのレベルの解釈から入るのは賢明ではない。ここでは，描かれたバウムのプロセスをなぞり，そこから見えてくるイメージを共有したいと思う。

2. バウムテスト実施までの経緯

　入院時カンファレンスでは，ご本人もご主人も2〜3日の短期入院であると捉えられており，今後の方向性が曖昧なままでの入院であったため，どのような療養を望まれているのか，病名，病状の告知は認識されているが，予後の告知はされていないことから，入院の目標をどのように考えておられるのか，今後，痛みが落ち着いたときにどうしていくのか，を確認することが必要であると話し合われた。筆者の第一印象としては，相手に自分が言いたいこと，感じていることを上手に伝えられないところがあり，病気のことでは，痛みの表現方法であったり，対人関係では，ご主人や親戚との付き合い方であったり，感情，意思，情報を受け取ったり，伝えあったりすることにしんどさを持っておられるのではないかと思われた。
　バウムを描いてもらうことへの発想は，先に述べたバウムテストの心理的な援助の側面を生かし，初回訪室時の痛みの表現や行動から，ご本人が「痛い」と感じたときに生じている痛みとその言語表現からスタッフがキャッチする痛みのズレが大きいのではないか，言語的な表現だけでなく，非言語的な表現から見えてくる内的なイメージをスタッフと共有し，ケアにつなげていくことができれば，ご本人とスタッフとのコミュニケーションのズレを修正するきっかけになるのではないかと考えたからである。
　筆者は，主治医にご本人の痛みの表現や行動から，主治医の（病状説明などの）話の内容をどの程度理解されているのかわかりにくいこと，スタッフとのやりとりでのズレも生じている可能性があることを説明し，バウムテスト，風景構成法などの描画法を用いて，非言語的に表現される内面，知的側面についても視野に入れて支援していくことを提案した。

3. 1回目のバウムテスト（図7-1）

　〈実のなる木を1本描いてください〉という教示後，すぐにバウムを描き出した。最初に，下部紙端から150mmほどの上，右端から28mmほどの位置から右の幹の線を，同様に左端から38mmほどの位置から左の幹の線を下に

向かって，太めの幹を豪快に描いたが，すぐに消しゴムでその幹の線は消される。そして，下部紙端から130 mmほど上，右端から75 mmの位置から下向きに広がっていくような曲線で右の幹を2回に分けて描き，左側の幹も下部紙端から125 mmほど上，左端から105 mmほどの位置から下向きに広がっていくような曲線を何度か重ねて描いた。用紙のやや右寄りの位置に，幹上部の幅が22 mm，下部の幅が77 mmの消された幹よりは細い幹を描いた。そこで，5分ほど描く手が止まる。そして，幹よりはかなり細い，枝にしては太い幅10 mmほどの3本の2線枝を幹の

図7-1　1回目のバウム

上部に向かって下向きに1本ずつ，真ん中の枝と右側の枝は描いては消して，消した枝の線をうっすら残しながらも描いた。同様に，左側の2線枝，次いで，右側の2線枝を幹と枝の分かれ目に向かって下向きに描き足した後，真ん中の枝をさらに3本の小枝に分けた。枝の線を描いては消すという動作を繰り返し，「枝がうまいこと描けないから，バラバラやな。花，描いているみたい」とつぶやきながら，最後に枝の先端に実を描いた。そして，「これでいいですか」と尋ね，鉛筆を置いた。筆者が〈見せてくださいね〉と言うやいなや，「下ができていない」と，訴えられて，再び，幹の下の部分の線を描き出した。幹の右側は1回で右下に広がるような線で，左側はもともと描かれた幹線の下の部分に重ねるように6本の短い線を左下に広がるように描いた後，鉛筆を置いた。

　描かれたバウムを2人で眺めた後，バウムのイメージを共有していく。〈この木は何の木ですか？〉「別にどの木ということではない」。〈そうですか〉（少し考えるような仕草をされて）「命の実かな」。〈命の実ですか。この実はどうなりますか？〉「採って食べたい」。〈この木の高さはどれくらいありますか？〉

「結構，大きい」。〈この木はどこに立っていますか？〉「高台ですね」。〈そうですか。季節はいつですか？〉「春」。

　1回目のバウムテストを実施した頃は，イライラした感情や不安な気持ちをご主人やスタッフにぶつけてこられることも多かった。そのような中で描かれたバウムは，上に向かってすらりと伸びた枝，幹と枝のバランス的にも少し大きめの実が目に留まる。最初，用紙の横幅の大半を占める太い幹を描かれたが，消さずにそのまま描かれていたならば，枝や実を描くことができなかったであろう。描かれるプロセスの中でバウムは何度も消されたが，消し残された線と新しく描かれた線とがあり，幹や枝の線には隙間が見られる。一つの枝には4個から7個の複数の丸い実が重なるように描かれている。そして，幹から分かれた枝にそのまま実が描かれたことが特徴的である。ご本人が話された言葉を借りると，実の部分が花，枝の部分が茎で，束ねられた花のように見える。春は花が咲き乱れる季節であるが，バウムには，花のイメージとともに「命の実」が重なるようにいっぱいなっている。

　バウムは，水口（2002）が末期がん患者さんを対象に行った樹木画テストの一枚の絵のことを想起させた。その絵の描き手は肺癌と診断されていた。水口（2002）は，「その樹木画は自分の家の庭に植えてあるカキの木でした。太い幹を茶色と黒で塗りつぶし，後は何も描きませんでした。痛みに圧倒された状態と想像されます」と紹介しているが，その絵はまるで癌細胞に侵された気管支のようであると，岸本が講演会で話していたことを思い出した。このバウムも，右回りに135度回転させると枝が気管支であり，実が肺胞のように見える。そうなると，「命の実」は，すなわち，癌細胞に侵されていない健康な肺胞であり，生命の源そのものである。その実を採って食べることで，痛みのない健康な体へ戻りたいという心からの叫び声をイメージにされているようであり，描き手の命への希求がバウムに表出されたのではないかとも思われた。

4．2回目のバウムテスト（図7-2）

　筆者の教示後，高山さんは鉛筆を持ったまま，2分間ほどじっと考えた後，意を決するように，下部紙端から150 mmほどの上，右端から27 mmほどの

位置から右の幹の線を円弧を描くように下に向かって何本も並行に重ねるように描いた。その上部の線は5mmほどの太さで,何本も線を塗るように重ねて黒い細い枝となる。次に描かれる部分は,最終的には,バウムの真ん中の枝になるのであるが,左側の幹の線を下部紙端から140mmほどの上,左端から120mmほどの位置から左の幹の線を大きな円弧を描くように下に向かって何本も並行に重ねるように描いた。その上部の線は5mmほどの太さで,何本も線を塗るように重ねて黒い枝となる。右側の枝の途中からは,真上方向に線を重ねるようにして5mm

図7-2　2回目のバウム

ほどの太さの分枝を描いた。少しの間,鉛筆を持つ手が止まったが,しばらくして,右下の隅っこに数個の丸で作った円形の模様を描き,それと同じように最初に描かれた枝の先端部に複数の小さい丸を描いた。次いで,左の枝の先端部にも同じように複数の小さい丸,右側の枝の分枝の先端にも複数の丸を描いた。最初に描いた枝の上側には,その枝に沿うように線を何本も重ねて黒く塗られた枝を描き,その先端部の枝の下側には,枝に沿うように縦長に小さな丸を何個も描いた。最初に左の幹の線となっていた枝の真ん中あたりから,最初に描かれた右の枝に並行に沿うように枝を描き,先端部には枝の両側に沿うように縦長に小さい丸を何個も描いた。その枝の下部のあたりから,左方向にYの字に枝を出し,その先端にも複数の丸を何個も描いた。最初,左側の幹から枝になった枝の右側にも線を重ねるように,しかし,折れそうな細い枝を先ほどY字に出した枝に交差して描き,先端には複数の丸を描いた。

　何本も線を塗るように重ねて黒い枝を次々と描き足していった。それぞれの枝の下部は,幹から枝への分岐部分であるが,何度も消しゴムで消された

ため，新しく描かれた枝は消えたままの部分もある。最初に描かれた右枝の下側にはその枝に沿うように幅5mmほどの黒い枝を描き，その先端部には複数の丸を描いた。その下にも並行するように短い枝を継ぎ足し，枝の両側に沿うように縦長に小さい丸を何個も描いた。最初，左側の枝となった枝の真ん中あたりからその枝の左側にも黒い枝を描き足し，枝の下側に枝に沿うように小さい丸を縦長に何個も描いた。幹から枝への移行部，最初に左の幹の線となっていた枝の下部から，さらに左側に向かって黒い枝を1本描き足し，先端部には複数の丸を描いた。幹の上部から幹に沿うように黒くコントラストを効かせて枝を描き，その先端部に複数の丸を描いた。そして，左の最下部の枝を複数の線で描き，その先端に浮いたような7個の丸を描いた。最後に幹の部分を軽いタッチで薄い縦線で塗り，鉛筆を置いた。

　バウムを2人で眺める時間を取った後，バウムのイメージを共有する。〈今回はどうでしたか？〉「今回は小さくなった」。〈この木は何の木ですか？〉「前と一緒で何の木でもない」。〈高さはどれくらいありますか？〉「結構，大きいと自分で思っている」。〈それでは，何の実ですか？〉「（サロンの）マッサージ機の横にあるビーズの……。お父さん（ご主人）が『なかなか枯れへんな』と言うてはって……。(枝の両側に沿うように縦長に小さい丸い実を付けた枝を指しながら)この辺はその実（ビーズの造花の実）を描きました。丸い実は前と同じ。食べれそう」。〈『食べれそう』ですか？〉「いえ，食べたい」。〈そうですか。前と同じなら，「命の実」ですか？〉「はい」。〈この木はどうなりますか？〉「お父さん（ご主人）は，『なかなか枯れへんな』と言って，やっぱり枯れない。（実を）採っても，採っても（実が）付いてくるなんていいなぁと思って……」。〈本当にそうですね。この木はどこに立っていますか？〉「前はあれ（高台）やったけど，今回はすぐに採りやすいところ。さっき，50メートルくらいと言ったでしょう」。〈「結構，大きい」とおっしゃってましたね。……立っていて，すぐに実が採りやすいくらいですか？〉「そうです」。〈季節はどうですか？〉「ない。ずっと咲いている」。〈そうなんですね。この絵にタイトルを付けるとしたら，どういうタイトルを付けますか？〉「おいしい。『命の実』を採ってもシュッと付いてくる」。〈そうなんですね。ミラクルな木ですね〉「希望の木」。〈「希望の木」ですか。いいタイトルが付きましたね。あっ，それから，下に描いてあるのは，実ですか？〉「あー，これ。練習

に描きました」と言いながら，右下の隅に描かれた丸を消しゴムで消される。施行した年月日と名前を書いてもらう際，苗字を書かれる前に，「旧姓を書きそうになりました」。〈結婚されて，まだそれほどではないのですか？〉「20年になります」。

　その後，気分転換にサロンへ移動したとき，サロンに飾ってあるバウムのモデルとなった造花を教えてくださる。かき氷をつくり，高山さんにはくつろいでいただきながら，時間を共有させていただいていたが，ご主人とちょっとしたことからケンカになったエピソードを話し出される。ご主人がそばにいることは支えでもあるが，なかなかご主人が高山さんの気持ちをうまくキャッチしてくれないこともあり，ご主人とのケンカは，頻繁にされるようであった。そして，その日は気持ちが暗くなってしまうほどの状況であったのだろうか。ケンカしたことでご主人が部屋に来てくれないことが，さびしいと訴えられた。そして，今回のケンカの理由や買い物をしたときのケンカなど，これまでのご主人とのケンカのエピソードを話された。しかしながら，ケンカのエピソードを吐き出された後は，「（ご主人に）電話をします」と少し吹っ切れたように話された。

　2回目のバウムテストを実施した頃は，ウトウトされていることも多かったが，痛みが落ちついている日も見られ，病棟の生活にも慣れて来られた頃であった。そのような中で描かれたバウムは1回目のバウムより小さく右下に描かれ，枝や幹，実も黒く塗られたことが特徴的であった。次々と描き足された枝の部分，何重にも丸く塗られたやはり大きめの実が目に留まる。枝は分枝し，枝の数も多い。何度も消しゴムで消されたが，消された枝がうっすら残っていたり，継ぎ足し描かれた枝と枝の間に隙間が空いていたりしている。1回目のバウムで「命の実」と表現された実と縦長の実も描かれている。

　今回は枯れないバウムであり，その実を食べると命を与えられる「希望の木」であった。また，今回のバウムは小さくなったものの，やはり，右回りに135度回転させると枝が気管支であり，実が肺胞のように見えるが，今回は，幹，枝とも黒く塗られており，その肺は，癌細胞に侵されているようにも見えた。「希望の木」の実を食べることで，健康な肺を取り戻したい，すな

わち，病状の進行を心の深い部分では感じられながらも，やはり，健康であった自分に戻りたいという希望をイメージされて描かれたように思われた。

黒いバウムについて，『バウムテスト 第3版』(Koch, 1957)，「黒―永遠の沈黙（Schwarz―das ewige Schweigen）」という指標によると，「黒は抑うつを表現していないだろうか。物事を悲観的に捉える（Schwarzsehen）〔文字通りには「(物事を) 黒く見る・黒く見える」〕ということはできないだろうか。悲しみ〔・喪〕の徴ということはできないだろうか」，「抑うつが暗く塗ることとして生じる可能性もある。それゆえ，抑うつの者あるいは神経症的不調の者の描画では，暗く塗ることが随伴症状として生じることがある」。

このようなことからも，2回目のバウムは抑うつ的な気分を表しているとも示唆された。バウムテスト後に「痛みもとれないし，こんなんやったら死にたい」と心情を打ち明けられたが，バウムテストを通して，心の窓を開かれて，これまでうまく言葉にできずに心の奥にあったものを言葉として浮かびあがらせたのではないかと思われた。バウムに込められた心の深奥からの表現は，心の本質の表現である。

5．バウムの変化について

1回目のバウムから2回目のバウムへの変化であるが，ご本人は，2回目のバウムについて，「前と一緒で何の木でもない」と話され，同じバウムをイメージされて描かれたようであるが，右下の領域に小さく描かれた2回目のバウムは，枝も実も黒く塗られたことと肺が癌細胞に侵されていることとが，パラレルに起こっているようでもある。筆者には，身体のことは語られなかったが，ご本人も意識されていない病状について，バウムで表現されたのではないだろうか。

6．風景構成法（図7-3）

風景構成法は，中井久夫によって1969年に創案され，1970年に報告された芸術療法である（皆藤，1994）。箱庭の三次元を，画用紙上の二次元におとし，アイテムの数も十個に，そして順番もきっちりと規定することで，安定

第2部　バウムテストの実践

図7-3　風景構成法

した守りの中で，何回も施行できる方法として，確固としたものとなった（山中，2003）。今回の事例では，バウムテストと同時に風景構成法も実施しているが，ここでは，ページの関係上，簡単に述べておく。

　筆者の教示に従って，それぞれのアイテムを40分ほどかけて描かれる。時間的に彩色は次回とし，描かれた絵を見ながら，絵を共有する。季節は春か秋で，田んぼは田植えをしたか，稲刈りをしたかであり，川の流れは穏やかで，川は上から下に流れている。動物は羊か山羊。花はひまわりみたいな花。時間は，太陽がなく，わからない。天気は悪くない。この絵の中にご本人はいないが，もしかしたら家の中にいるかもしれないとのこと。外にいる人はご主人であり，薪を背負っている。川の中の点々は，川底の石と流れであり，川の中ほどを横切って描かれた点々は，橋みたいなものであるとのこと。足りないもので描かれたアイテムは，道と田んぼ。全体の印象を尋ねると，「富士山はまぁ描けたけど……」と話される。

　彩色は65分かけられる。最初，山の雪の白い色鉛筆を取り，塗り始められるが，途中で「川から塗ろう」と川を塗り始められる。藻を一つひとつ丁寧に塗られ，藻の色とは別に川の流れを3色使い，川を45分かけて真剣に塗られる。途中，浅瀬の部分を川と間違えて塗ってしまわれ，「まっすぐにするつもりやったのに，（川の）色を塗ってしまったから……」と言われながらも，塗り直しはされない。

彩色後，一緒に絵を見ながら，〈田舎の風景ですか？〉と尋ねると，「そう」と満足そうに答えられる。川の藻を丁寧に描かれていたので〈川の中にも藻があるのですね〉と尋ねると，「そう，わかるかなと思っていたけど……」。〈色を塗るとよくわかりますね〉「家のこれ（水車），目みたいになった。あれ……」。〈茅葺きの屋根ですか？〉「そう，茅葺きで，これが水車にしようと思った」。田んぼについては，稲の穂と茎を反対に塗ってしまわれたが，「反対に塗ったら，木みたいやな」と話される。

ここでは，風景構成法の解釈は，1次レベルの記述でのみ捉えておく。川は右上から左下斜めに描かれて，川が立っているように見える。紙面の2分の1近くの領域を川が占めている。それに比例するように，川の彩色でも，一つひとつの藻を丁寧に塗り，流れは3色使いで彩色のほとんどの時間を費やしている。川の中ほどの橋のような浅瀬が点線になっている。山は白く，頂上が描かれていない。稲の彩色では，稲の穂と茎の色が逆転している。道は川，山，田の大景群で行き止まりになっている。それぞれのアイテムのつながりが乏しいなどのことが言える。さらに，生まれてくるイメージについては，筆者の中で温めておきたいと思う。

第4節　おわりに

バウムをあらためて眺め，バウムに描き出された表現を温めていくと，また違った視点でバウムを見ることができ，バウムテストの奥深さを感じさせられる。

1回目のバウムテストでは，枝を描いては消しながら描かれたが，それは，痛みが治まらず，慣れない入院生活をせざるを得ないというような気持ちの定まらなさを表現されていたのかもしれない。また，実で枝の先端を閉じられたことは，2枚のバウムの特徴であるが，1枚目のバウムでは，実を描くまでに辿られたプロセスと疼痛コントロールができるまでのプロセスのイメージが重なっているのではないかと思われた。高山さんの中で「命の実」がしっかりイメージされていったことは意味深いことである。

2回目のバウムテストでは，枝の配置を気にされながらも線を重ねるよう

に丁寧に枝を描き足しながら，バウムを描くことに集中されていた。左の枝より長く伸びた右の枝，特に，最初に描かれた右枝の実が際立って大きく，その幹も枝もわずかではあるが右に傾斜しているように見える。そして，幹は下方向にも伸び，下の幹線は根のようにも見える。なんとか均衡を保ちながらも，用紙の右下にやや小さめに描かれたバウムは，これまでのさまざまな気持ちを押し込めて我慢強く立っているように思われた。

　ある患者さんが，「他の患者さんと話したときに，その方も自分と同じことで不安に思っていたとわかり安心できました」と話されていた。バウムのイメージを共有するということは，客観的ではあるが，患者さん同士が同じ気持ちを共有できたという感覚と似ているのではないかと感じる。描かれたバウムはもちろんのこと，バウムを描くことで湧き上がってきた語りを共有する存在がいることで，患者さんの内面で起こっていることに気づいてもらう機会になったのではないか。セラピストも患者さんとともに新たな気づきを得ることができたのではないか。そして，セラピストがバウムのイメージをより多くの視点で捉えることで，新たな関わりにつながっていくのではないかと思う。

■文　献

皆藤　章（1994）．風景構成法──その基礎と実践．誠信書房，pp.3-18.
岸本寛史（1999）．癌と心理療法．誠信書房．
岸本寛史（2004）．緩和のこころ──癌患者への心理的援助のために．誠信書房．
岸本寛史（2010）．臨床に生きるバウム．臨床心理学，**10**(5)，645-650.
Koch, K.（1957）．*Der Baumtest: Der Baumzeichenversuch als psychodiagnostisches Hilfsmittel.* 3. Auflage. Bern: Hans Huber. 岸本寛史・中島ナオミ・宮崎忠男（訳）（2010）．バウムテスト　第3版──心理的見立ての補助手段としてのバウム画研究．誠信書房．
水口公信（2002）．最後の樹木画──ホスピスケアにおける絵画療法．三輪書店，pp.37-38.
山中康裕（2001）．こころに添う──セラピスト原論．金剛出版，pp.47-52.
山中康裕（2003）．第3部　たましいの風景　風景構成法．岸本寛史（編）山中康裕著作集　5巻　たましいの形　芸術・表現療法（1）．岩崎学術出版社，pp.41-152.
山中康裕（2005）．こころと精神のはざまで．金剛出版，pp.25-41.
山中康裕（2010）．樹木・心・たましい．臨床心理学，**10**(5)，651-654.

第**8**章

家庭裁判所において出会うバウム

■ 堀田綾子

第1節　はじめに

　バウムテストは，家庭裁判所調査官（以下，「調査官」という）が非行少年の調査面接を行うときに，最も活用する頻度の高い心理テストのひとつである。多くの調査官は，バウムテストが心理テストとしての大きな力を持っていることはもちろんのこと，心理テストとしての力を超えたものをももたらしてくれるという経験をしているように思う。本稿では，そうしたバウムとの出会いについて整理することを試みたい。

　なお，家庭裁判所では少年事件とともに家事事件を取り扱っているが，本稿では，少年事件での関わりについてのみ取り上げる。

第2節　家庭裁判所においてバウムテストが用いられるとき

1. 家庭裁判所におけるバウムテストの歴史

　バウムテストがわが国に導入されてからしばらく，司法や矯正領域では，非行少年のバウムの診断的指標を抽出することが目指され，コッホの『バウム・テスト』訳者である林勝造や国吉政一らによって研究がなされていた。その林によって，高松家庭裁判所の調査官であった山野保らの研究に指導がなされた。山野らは，1967年5月から「非行少年のBaum Testの特徴を明ら

かにしようと企図」して，バウムテストの基礎的研究に取り掛かり（山野ら，1970），そして，1970年，「Baum Testの研究」をまとめた。これは，林らがコッホの『バウム・テスト ―― 樹木画による人格診断法』を訳出して世に出した年と同じである。

国吉らが非行少年のバウム研究から得た結果は，「非行に固有の診断的所見は，バウム・テストには出てこないといってよい」（国吉，1970）というものであった。山野らも，バウムテストによって「非行性の診断をするのではなく，そのPersonalityを理解しようとしている」と記している（山野ら，1970）。バウムテストが導入され始めた時期にこうした点が示されたことは，司法や矯正領域でバウムテストに何を期待するかという事柄に取り組み，バウムテストの実践につながっていく土台となったと思われる。

他方，個々の調査官は，バウムテストを非行少年の調査に取り入れ，調査実務に定着させていった。再び調査官によってバウムテストについてまとめられたのは，山野らの研究から20年経った1990年の大津家庭裁判所の調査官曾田芳敵らの研究「少年事件におけるバウム・テストの活用について」（曾田ら，1990）である。そこでは，バウムテストを少年事件調査に導入する意義や解釈にあたっての基本的態度および枠組み，バウムテストの結果報告のあり方などについてまとめられ，それまで個々の調査官が積み重ねていたバウムテストの実践が集約されることとなった。

そして，曾田らの研究の後には，2003年，福岡家庭裁判所の調査官桑原尚佐らによる研究「少年事件における心理アセスメント ――『夢の木法』を中心として」（桑原ら，2003）がなされ，非行少年に教示を変えて3枚連続してバウムを描いてもらうという試みが紹介された。現在では，それに倣って3枚法の実践も試みられるようになっている。

2. 家庭裁判所という特殊性の中で描かれるバウム

バウムテストを調査実務に導入し始めたころの調査官は，相当の苦労や困難を乗り越えたことと想像される。山野らは，研究を始めるにあたり，「わが国においてもBaum Testの使用者は増加のきざしを見せているが，臨床場面での適用についてはまだ未解決の問題が多いように思われる。われわれは

Baum Testはあくまでも精神診断学的補助手段と考え，そういう面からBaum Testの調査実務への導入を試みている」（山野ら，1970）と述べており，手さぐりの状態で実践を重ねていったことが窺える。加えて，導入への苦労や困難として，藤川が「司法臨床においては，程度の差はあれ国家権力を背景とした強制力の行使という側面を捨象することはできず，医療や福祉の場とは異なった独特の臨床構造を形作っている」（藤川，2005）と指摘しているように，家庭裁判所での少年事件調査という構造，すなわち，司法判断手続であるということを抜きにして，調査官が少年にバウムを描いてもらうことはできないという点もあったことと想像される。

　調査官は，非行をなし，警察や検察庁での取り調べを受けて家庭裁判所に送致された少年について，裁判官の命を受けて少年事件の調査を行う官職である。家庭裁判所では，「当事者や少年の人間関係上の問題点および人間行動上の問題点を総合的かつ科学的に解明し，当事者や少年に必要な指導，援助を与えることが必要」（家庭裁判所調査官研修所，2003）とされており，そのための調査官の職務は，人間関係諸科学に基づき，面接や心理テストなどを通じて少年の資質や環境を調査し，少年が非行に至ったメカニズムを解明し，少年が非行から離れて生きるための必要な処遇について裁判官に意見を述べることである。

　考えてみれば容易にわかることだが，少年は，非行をなした後，自ら進んで家庭裁判所にやって来ることはない。家庭裁判所が事件の送致を受けると，裁判官から調査官に調査命令が発せられ，調査官は，その命令を根拠として，通常，少年に「呼出状」を送付して保護者とともに呼び出している。少年自身が身柄を拘束されたままで事件だけが家庭裁判所に送致された場合には，少年の多くが少年鑑別所に収容されるため，呼出状を送付して呼び出すということはしない。その場合，調査官が少年鑑別所に赴いて，少年との面接を開始する。

　いずれの場合においても，少年やその家族の自発性から面接が始まるのではなく，面接を受けざるを得なくなって受ける。加えて，少年は，自分の犯した非行について家庭裁判所に「処分」される立場で，少年事件調査を受けにやって来たり，少年鑑別所で調査官が来たりするのを待たなければならない。そのときの少年の心には，不安や恐れ，緊張などがあり，調査官との面

接やそこで行われる心理テストを含め，自ら表現したことすべてが処分につながるのではないか，という気持ちが生じていることも考えられる。

　このような構造のもとで少年と調査官の出会いが始まる。調査官は，非行があり，それについて処分する必要があって初めて少年に出会うことができ，少年は半ば強制的に調査官に出会うことになる。そのため，調査官は，こうした構造が存在していることを意識しながら，少年が自らについて十分に語り，表現できるよう少年との関係を築いていくことが必要とされる。そして，心理テストを実施する場合にも，構造を踏まえ，少年が過度に防衛し，強い不安を抱いたまま受けることがないようにしていくことが求められる。

　家庭裁判所でのバウムテストの実施に関し，曾田らは，次のように指摘している。「どの少年にもやたらと実施していいわけではない。調査の職権主義的構造は，ともすれば調査官の一方的な思惑でテストが実施できるかのような錯覚を招く。そういった場合，大抵被検者は防衛的姿勢で対抗してくる。中には防衛する力すら持たない被検者もいる。(中略)調査に導入するに際して，被検者の精神的負担やテストの必要性を十分吟味し，謙抑的態度で臨まなくてはならない」(曾田ら，1990)。

　ここに指摘されているとおり，バウムテストの実施を少年が容易に受け入れているとの錯覚は，職権主義的構造を忘れたときに起こりうる。司法判断過程においてバウムが描かれるということに対して無自覚であれば，少年がいくらバウムを懸命に描いてくれたとしても，それは力の関係がなした結果が生んだバウムであり，少年の人格像を捉えるどころか，そうした関係の中で描かれたバウムであるということさえ忘れ，読み誤ってしまう。こうした構造のもとで，少年が描いてみようと思えるような土壌を作ることができて初めて，少年の人格像を捉えられるバウムが生まれる。

3. 家庭裁判所がバウムテストに期待してきたこと

　少年事件調査は，少年との面接を中心として，保護者との面接，家庭訪問，関係機関との連携などを並行させながら進んでいく。少年との面接においては，非行事実の確認を皮切りに，家庭状況，少年の生活史など客観的事実とともに，少年の考える非行の動機，家族への思い，少年自身が自分をどのよ

うに感じているか，そしてこれからどのようなことが課題でどのように課題を克服していくかなど，主観的事実も丹念に聴いていく。

　面接は言語を介したやりとりによって展開されるが，非行少年の多くは，自らを思うとおりに表現する言葉を持ち合わせていないか，その力が未熟である。先に述べた特殊な構造のもとで，不安や緊張により，その力を十分発揮しにくくなっていることもある。他方，ある程度少年から話されることができたとしても，非行の理解や人格，家族の理解が難しいと調査官が感じる場合もある。それらの場合，少年の理解を深めることを目的として，心理テストを行うことになる。また，それまでとは異なるやりとりが生まれること，つまり，面接の補助的な役割を心理テストに求めて行うこともある。

　調査官が活用する心理テストはさまざまであるが，言語以外の方法で少年に表現を促す描画法が用いられる場面は多くある。例えば，動的家族画は，少年の家族についての認知を見たいときや家族の実態を把握したいとき（服部ら，1992），言葉では家族のイメージが浮かびにくいとき（山崎，2004），S-HTPは，少年個人の問題，家族関係上の問題，環境との問題を力動的に把握したいとき（坂野，2004）などに用いられる。

　バウムテストに関して見てみると，「Baum Testの研究」（山野ら，1970）において，「テストの実施や結果の処理に多大の時間と労力を要する心理テストを，実務に取り入れることが困難なことに共通の悩みを抱き続けてきた。われわれはテストの実施や結果の処理にあまり時間を要せず，しかも熟達すれば相当深まりのある人間理解ができるようなテストを探し求めていた」と記されている。また，曾田ら（1990）は，少年事件調査にバウムテストを導入する意義として，① 大まかな人格像が一目で視覚的にとらえられること，② 根源的生命力（エネルギー）およびそのコントロールの在りようがとらえやすいこと，③ 発達的な診断ができやすいこと，④ 病理的サインを出しやすいこと，⑤ 受身の反応だけでなく，創造的作業であること，⑥ 非言語的方法であること，⑦ 簡便な方法であること，を挙げている。これらからは，家庭裁判所では，一番に，少年の人格の理解を可能にするものとして，バウムテストに大きな期待をしてきたと言うことができる。

第3節　家庭裁判所におけるバウムテストの実際

（プライバシー保護のため，事例の性質を損なわない範囲で変更しており，また，バウムについては掲載しないで筆者による描写にしたことを断っておきたい。）

1．A男のバウム

　高校生のA男は，近隣数軒に忍び込んで衣類を盗んだ。事件が発覚すると，保護者が学校に申告し，A男は学校を辞めざるを得なくなった。被害額など小さいとは言え，A男らが生きるコミュニティの中で行われた非行であり，家族にとっての衝撃は大きく，特に母は，A男の非行に困惑し，うろたえていた。父は仕事のため不在がちで，調査に来るつもりもないとのことであった。

　筆者には，周囲が生き生きと高校生活を送るなか，所属を失い行くあてもないA男の隣で，涙ながらに「少年院に入れてください」と言う母には，A男のこれからの生活を導くだけの余裕がないように思われた。母のうろたえぶりに対し，A男は，反省はしているようだが，辞めた高校に執着のない様子で，非行に陥らないようにする方法や今後の生活に対する考え，家族との関係についても淡泊な語りであった。筆者は，母を支える必要性を感じていたが，A男に対してはどのような手当てが必要かわからず，とにかくA男の理解を深めなければとの思いから，バウムテストを実施した。

　筆者は，A男に対し，「あなたのことをもう少し理解したいと思うので，これから作業をしてもらいたい。絵を描いてもらいたいのだけれど，いいかな」と尋ねた。A男は抵抗を見せず，はい，と言ったため，紙と鉛筆，消しゴムを渡して，「木を描いてください」と教示した。

　A男は，濃くはない筆圧で，幹の部分のスペースを空けて，地平線を左右に分けて描いたが，すぐに地平線を消した。幹の下方だけを途切れ途切れ描き，手の指のような形をし，先の尖った根を5本描いて根を完成させた。描線は滑らかとは言えず，3mmほどの描線をつないでいる。下方だけ描いた幹から，根を描いたときと同様，3mmから5mm程度の描線を少しずつつない

で幹を上方にのばしていった。幹には左右同じ高さに1本ずつ枝をつけ，右の枝はその先を3本に分かれさせ，左の枝はその先を2本に分かれさせた。枝の先を開放したままでいたが，そこで左右の枝を消してしまった。A男から「簡単でいいですか」と尋ねられ，筆者は一瞬躊躇したが，「いいよ」と答えた。幹の上部を開放したまま，左側の幹の描線に接して樹冠を描き始め，6つの膨らみをつけた雲型の樹冠を右側の幹の描線に接するまで描いた。やはり5mmから1cm程度の描線をつなげるようにして描いていたが，ところどころ，描線が途切れている部分があれば，描線を重ねている箇所もあった。

　描かれた後，A男と筆者の間にバウムを立たせるように紙を持って眺め，描かれたものについて尋ねた。A男は，バウムについて「細くて，真っ直ぐに伸びていて若い木。幹がたくさん詰まっている。幹がいっぱい出ている」と語った。筆者は，幹が詰まっているという言葉を「実が詰まっている」と聞きとってしまったため，実について尋ねたところ，「実はついていない」と語られた。A男は，「幹」が詰まっていると言うのである。そして，幹について描いたものの「描きにくかったから消した」という。また，地表を消していることについて触れると，「わかりにくそうだったからやめた」と話した。筆者から，丁寧に描いてくれたことをねぎらい，これからこの木がどうなるか尋ねたところ，「育つ」との答えが返ってきた。筆者は「それはいいね」と伝えた。

　A男のバウムは当初，地平線が描かれ，地表があった。しかし，それが消され，手のような根が露わになった。そのバウムは，無常にも大地から引き抜かれてしまった木を思わせた。何か少しでも力が加われば，描線がはがれて紙から落ちていきそうであった。そして，とても繊細で過敏な様子が感じられた。また，「幹がつまっている」のに枝が消されたことは，A男が「簡単」に描きたかったからだけではないと思われた。最初に描かれた枝が残っているとすれば，樹冠に接してしまう枝であり，窮屈で苦しそうで，我慢しているような感じにも見える気がした。

　筆者はA男のバウムを前にして，何よりもA男の傷つきを強く感じた。今のA男の心情のありよう，深い傷つきがあり，不安なこころでいるのだと思い知らされた。根も幹も樹冠もすべて不連続な線で描かれ，不確かな自分を生きているようでもあった。筆圧やバウムの大きさからは，本来は十分エネ

ルギーを持っている人だと感じられたが，それが思うように活かされていないとも受け取れた。

可能性を見いだせたのは，A男自身がこのバウムに持っているイメージが，「真っ直ぐに伸びていて若い木」であるということであった。細くて頼りなく，傷ついてはいるものの，伸びていく可能性を持っており，その語りに幾分救われる思いがした。育っていくイメージを支えたくて，「いいね」と発していたのだろうと後から感じた。

A男とのバウムテストは，筆者にとって，それまでよりA男の立場を共感的に理解するきっかけとなった。バウムのその姿は，A男の置かれているその場に筆者が立たされるような感覚を生じさせた。筆者は，うろたえる母に対してのアプローチを考えるあまり，A男の傷つきや苦しみを受け止めていなかったことに気づかされた。その後，筆者は，A男の所属する場所を見つけるプロセスにわずかながら同行し，母自身にもA男の所在ない状況を理解してもらうことを目指した。A男は新たな所属の場を目指して勉強するようになり，母には，自身のつらさを訴えながらもA男の味方になってサポートするという部分に目を向けてもらうことが可能となっていった。

2．B子の3枚のバウム

中学生のB子には，万引きや親しい友人への暴力的行為が見られていた。一人で育てている母は，普段はB子に甘いが，B子が問題を起こすと家を追い出さんとばかりに怒り，B子に自制を求めることを繰り返した。B子は学校に楽しみを見いだせず，学校から足が遠のきがちであった。B子と母と面接をすると，淡々と話す母と対照的に，B子は，何か話をしたそうな様子であるのに言葉が出ず，ぼそぼそと話すという状態であった。

筆者は，B子が積極的に非行に向かっているのではないものの，母の対応や学校での適応具合によっては同様の非行を単発的に引き起こしてしまう可能性があり，裁判所で何らかの手当てをしておく必要性を感じた。B子の理解を深め，そこからB子や母への関わり方を考えていくため，初回の調査面接時にB子に「夢の木法」を実施した。

夢の木法の教示は，1枚目「木を描いてほしい」，2枚目「今描いたのとは

別の木を描いてほしい」，3枚目「こんな木があればいいな，こんな木があれば楽しいなというような『夢の木』を描いてほしい」とするのが，非行少年には望ましいとされている（桑原ら，2003）。筆者は，B子に対し，1枚目の教示はこのとおりとし，2枚目は，「今描いたのとは同じ木でもいいし，違う木でもいいので，もう1本木を描いてください」，3枚目は「今度は，実際にこの世にはない木でもいいので，こういう木があったらいいなと思う木を描いてください」と教示した。

　1本目の教示を受けたB子は，「好きなところに描いていい？　一枚全部使っていい？」と尋ねてきた。筆者が「いいよ」と答えると，しばらくしてから，消えてしまいそうな薄い筆圧で，左，右の順で二線幹となる描線を描いた。右側の幹の描線はやや波打っている。幹は中心からわずかに左に寄っており，幹の上方の方が下方よりもやや広くなったまま，開放されている。幹の幅は下方で4cm，上方で5cmである。幹下端あたりから，左右とも斜め下に向かって用紙の端まで描線を引いて，根元を描いた。そのあとにふわふわと雲のような樹冠を上方いっぱいに描き，仕上げた。樹冠の左端が紙の淵に接した。バウムは紙面いっぱいの高さがあるが，根元の幅は樹冠の幅に比して約半分であった。

　2本目の教示をすると，B子は「違う木ってある？」とつぶやきながら，1枚目と同様に，左右の幹を描いたが，1本目よりは細く，左右の描線はほぼ並行に描かれた。根元も1本目と同様に描いた。樹冠を描く際に「秋の木ってこんなの？」と言いながら，葉の先の形を描くようにして，輪郭をところどころ尖らせて描いた。その樹冠は，さながら，鳥山明の『ドラゴンボール』に出てくるスーパーサイヤ人が髪を逆立てたときのような形をしていた。

　3本目の教示をすると，B子は「この世にない木ってどんなの？」と尋ねてきた。筆者が「どんなものでも思ったものを描いたらいいよ」と伝えると，「こんな木，なくない？」と言いながら描き始めた。1, 2本目と同様の形をした左右の幹と根元を描くが，幹は2本目よりもさらに細くなり，その幅は2cm程度である。そして，樹冠を1本の滑らかな線で丸く描き，球形の樹冠を仕上げた。3枚のうち，3本目のバウムが最も濃い描線で描かれた。

　B子と3本のバウムを眺めながら，筆者は，1本ずつ，どのような木であるか教えてほしいと尋ねた。B子は，1本目について，「普通の木。小さい，濃

い緑色の木」と語り，2本目について，「秋の木。風が強い日の木で，葉が揺れている」と語った。筆者は，秋の木が風に吹かれて葉が散りそうな印象から，「秋の木って，寂しい感じ……？」と問いかけると，B子は「うん」と答えた。3本目については「丸い木。葉っぱが1枚の木」と語られたため，「葉っぱが1枚の木というのは，ひとつにまとまっているという感じ？」と尋ねると，B子は「そう」と答えた。どの木が好きかを尋ねると，3本目を指し，加えて，「あなたに似ているなと思うものはある？」と尋ねると，2本目を指した。B子は，「とんがっているところが似ている」と言って，少し笑った。B子によれば，とんがっているというのは，「すぐに怒ること」とのことで，「よくわからないけど，すぐに怒ってしまう」と話した。「とんがっている自分は嫌？」と聞くと，頷き，B子は3本目の木のようになりたいと語った。

　筆者には，3本のバウムが人の立ち姿ではなく，人の顔を写した証明写真のように見えていた。根元は人の肩，幹は首，樹冠は頭のように見えて仕方がなかった。B子が描くのを対面から見ながら，日々のB子の表情を見せてもらっているような気がしていた。

　1本目をしばらく見ていると，上方に向かって何とかして伸びようという，一所懸命になっている樹木という印象を受けた。樹冠の大きさからすると根元はあまりに頼りなく，重心が樹冠にあるようだが，描線の薄さのためか，重心の「重さ」のような重量感は感じられなかった。何とかそこに在るのだなという「感じ」——このうまく説明するにも言葉にならない「感じ」——が筆者の中に芽生え，どうすればこれを言葉で表現できるのかわからなかった。その筆者の「感じ」は，まさに面接時のB子そのもののように思えてきた。

　2本目からは，1本目とは異なり，B子に動いている「感情」が伝わってきた。B子自身，秋の木が強い風に吹かれ葉が揺れ，今にも葉が落ちそうな情景を心に持ちつつ，そのような寂寥感と隣り合わせにある，いつも「とんがっている」自分を抱えて過ごしているのだろうなと感じられた。そして，寂しさがありつつもとんがっているB子は，周囲が近づこうとすればとげが刺さり，そのことによってB子自身にもとげが向かうような印象を受けた。B子の中にある「怒り」と，そこに併存する「寂しさ」を見る思いがした。

　そして，3本目からは，1，2本目に比して濃い描線，ストロークからか，B

子の「意思」のようなものが感じられた。

　筆者は，3本のバウムを前にして，言葉にならないB子の感じを体感し，また，怒りと寂しさ両方を抱えながら生きているB子を知った。B子の非行は，このB子の姿そのものだと思われた。B子のバウムは，筆者に，B子の隣で同じ景色を見るような感覚も生じさせた。このバウムテストの後，筆者は，B子との面接をしばらく継続することを選んだ。B子は，2回目の面接から，自分のことや母のこと，友人とのことを少しずつだがB子なりの言葉で話し始めた。

3. 二つの事例で生まれたバウムをとおして

　A男のバウムは，調査官がA男について理解を深め，調査官に大きな気づきをもたらし，その後の家族への関わり方を考えさせてくれたバウムであった。

　B子のバウムは，調査官がB子について理解を深めるとともに，B子との間でそれまでとは違った言葉のやりとりを可能にさせてくれるバウムであった。また，B子自身，自分について気づいていくプロセスの一端を担うバウムではなかったかと考える。

　いずれも，当初は調査官が理解を深めたいという目的があって実施しているものであるが，バウムがもたらすものは理解を深めることだけに止まらなかった。バウムは，描かれるプロセスと描かれたもの両方から，少年の人格像を生きるものとして調査官に伝えてくれている。そして，B子とのやりとりのように，わずかな言葉ではあるとしても，それまでできていなかった部分での言葉でのやりとりを可能にもしている。

　さらに，バウムテストは，筆者に，A男の置かれている場に立たされるような感覚や，B子の隣に位置して同じ景色を見るような感覚を生じさせている。バウムテストによって，少年との間にそれまで感じていたものとは違った関係が生じるようになったと思われる。

第4節　家庭裁判所におけるバウムテストの可能性

1. 非行少年の調査にバウムテストからもたらされるもの

　バウムテストは，少年の人格についての理解をより豊かで，深みや厚みのあるものにしてくれる。言葉のやりとりだけでは気づかなかったことに気づかされ，仮説として持っていた少年像が確からしいと感じることも可能にすることがある。それ以外にも，調査官が少年を共感的に理解することを可能にし，少年との間にそれまでとは異なるコミュニケーションをもたらしてくれることもある。そして，少年と調査官の関係性にも変容を起こさせたり，少年自身が自分について考えていくきっかけとなったりすることもある。坂野は，非行少年へのS-HTPや自由画の臨床実践から，「描画法」の機能や効果として，①内的体験の対象化・外在化，②内的体験と「言語（言葉）」の媒介，③対立・緊張関係の緩和（二者関係から三者関係へ），④共感的関係の促進（共同注意joint-attention）を挙げ，また，描画後質問についても，「拡散した内的体験やイメージ，賦活された情緒を収束させる働きがある」し，「自らの内的体験が投映された描画を客体として観ることで，新たな解釈（内省）に至ることができるようになる」（坂野，2004）と述べているが，このことは筆者が事例をとおして得たものにもまったく違和感なくあてはまる。

　また，バウムテストによって，バウムの見守り手，受け取り手である調査官に与えられるイメージも少年への関わりへとつながっていくと考えられる。角野は，「無意識の働きが象徴を生み出す力となり，その象徴が治療への道を進めてくれる。心理査定を受ける本人からのイメージがこの一連の治癒への経過を進めてくれるが，査定者側からのイメージも心理査定を受ける側に対して治療への関わりに大きく影響している。例えば，査定者がある描画から受けたポジティブなエネルギーは，治療への取り組みに対して大きな力となり励みとなるのである。そのような査定者からの関わりにともなうポジティブなエネルギーは，心理査定を受ける側に治療への影響を与えるものである」（角野，2004）と述べている。バウムテストを前にして，感じ取られる

少年の生きる力や意思，その他調査官の心に起こってくるものは，言葉にならずとも，調査官というその人を通じて少年に伝わる。すなわち，バウムテストが，少年と調査官をつないでくれることもあると考えられる。

2. 少年にとってのバウムテストの可能性

では，少年にとっては，バウムテストを描いた経験はどのようなものとして残っていくのであろうか。

筆者は，バウムを描くというプロセスを通じて，描かれたもの，表現されたものを受け止めるということに調査官が全身全霊でエネルギーを注ぐことができたとき，少年は，自らの表現を受け止められたという体験をすることになるのではないだろうかと考えている。バウムテストに限らず，調査というプロセス全般に通ずることであるが，家庭裁判所という場所で心理テストがなされ，「自分自身が暴かれ，それによって処分される」という体験ではなく，「自分が理解されるに至るプロセス」として少年の体験として残っていくことは，非行に至るまでの経過の中で受け止められる経験に乏しい少年にとって，これまで出会うことのなかった関係性の経験をすることになる。その意味においては，少年が家庭裁判所での調査でバウムを描くということは，バウムテストの当初の目的が調査官の理解にあったとしても，治療的に働く可能性や，バウムテストそのものが教育的措置（調査官が少年の立ち直りのために行うさまざまな働きかけのこと）として働く可能性もあると考えられるのである。

ただし，バウムテストの実施について，曾田らは，「関係の展開や治療的効果は副次的結果として生じることはあるが，それを主目的として行うことは適切とは言えない」（曾田ら，1990）とし，治療目的等に用いることを戒めている。ここからは，バウム実践を重ねてきた調査官らが，バウムの持つ力，すなわち，治療的に働くことなどの力に早くから気づき，おそらくそこに魅力も感じていたであろうことが窺い知れる。治療的に働くことを目的としてバウムテストを用いることは，自分たちの所属する裁判所という機関の役割を超えてしまう。バウムテストの治療的な機能に気づいていたからこそ，戒めが必要であったと考えられる。

3. バウムテストを前に調査官が乗り越えるべき課題

　多くの心理臨床家が，心理アセスメントの結果を所見としてまとめるように，調査官も心理テストの結果をまとめなければならない。調査官は，少年が表現してくれたものをどのように言葉に置き換えていくか。これまで課題として挙げられてきていながら，調査官自身の訓練はまだ十分とは言えず，統一された方法があるわけでもない。バウムテストが少年と調査官をつないでくれたとき，次にそのバウムに力を借りて少年と家族，社会をつなぐために言葉を使わなければならないのが家庭裁判所だとすれば，調査官がまず，バウムテストが伝えてくれるものを表現する言葉を見つけていかなくてはならない。

　家庭裁判所はその組織機能として強く客観性が求められ，心理臨床実践においてもエビデンスが叫ばれるようになっている。言葉によって表現される少年像が，客観性を重視するあまり，バウムテストのプロセス，描かれたバウムや少年そのものを置いてきぼりにしないようにすることも大きな課題であると言える。そこでは，藤川が，司法臨床におけるバウムテストの実践について，「その過程をできる限り確かなものとして記述していくことを通して，この司法臨床における手続保障などの要請に応えていくべき」（藤川，2005）と指摘しているように，司法判断手続ゆえの慎重な配慮をしていく必要もある。

　さらに，描き手が生身の人間である限り，客観性が強く求められるときにあっても，バウムテストから何がわかるか，ということだけに囚われることなく，バウムテストによって何がもたらされたか，ということも大切にしていかなければならないと考える。家庭裁判所では，調査官の理解をよりよいものにするために，そして，調査官の主観に対して客観性を保つためにバウムテストを用いてきた。これからは，客観性を求められる中で，少年と調査官の主観の力をいかに活かしていくか。バウムテストから何をわかろうとし，バウムテストを通じて，少年はどのような体験をすることになったか。バウムテストに取り組むプロセスで少年はどのようなことを感じ，気づき，その後を生きることにいかにつながっていったか。そして，調査官の方も，どの

ような体験をしたか。調査官が、そうした主観の部分を大切にしていくことによって、バウムテストをより生きたものとして活用していくことができるのではないだろうか。調査官がそれに取り組もうとする限り、バウムテストによって捉えられていくものはより深くなり、バウムテストによってもたらされる体験は少年にとって保護的、治療的なものとなる可能性があると思うのである。

第5節　おわりに

多くの非行少年は一度の家裁係属の後は、再び係属することなく自らの力で育ってゆく。調査官は、一回性の出会いの中でバウムテストを実施するとき、描かれるプロセス、生まれ出たバウムをいかに少年の生きる姿として受け止めることができるのか。今後バウムが家庭裁判所という場でどのように育っていくかは、バウムに対する調査官自身のありようにかかっているのではないだろうか。

■文　献

藤川　浩（2005）．司法臨床におけるバウム技法の活用．山中康裕・皆藤　章・角野善宏（編）．バウムの心理臨床．創元社，pp.299-309.

服部　健・小林英世・益田　哲・桑原尚佐・佐藤知信・山下一夫・宮田和佳（1992）．調査官実務において心理テストを活用する際の留意事項 —— 心理テスト実施場面におけるテスト構造の検討から．調研紀要，60，25-49.

角野善宏（2004）．イメージを描く技法．皆藤　章（編）．臨床心理査定技法2．誠信書房，pp.182-187.

家庭裁判所調査官研修所（2003）．家庭事件調査実務入門［改訂版］．

国吉政一（1970）．補遺　日本におけるバウムテスト研究．Koch, C.（1952）*The Tree Test: The Tree-Drawing Test as an aid in psychodiagnosis.* 林　勝造・国吉政一・一谷　彊（訳）バウム・テスト —— 樹木画による人格診断法．日本文化科学社，pp.112-150.

桑原尚佐・前田　亨・重本淳一・平谷文子・盛山文雄・加治　清・古田島匠・宮原育子・大島元子・盛山和子・小林　睦（2003）．少年事件における心理アセスメント ——「夢の木法」を中心として．調研紀要，77，1-31.

坂野剛崇（2004）．少年保護事件調査面接における描画法の活用 —— 面接関係における触媒としての描画．臨床描画研究，19，148-162.

曾田芳敏・本郷栄子・田中恵美子・末益一雅・小畑喜彰・橋本和明・遠藤雅夫・平澤　哲

（1990）．少年事件におけるバウム・テストの活用について．調研紀要，**57**，37-77.

山野 保・武田正己・橋野廸夫・大池千尋・藤原謙三・阿部淳子（1970）．Baum Testの研究．調研紀要，**17**，57-81.

山崎一馬（2004）．言葉の添え木としての描画療法．臨床描画研究，**19**，79-94.

第9章

子どもの精神医学的診察における
バウムテストのこころみ

■ 本多奈美

第1節　児童相談所臨床におけるバウムテストのこころみ

1. はじめに

　2011年3月11日14時46分，東日本大震災が起こった。現時点で，死者1万4949人，行方不明者9,880人，総計は2万4829人と報告されている（2011年5月10日現在）が，報告される死者数は増え続けている。どこまで増えるのだろうか，1年後には落ち着くのだろうか，10年後だろうか。「震災前は○○だったけれど，震災後は△△ね」とあたかも，戦前と戦後を語るかのように話していることに気づく。"震災前"と"震災後"との時間や世界観，価値観には明らかな"ずれ"があり，解離している。3月11日から時が止まっている。日付が変わるのが不思議でならない，いつも体が揺れ続けている。まだ"震災後"ではなく，"震災中"なのかもしれない。これが再体験か，PTSDなのか。
　被災者であり，もしかしたら治療対象なのかもしれない一精神科医が，治療的関わりの試みを報告することができるのだろうか。疑問が生じる。"震災前"に表現しようとしていたことは何だったのだろう。
　子どもたちのバウムと記録を取り出してみる。そこには，天に向かって幹と枝を伸ばし上へ上へと伸びようとしているバウムの姿と，子どもたちの語りと，筆者の思いがある。何かを語りたがっているバウム。瓦礫の下になりながら，じっと発見されるのを待っている"何か"に見えてくる。バウムの

こころを言葉にして伝えることが子どもたちのこころを伝えることなのかもしれない，震災前のバウムを表現することが震災前と震災後のズレを埋める作業になるかもしれない，と思い直し，この試みを報告する。

2. 精神医学的診察におけるバウムテストの導入

　全国には児童相談所は205カ所あり，うち，一時保護所を有するものは125カ所である（平成22年5月1日）。言うまでもないが，児童相談所では，非行，さまざまな不適応や問題行動について問題視された子どもたちと保護者，そして虐待を受けた子どもと虐待してしまう保護者に対して，臨床心理士，児童福祉士，ケースワーカーなど複数のスタッフが親子を担当し，多角的なアプローチを行う。

　筆者は児童相談所に非常勤医として勤務しており，子どもの精神医学的診断や治療の見立てを行うことが主な役割となっている。しかし，診察時間は30分から1時間と限られており，一度限りの診察であることが多い。その前に，インテークワーカー，児童福祉士，臨床心理士などによるさまざまな情報：父母の職業や経済状況を含めた家庭の状況，学校での様子，さまざまな心理所見，これまでの面接記録等が集められ，分厚いファイルに綴じられている。担当者のレジュメを読み，説明を聞きながら，一度限りの診察で何がわかるのか……とおぼつかない気持ちになる。しかし，依頼されるケースは，そのような情報や関わりがあっても，難航しているものが多く，スタッフの困惑も伝わってくる。奮闘してきたスタッフのためにも，精神医学的診断のみならず，治療的で意味ある出会いにしたい，その子の健康さ，伸びゆく力，可能性を見つけ，その子にフィードバックし，スタッフの力になりたいと考える。

　そのような目的に近づくための試行錯誤の一つとして，今回，診察場面においてバウムテストの導入を試みた。未だ数例であるが，子どもがバウムを描く過程に寄り添うことには，予想以上に大きな意味を持つように思われた。ここでは，その体験を報告し，子どもの診察にバウムテストを取り入れる意味について考えたい。

第2節　事　例

（いずれも本質を損なわないように事実を改変してある。クライアントの言葉を「　」，筆者の言葉を〈　〉にて示す。）

1. A子（小6　女児）

　A子は，幼少時より父母からの虐待を受け，その後は，父母が離婚し，母が家出を繰り返すという不安定な養育環境で育った。学校でのA子の様子から，教師から児童相談所に連絡があり，母の理解や協力が得られないまま，臨床心理士や児童福祉士が学校を訪問する形でのA子への関わりが開始された。学校では，ぼんやりとし授業に集中できない，突然立ち上がって友人に話しかける，以前言ったことを覚えていない，という状態であった。臨床心理士との面接時も気分の変動が大きく，非常に高揚していたり，逆に黙り込んで口数が少なかったりした。以前のことを覚えていないことも多く，精神医学的診察が要請された。

　臨床心理士とともに学校を訪問した。A子はやせ気味ながらかわいらしい少女だったが，心ここにあらずの空虚な表情であり，会話にもなかなか集中できなかった。手がかりになればと，解離経験尺度（Dissociative Experiences Scale: DES; Bernstein & Putnam, 1986）を見てもらう。「自分が言った覚えのないことで，うそをついたと責められる」，「周囲の人や物や世界が現実ではないように感じられる」，「過去の出来事がとても鮮明に思い出され，まるでその出来事をもう一度体験しているかのように感じられる」などの項目を臨床心理士とともに読んでもらうと，「これある。これ，ヤバい」などと集中しはじめ，話ができるようになった。DESを中心に話を聞いていくが，自然に母のこと，父のことを話すようになり，過去の悲惨な体験を淡々と語った。自分の家の状況を客観視する目を持っており，「うちってへん。ふつうの暮らしがしたい」とぽつりと言う。現実を直視する目があるからこそ，解離を起こすことがあるのだろう，とも感じられた。〈母にこうなってほしいというこ

と？〉「どうでもいい」，〈父には？〉「……」と黙り込んだ。解離性健忘のほかに，強い焦燥感や感情の爆発，フラッシュバック，不眠なども見られた。

ふと，〈木の絵を描いてみてくれる？〉と言うと，ぱっと筆者と目を合わせ，素直に鉛筆を持つ。「木ってどんなだろ……」とつぶやきつつ，さらさらと鉛筆を走らせる。紙の中央よりやや右側に，ちょうど中ほどから下に向かって，右手にゆるいカーブをつけて10cmほどの幹の右部分らしきものを描く。次に，右より5cmほど左上の高い部分から，幹の左を同様に描く。左右対称となっている幹部分は太さが2cmほどと細めだが，筆圧はしっかりしており，左右のバランスも悪くない。しかし，幹の左端の下から2cmほどの長さで5mmほどの太さの根を一本描き，次に左上に伸びた線を二線枝とし，その右手に同じサイズの枝を枝分かれさせて描き，さらに左の枝の右側に二線枝を2本上に描いた後，そこで放心したように止めてしまう。筆圧の強さに力を感じつつも，形にならないバウムに，筆者も手応えを失い，なんと言っていいかわからずに見つめていると，「犬なら……」と別の紙に描こうとする。目，鼻，耳，口元と，上手に描き始めるが，「キモイ」と止めてしまう。「絵なんて描かない方がいいですね」と言った後で，犬の紙の裏に「バラなら描ける」と花びらを中心から外に向かって描き始める形になっていくが，その後紙を丸めて捨ててしまう。

A子にバウムを描いてもらうことは負担が大きかったか，と思いつつ，しかし，描かれたバウムからは，A子の状態は予想以上に重篤であり，早急な対応を要すると思われた。A子に対しては，とても心が参っている状態であること，お母さんにもお話するので，早めに治療を受けましょう，と伝えると，「ウン」と言うが，母の理解については期待していない様子であった。

その後母親に電話連絡や訪問を行うが，拒否が続き，関わりは難航した。医療ネグレクトと捉えて，保護や治療をという検討もなされた。その間に，A子は中学生の"先輩"と交流を持つようになり，飲酒，喫煙，怠学，教師への反抗，夜間の徘徊などの非行のため保護された。保護所でのA子は「前は家のことで悩んでいたけど，今はない」，「生きるのが楽しい」と語る反面，保護所で急に泣くことがあるなど，不安定さが続いた。保護されたことを機に，親権者である父親とようやく連絡がとれ，A子と病院を受診していただいた。父親にA子の状態を伝え，身体的検索と脳波，頭部MRIなどを施行し

た。父親の理解は思いの他よく，その後，退所。相談治療を継続している。

2. B男（小3　男児）

　B男は骨折のため受診した病院で，多数の骨折の他，無数の傷跡が体中に認められ，虐待疑いとして児童相談所に通報あり，同日保護された。保護所では大きな問題はなく過ごしていたが，その後，性的問題を疑わせる行動があり，診察が要請された。

　臨床心理士も同席して面接する。B男は，骨折した腕を包帯でつり，目の上に青あざが生々しくできている。視線が泳ぎ，目の焦点がはっきりせず，腫れぼったい目のせいか，しまりのない表情に見える。心配なことは，「お父さんがボクにギャクタイしたから，警察に捕まること」だという。家庭での暴力は常にあり，B男自身も，B男の兄弟も，暴力で人に向かうことが多く，今回のきっかけも，B男が「友達とけんかして，キックしたりしてけがさせた」ことから，父に殴られたのだという。殴るのは「悪いこと」と言い，自分の暴力についても言葉では反省する。〈じゃあ，お父さんが警察に捕まっても仕方ないのかなあ……〉とつぶやくと，B男は大きくうなずく。「でも，お母さんが困る」，「仕事する人いなくなる」とも言う。学校や保護所での話はあまり広がらず，「家に戻ったら，ゼッタイまたギャクタイされる。〇〇さん（児童福祉司）が，お父さんにしないでって言ってくれるって言ってたけど，ゼッタイされる」と表情を変えずに言う。〈そうかあ……。家よりこっちの方がいいのかなあ〉と筆者がつぶやくと，それには反応しない。女児の下着を盗むなどの行為も，「意地悪されたから」と言う。衝動性がひどく高いとは思われないが，適切な行動や対処パターンが身についていず，暴力や盗みという行為に至ってしまうものと思われた。しかし，その一方で，保護所での生活はそれほど支障なく行えていた。

　B男の力や姿が今ひとつ見えないままに，終了の時間が近づき，〈お願いがあるんだけど〉と言うと，意外そうな表情をする。〈木の絵を描いてくれないかな？　腕，骨折してるけど，大丈夫かな？〉と尋ねると，「大丈夫」と腕をまくり，鉛筆を握る。左側から根を描き始めて，右側の根まで一筆で描く。根は，紙の下端まで達し，左側に3本，右側に1本だが，その後で，左3本の

右に1本，右の左側に1本足す。筆者と臨床心理士が自分と絵を見つめていることを，チラチラと何度も確認する。次第にうれしそうな表情となり，「幼稚園にあった木。大きい木。根っこ大きく出てた。人がよく転んでた，ひっかかって」と口数も多くなる。〈へええ，そうなんだ，本当，大きいね！〉と応じると，またうれしそうにし，幹を上に向かって勢いよく伸ばしていく。幹は，ほぼ中央にあり，幅は用紙の幅の4分の1ほどと太い。「登れなかったけど，30歳くらいの人，ボール上げちゃって登ってた」と，幹の上の先端から横に大きく広がる楕円形の樹冠を小さく波打つ線で描き，そのすぐ上にまた線を重ねる。幼稚園時代のB男が元気に木の周りで遊ぶ姿が目に浮かび，その頃は父親とよい時間を持っていたのだろうか，虐待はなかったのだろうか，と考えながら，うなずきながら聞いていると，いつの間にか，B男は，机を挟んで向かい側に座っている筆者に体をぐんと乗り出すようにしており，腫れていた目がぱっちりと輝いている。B男のそばに座っていた臨床心理士がB男の熱心さや元気さに，驚き喜んでいる様子も感じられる。楕円形の樹冠の2cmほど外側に小さく波打つ線でさらに樹冠を描き，その線の上に重ねるようにまた波打つ線で樹冠を描く。木は紙いっぱいに大きくなるが，幹と樹冠の境はなく，全体に白さが目立つ木となる。筆圧はしっかりと濃い。

　B男が「できた！」と言い，見せてくれる。〈いい木が描けたね！　しっかりしていて，とってもいい木！〉と思わず言うと，B男は満面の笑みとなる。
　〈もう一つ描けるかな？〉とHTPを依頼する。B男はさらにうれしそうに，紙を横にして描き始める。「家はー，ドアが開いてる」と，左3分の1ほどに，大きな四角を描くが，菱形のように左に歪んでいる。その上に三角の屋根，家の中央に縦長の楕円形の半分の窓，家の右手に半楕円形に右に飛び出すようにドアがあるが，床から浮いている。木は，家の右側に一筆で描く。バウムテストで描かれたものよりも縦長だが，根はなく，下部は平であり，幹の下部の両側にえぐられたような三角のくびれがある。「人はー。登っているところ，描こうかなー。男の人にしよう」，「飛んでるみたいだね。マントつけよう」と，自画像らしく，笑った顔の男の子を描く。男の子は浮き上がっているように見え，木の3分の1ほどのサイズだが，均衡がとれ，手も足も指もしっかり描かれている。マントの上にMを描く。「Mってなんだと思う？」〈なんだろう？　マクドナルド？〉，「そう，マクドナルドマン！」とうれしそ

うに言う。

バウムとHTPを並べて、〈すごくしっかりといい絵が描けた。B男くん、大丈夫だ。いい子になっていける〉と話すと、しっかりとこちらを見つめている。

終業のチャイムが鳴り、「びっくりしたー」と言うが、「もう一枚ある」と筆者の手元の紙を見る。〈じゃあ、好きなものをどうぞ〉と言うと、「ドラゴンとへびが合体したの」を紙を横にし、右半分側に描く。頭部がドラゴンらしく、左半分を睨み、口を開けて2本の牙を見せ、頭には三角の角がある。体はへびらしく、右側に向かって体を波打たせている。〈強そう〉と筆者が言うと、「幼稚園のときのへび、先生に殺されたんだ」とつぶやき、「描くの忘れた」と頭部のすぐ下に2本の小さな手を付け加える。手には3本の指があるが、体に比べて小さく、いかにも頼りない。B男も、「なんか小さい、赤ちゃん、生まれたばかり。まだ1週間」と言う。目の前で、みるみるうちに小さく弱い、赤ちゃんになってしまったドラゴンへびに驚く。暴力や性的な問題が疑われるような行動より、赤ちゃんのように弱く、誰かに保護されなければ殺されてしまう、B男の心細い気持ち、日常生活上の不安定さ、守ってほしい、見ていてほしい、というB男の心が伝わる。"強そう"などと、とんちんかんなコメントをした筆者に、B男がすぐに訂正してくれたことに驚きを覚え、申し訳なく思う。

〈いろいろお話聞かせてくれてありがとう。絵もとってもいい絵。ありがとうね〉とお礼を言うと、B男は立ち上がり、元気に「ありがとうございました！」と言い、椅子を丁寧に戻して退室する。立ち上がったB男は年齢に比して小さな体型であることに改めて気づき、はっとさせられた。

3. C太（小2　男児）

C太は、「授業中立ち歩く、物を壊す、学級崩壊になるような騒ぎを起こす」と学校から児童相談所に相談があり、母子で通所するようになった。臨床心理士とは落ち着いて面接や検査に取り組んだが、学校での行動には改善がなかなかみられず、診察が要請された。

母の希望にて、最初に児童福祉士と筆者とで、母のお話をうかがう。母は、

「C太は落ち着いてはきた。授業でも座っている時間が多くなってきたから長い目でがんばりましょう，と言われた。家でも学校で起こったことを話してくれるようになって，コミュニケーションがよくなってきたと思う」と言うが，"C太は病気でこうなっている"という学校側の見方に疑問を抱いておられた。母は「家で私の言うことには従うのに，先生の言うことには従わないんです。C太は『先生は叩かない』と言うんです」という。これまでのことをうかがうと，C太の父は暴力的な人であり，母自身も情緒不安定な時期が過去にあり，C太にはあたってしまうことが多かった，と率直に話される。C太が"叩かれるからこれをする，叩かれないからしない"と，叩かれるかどうかを判断基準にしている可能性があること，学校でも"叩かれないから騒いでもいい"と思っている可能性があるかもしれない，とお話する。C太の力をのばしていくためにも，叩いてしつけることを止め，また，母とC太とでリラックスして一緒に過ごす時間を持つことを勧めると，母は，「そうですね……」と，これまでのことを振り返るように考えておられた。父の理解を促すためにも，父ともお話したいと伝えると，了解された。

　残り時間はわずかになってしまったが，C太と会う。プレイルームにて臨床心理士と楽しそうに野球をしていたが，筆者と児童福祉士とで入室し，〈お話していいかな？〉と言うと，少し緊張したように小さな椅子に座る。

　〈お母さんと何話していたと思う？〉「知らない」〈そっか。じゃあ，C太くんはどうしてここに来ているんだっけ？〉「忘れた」〈おうちでのこと？学校でのこと？〉（うつむいてしまう）〈……あんまり聞かれたくないよね〉「うん……」〈でも，お母さん，心配してる〉「……」〈学校で，どうすればいいと思う？〉「なおす」〈えらい！なおせそう？〉「ウン」〈どんなところ，なおす？〉「……」〈うーんとね，たとえば……。ちゃんと座って，授業を聞いて，先生に悪いこと言わないで，ほかの子を叩いたりしないのを100点。授業中立って，先生に何か言ったり，ほかの子を叩いたりするのを0点，ってしたら，C太くん，今は何点？〉「52点」と，即答する。〈そうかあ……。100点になれそう？〉「うん」。

　兄弟の話となり，C太と弟の名前を聞き，漢字で書いてもらう。〈いい名前だよね，誰がつけたの？〉「ママがつけた」と，うれしそうに言う。〈お願いがあるんだけど。絵を描いてほしいんだ〉と伝えると，意外そうな表情をす

る。〈木の絵を描いてみてくれる？〉「木って？　ああいう木？」と，筆者の後ろの窓の外に見える大きな銀杏の木を目で示す。筆者も，その金色に輝く木を眺め，〈どんな木でもいいよ〉と伝えると，その後は外をみることはなく，熱心に取り組む。鉛筆の持ち方はややぎこちないが，筆圧はしっかりしており，集中できている。

　下から，幹の下部を描き，その下に一線根を3本描く。幹を左，右と交互に，少しずつ書き足すように上に伸ばしていく。幹は，中央よりやや右側にあり，太さは1.5cmほどと細い。幹の下から5cm位の所に，左側から左上に向かって左の一本枝を5cmほど伸ばし，右側から小さな一本枝を2本，幹に近い枝の先に丸い葉を描く。左枝とほぼ対称に右の一本枝を3cmほど描くが，幹からは2mmほど離れている。そこから上に向かって枝を2本描くが，幹に近い枝は線を5本重ねて描いている。さらに幹を少しずつ上に伸ばしていく。下の枝から3cmほど上部に左右の一本枝を描く途中で，勢いよく幹の上に蓋をするように水平の横線を引いてしまう。上へ上へとぐんぐん伸びていく幹を頼もしく感じながら見守っていた筆者は，"ぶつっ"という音とともに幹が分断されたような痛みを感じて思わず息を止める。まだ下から3分の1の高さなのに，と痛々しく思う。C太はこちらの様子には気づかないように熱中しており，上部の左右の枝に上に向かって2本ずつ枝を伸ばし，それぞれの枝の左右に丸い葉を描く。最後に，ぐいぐいと力を込めて，幹を真っ黒に塗り込める。何か，暗い気持ちになるが，しかし，描き方の勢いと力強さが伝わり，〈すごい，しっかりと上手に描けたね〉と伝える。特に反応はないが，次の課題を示すと，紙を横にして積極的に取り組む。

　HTPは，最初に紙の中ほどに家を描くが，消して，下に移す。家は，縦3cm，横2cmとサイズは小さいが，四角の上に鋭い三角が棘のように飛び出している。その左側に木を描く。先ほどのバウムと似た形と枝葉の木だが，高さは用紙の半分より小さく，幹の下側が細くびれている。一本の根が3本出ている。そこに付け足すように，黒く丸いものを木の左側に六つ，右側に三つ，ぽとぽとと音がするかのように描き入れる。最後に人を描くが，家よりやや大きいが，丸い顔の中の表情がはっきりしない。体は一本線で，手足も線。両足の間に，体の下から短い線が一本出ている。〈この人はだあれ？〉「お父さん」〈お父さん，どんな人？〉「……やさしい」〈（木の下にあるもの）

これは？〉「葉っぱ，落ちてる」。

最後に，〈好きなものを〉と言うと，「DS。今，ポケモンやってる」と四角い箱を描く。

3枚の絵を並べ，C太，臨床心理士，児童福祉士，筆者で眺める。サイズは小さく，全体に黒く陰鬱な印象も受けるが，絵としてのまとまり，筆圧の力強さ，上に向かって枝を懸命に伸ばしているバウムと，C太のがんばりが伝わってくる。短い時間ではあったが，描ききった充実感がC太からも伝わってくる。目に力強い光が宿って見える。これほどの集中力を持つ子が，授業を乱すのは，児だけの問題だけではないのだろう，と思う。〈すごいね。どれもよく描けたね。持っていって，お母さんに見せる？　それとも先生がもらってもいい？〉と聞くと，筆者にくれるという。

最後に，〈さっき，お母さんにお願いしたんだけど。あまり厳しく怒らないでくださいって。あと，C太くんと一緒に遊んだり，ゆっくりお話したりしてくださいねって〉と伝える。C太の表情が緩むのがはっきりわかる。〈学校で，なおすためにがんばるのは疲れると思う。学校でがんばったら，おうちでお母さんとゆっくり楽しく遊ぶのがいいと思うよ〉「うん」とニコニコする。〈お父さんにも今度お話するね〉とも伝える。最後にトランポリンを10回飛んで終了。母のいる場所へと，思い切り駆けて行った。

その後，児童福祉士と臨床心理士による学校への訪問指導も開始され，C太は次第に落ち着きを見せ始めた。

第3節　バウムテストを導入する意味について

ここでやや唐突だが，ロゴセラピーについて触れたい。ロゴセラピー（Logotherapie）は，オーストリーの精神科医であるフランクル（Frankl, V. E. 1905-1997）が創始した精神療法であり，彼が従事したフロイトの精神分析やアドラーの個人心理学を十分にふまえた上で，さらに人間の精神次元に働きかけるアプローチである。ロゴセラピーの目的は，症状の軽減や社会的機能の回復にとどまらず，"意味を軸"とし，「精神性，自由性，責任性」で構成される「完全な人間性」を「『発見する』だけでなく『めざめさせる』ものである

表9-1 フランクルによる三つの価値

名称	意味	例
創造価値	或る行為をしたり，或る作品をつくったりすることによって	働くこと
体験価値	美や善や真を自分の中に取り入れたり，また一人の人間をその一回性と独自性とにおいて，本質的に体験し，愛することによって	愛すること
態度価値	避けられない運命や強制された状態に，いかなる態度をとるかによって	苦悩すること

(Frankl, 1956より作成)

あり，「意味への意志」への呼びかけであるという（Frankl, 1956）。「意味への意志」とは，人間が持つ，「意味あることをしたい」という欲求であり，人間の精神次元の機能である。

"意味"とは抽象的なものではなく，「或る具体的なものであり，かつ，この具体性は各人の独自性と状況の一回性とに関係する」（Frankl, 1956）という。つまり，毎日毎日の，その人の日常の家庭生活や社会生活の中でその人がなすべき意味あることを，一瞬一瞬，自分の責任において選択し，実行することが大切であると説く。それは社会的に認められる仕事や業績に留まらず，日常の中でのさまざまな体験をも含む幅広いものである。フランクルは，「人生に意味を与える，すなわち価値を実現する」可能性として，三つの価値（Frankl, 1956）をあげている（表9-1）。

一方，子どもの場合は，意味を認識する"意味器官（Sinn-Organ）"である良心が十分に発達していないため，大人がどのように意味を実現させるかという態度を見て体得させ，子どもが良心を発達させていくことが必要であるという（勝田，2009）。

筆者は，フランクルの人間観や治療感に深く共感をおぼえているが，ロゴセラピーの理念は，人間に携わる仕事をする誰もが共通に持っているものではないかと感じることも多い。ここでは，ロゴセラピーの観点から，子どもへのアプローチにバウムテストを導入する意味を考察する。

1. 子どもにとっての意味

　筆者は今回，子どもたちとの出会いから数十分の関わりを持った後にバウムを導入した。印象的だったのは，現実の話を離れて，絵を描くようにお願いすると，どの子どもも，意外そうな表情を一瞬浮かべ，ぱっと気持ちが切り替わった様子を見せたことである。精神科医の診察なのに，心理社会的な問題から離れることが意外だったのか，絵という提示が意外だったのかはわからないが，どの子どもも積極的に取り組んでくれた。

　また，描くうちに子どもたちがさらに集中し，熱心さが増し，様子や表情が変化していくことが多かった。B男は，描くにつれ，それまでの焦点の定まらないようなぼんやりした表情から，生き生きとした表情となり，身を乗り出すように集中していくなどの変化を見せ，驚かされた。学校で落ち着きがないと問題視されていたC太も，集中して描くことができ，充実感や喜びに満ちた表情へと変化していった。フランクルのいう価値として考えると，描くということは創造価値の一つである。さらに，描きながら，自分のバウムを見て味わうことは，絵という芸術や自分を体験することであり，体験価値といえるのではないだろうか。A子は残念ながら形のあるバウムを描くことができなかった。しかし，解離することなく絵に向かうことができていたことからは，安全に自分に出会うことのできる体験であったのではないかと思われた。

　このように，バウムを描くこと自体が，子どもにとっての意味ある体験となったと思われた。

2. 治療者にとっての意味

　はじめに述べた通り，児童相談所ではさまざまな子どもや家庭の情報が集められ，筆者に提示される。それらの情報は，当然のことながら，問題点であり，不適応行動であり，養育の不適切さという負の側面である。しかし，虐待，ドメスティックバイオレンス，離婚，不登校，性非行などの，行動や情緒の問題，家庭の問題，社会的問題からだけでは，この世界で唯一で一回

きりのその子という存在に近づくことはできない。そのために直接出会い，同じ空間で同じ時間を過ごすという関わりが非常に重要と思われる。

　さらに今回，筆者は，バウムを取り入れること，特に描く過程を見守り，そこで重ねられる時間をともにすることで，子ども自身の素の姿に触れることができた，出会えた，と感じることが多かった。形にならないバウムに手応えも言葉も失うこと，紙いっぱいに大きく描かれたバウムに何か空虚さや拠り所のなさを感じること，真っ黒に塗られていく幹に感じる陰鬱とエネルギーに胸が詰まること，切り取られるように成長を止めた幹に思わず息が止まること。目の前でリアルに描かれるバウムと思いがけず強い自分自身の身体感覚に筆者は驚いた。セラピスト側の身体感覚についてはいくつか指摘がある（岸本，2010；片桐，2010）が，目の前の子どもが無心に描いているだけに，その子が感じてきた痛みや思いがバウムを通じて，こちらに伝達されたのかと不思議に思うほどであった。

　また，描かれていくバウムはその子の今の瞬間だけではなく，その子が生きてきたこれまでの時間や体験の積み重なりそのものではないか，描かれていく空間と時間をともに体験することは，その子が生きてきた半生をともに体験することではないか，という錯覚にさえ襲われた。痛みも，こちらに伝わることで軽減してくれれば，と願うように思った。

　以上のように，バウムテストを導入することで，診察だけでは得られない子どもの姿がわかる，というより，"出会う"ことができると感じた。その姿とは，いわゆる病理や傷付きばかりではなく，エネルギー，伐られても上に伸びようとする生命力であり意志であり，まぎれもなくそこに存在するという事実であり，その子が唯一の存在であるという奇跡とも思われる。

　この"存在に出会う"という体験について考えあぐねていたところ，神谷の言葉に出会った。神谷は，マルクス・アウレリウスについて引用しながら，「思うに人間は外側では何かの肩書や役割を担って，必要とされる行動をとるが，『一個の人間』としてはまた別の存在であるのではなかろうか」（神谷，1979）と書いており，筆者が今回感じたことに通じるものがあると感じた。そして，"存在に出会う"ということは体験価値の一つであり，治療者にとっても意味ある体験であったと思われた。

　さて，バウムを今後の関わりや治療に生かすためにはどうあるべきだろう

か。完成されたバウムだけを見ていたときには感じられなかったことだが，今回筆者は，描かれる過程をともにし上へと伸びていくバウムを目のあたりにする体験の中で，子どもの"意味への意志"を感じた。"どの子どもも より善き存在になりたいという真摯な願いを持っている"（村瀬，2004）という村瀬の言葉を思い出した。意味への意志は精神次元に存在するものであり，子どもたちが意味ある人生に開かれている存在であるということであると考える。子どもの精神次元へとアプローチし，良心の発達を促すことが必要だが，治療者側が子どもの心理社会的問題にとらわれすぎないためには，治療者自身が，子どもの精神次元の存在を信じること，その存在へと目を凝らす努力が必要であると思われる。

筆者は今回，子どもたちの意味への意志，精神次元，良心の存在を，バウムを通じて感じ取ることができたように思う。そして，"あなたは大丈夫，あなたはOK"というメッセージを言葉で，態度で伝えることができた。これは貴重な治療の足がかりであり，この感覚を言語化し，具体的な治療や関わりのプランに組み入れられるよう，家族やスタッフに伝えていくことが必要と思われた。

3. スタッフにとっての意味

今回，バウムを導入する面接には臨床心理士や児童福祉士が同席した。コッホは「描画を拒まれることは極めて稀だが，その前に良好なコンタクトをとっておく必要がある」（Koch, 1957）と指摘しており，初めて出会った筆者に子どもたちがバウムを描いてくれ，意味あるバウムが得られたのは，スタッフの存在によるところが大きかったと思われる。また，担当スタッフがバウムを描く子どもを暖かく励ますように見守っていてくれたことは，子どもたちにも伝わり，子どもが元気になっていくことが感じられた。スタッフ自身も，バウムを描く中での子どもの生き生きとした変化や描かれたバウムに驚き，さまざまな思いを持っていることが感じられ，スタッフにとっても意味ある体験であったと思われた。

バウムについての詳しい分析や評価は，筆者やスタッフにとっては今後の課題である。スタッフとの勉強会や，この体験を言語化することを重ねてい

きたいと考えている。

第4節　おわりに

コッホは，地面線について，次のように記述している（Koch, 1957）。

「直接の現実（大地とか土地）の表現としての地面線」
「生きていくのに必要な支えとなる環境」
「生命との関係」

ここからコッホは，バウムに描かれた地面が，現実であり，生きるための支えとしての環境であり，生命であるとみていたであろうことが窺われる。本稿で紹介した事例のバウムは，偶然かもしれないが，どれにも地面線が描かれていない。これを養育環境の問題，生命がしっかりと育む環境にない，と解釈することは簡単だが，それよりも，地面線が描かれなくとも，しっかりとした大地が見えなくとも，そこに存在し，上に向かって伸びていくバウムを，そこに存在するその子という唯一の存在の奇跡を大切に受け止めていきたいと思う。

東北は，地面が大きく揺れ，ひび割れ，沈下し，海に飲み込まれた。震災後も，東北の足下は未だ揺れ続け不安定な状況が続いている。しかし，自然災害は，どの国にも，いつの時代にも起こる。大地に生きる人間は，災害という運命的な状況を選ぶことも避けることもできないものであろう。人間はそこで死に，倒れ傷つき，泣きながらも，また立ち上がり，天に向かって手をのばしていく存在なのではないだろうか。子どもの力では変えようも選びようもない運命的な状況に生まれ，地面がなく，バラバラと崩れそうであっても，空虚であっても，幹が切られたように短くとも，上に向かって伸びる子どもたちのバウムに重なる。

本邦では『夜と霧』という題名で知られている強制収容所体験記に，フランクルは最終的には『それでも人生にイエスと言う』と題名をつけた。初めから楽観的だったわけではなく，絶望と苦悩と，死への願望を生き抜き，克

服したからこその信念であろうと思われる。決して比較できるものではないが，千年に一度と言われる未曾有の災害は，多くの犠牲と苦悩をもたらした。さまざまなストレス性の反応や精神障害が起こり始めている。子どもたちのPTSDは深刻であろうことが予想される。

しかし，意味ある出会いのために，子どもたちへの意味あるアプローチのために，何よりも，子どもたちが自分の人生に「イエスと言う」，意味ある人生に開かれた存在であることを生かすために，意味ある仕事に取り組んでいきたいと思う。その中で，バウムテストを適切に導入することは，有形無形の力を，子どもたちにもわれわれにも与えてくれるものと，本稿をまとめる中で確信することができた。

■文　献

Frankl, V. E.（1956）. *Theorie und Therapie der Neurosen*. Urban & Schwarzenberg. 宮本忠雄・小田 晋（訳）（2002）．神経症 I ―― その理論と治療．みすず書房．霜山徳爾（訳）（2002）．神経症 II ―― その理論と治療．みすず書房．

片桐弘明（2010）．バウムテストの実践 ―― 精神科領域．臨床心理学，**10**(5)，680-683.

勝田茅生（2009）．ロゴセラピー入門シリーズ5　教育のロゴセラピー．システムパブリカ，pp.18-23.

神谷美恵子（1979）．生きがいの基礎．In：神谷美恵子（1981）．存在の重み．みすず書房，pp.225-226.

岸本寛史（2010）．臨床に生きるバウム．臨床心理学，**10**(5)，645-650.

Koch, K.（1957）. *Der Baumtest: Der Baumzeichenversuch als psychodiagnostisches Hilfsmittel*. 3. Auflage. Bern: Hans Huber. 岸本寛史・中島ナオミ・宮崎忠男（訳）（2010）．バウムテスト　第3版 ―― 心理的見立ての補助手段としてのバウム画研究．誠信書房．

村瀬嘉代子（2004）．東北児童青年精神医学会での講演での言葉．

第10章
不登校児の母親面接の中で描かれた
バウムの変化

■ 酒井敦子

第1節　はじめに

　「人間のこころを理解しようとする」とき，外側からその人の表情や行動を観察しているだけでは不十分で，もっと内面からその人を見ていかねばならない。では，内面からその人を見ていく方法として，いったいどのような方法があるのか。具体的にはどのようなことをすればいいのだろうか。

　ここでは，「人間のこころを理解する」ということを「心理療法」とあわせて考えてみたい。心理療法では，通常，なんらかのこころの悩みや症状・問題を持った人が，相談室に，面接に来る。その面接場面では，来談者に，自分の持ってきた悩みや症状・問題がどのようなものかについて思いのまま話す。その話は，おのずから，いつからその問題や症状が起き悩みになっていったのかなどを語ることになる。カウンセラーとしてその話をよく聴いてみるとそれは，その人のひとつの物語となっていることに気づく。その人（来談者）が語るその物語は，その人の自ずから，すなわち内面から出てきたものであり，その物語の主人公は，当然，語っているその人（来談者）である。

　ここでいう物語（Story）とは，土居（1992）の指摘にある如く，この語源を同じくするHistoryから窺い知れるように，「何かある人物や事がらを時間的経過を追って述べたまとまった話」のことである。来談者は，思いつくままに，時間的前後関係などはおかまいなしに話をするであろう。カウンセラーは，聞いた話を時間のなかに配列し直して，それをStoryとして聞いていく。カウンセラーの役目とは，その人の語りを語りやすく援助することである。

つまり，その人が自分の人生を生きていくその物語づくりに側面から関わっていくことである。

　ここにひとりの母親の物語がある。その物語は不登校になった自分の息子についての悩みの話である。息子が学校に行かなくて悩み果てての来室であった。ここにひとつの事例を紹介して，ひとりの不登校児の母親面接の中で描かれたバウムの変化に注目しながら，その面接経過がどのように進んでいったのかを見てみよう。同時にそのことは，いったい何を私たちに物語っているのか考えてみたい。

第2節　事　例

　ここに報告する事例は，長男が不登校のため中学校の教諭よりカウンセリングを勧められて来談した母親との約10年間におよぶ面接過程を振り返ったものである。面接時における母親の語りを中心に面接期を，不登校児の居場所を軸に，5期に分けて，その青年や母親そしてこの2人とともに生きる家族の人々の間に起きた物語，また，その過程で母親によって描かれたバウムがどのように変容していったか，そして，その母親の語りが治療者に示唆しているものは何だったのかなどについて検討し，今後の母親面接に役立てたく思う。

1. 事例の概要

　クライエント　Aさん，35歳，Bの母親。お見合い結婚で旧家に嫁ぐ。
　主訴　長男（中2）が部屋に閉じこもって学校に行かないで困っている（申込書に記入）。
　家族　6人：長男B（14歳）。長女C（11歳）。Bの祖父（65歳），地域の有力者を父に持つ元資産家，厳格，定年退職後，晴耕雨読の生活。Bの祖母（65歳），社交家，家事嫌い。Bの曾祖母（86歳），厳格，一家の家計を握る。Aの夫：Bが5歳，Cが2歳時，突然死。大学卒。

Aさんが語る長男Bの生育歴および問題歴　満期安産。旧家の一人っ子の長男。幼少、学童期はおとなしくて、まじめで几帳面。聞き分けが良く、育てやすくて、優等生。小学校の友達と一緒に地元の中学校に進学を希望したが、祖父の強い勧めで私立中学校に進学。中学校では、級友となじめず、祖父の勧めもあり、クラブに入り活躍するが、やがてクラブの練習も厳しくなり、成績が振るわなくなった。このため連日、祖父母や曾祖母による特訓、お説教、小言、叱責が深夜まで続き、やがてBは自室に閉じこもり、部屋から外に出て来なくなり、不登校になった。

長男Bの臨床像　ほっそりと長身でまだあどけなさの漂う中学生。母親似の顔。どこか思いつめたようで、表情は固く、緊張している様子。自分からは話さないが、Thの問いかけには答える。（BとThとの面接は1回のみ、Bは別の担当者を決めるが、来室しない。）

母親Aの臨床像　少女雑誌に登場するような、目のパッチリした、小柄で、ほっそりした体格で、まだ娘らしさが残る可愛い感じの美しい人。

面接場所　D大学キャンパス内に設置された地域に開かれた教育相談室。

面接形態　原則として隔週に1度面接。1回約50分間。有料。

経過　不登校になり、自分の居場所を求めて転々とする長男Bとその母親Aの約10年間。母親面接の中でAさんが語ったことを中心に、面接中に描かれたバウムにも注目しながら報告する。

なお報告に当たり次のように略記する。
　　Cl：クライエント、Aさん。Aさんの語った言葉「　」
　　Th：治療者。筆者の語った言葉〈　〉
　　B：Aさんの長男。Bの語った言葉『　』

見立て　見合い結婚で、2人の幼い子どもを残して若くして急逝した田舎の旧家の長男の嫁として、余儀なく生きることを強いられたまだ若い女性が、やがて郊外の地域で伝統ある村の一家を背負うであろう息子のもがきとともに成長し、自分が息子たちの唯一の母親であることに気づき、真なる母親となっていく過程を側面より援助する。

2. 面接過程

初回面接

Bの養護教員，祖父および母親Aがカウンセリングルームに来所。

主に祖父がBの生育歴および問題歴について話す。それによると，現在Bは精神科クリニックに受診中で，登校拒否に効くという薬を飲んでいる。3カ月続けて飲めば効果が出ると医師がいうので，飲ませている。祖父自身は，カウンセリングより医学を信じているので，カウンセリングには否定的である，と話す。引率の教員は必死になってカウンセリングの必要性について説く。Thは両者を傾聴し，Aは終始黙っている（Bの様子について話すのは，母親のAさんではなく，祖父のみであったことになにか違和感を持つ）。最後に，ThがAさんに（相談来所について）〈どうなさいますか？〉と尋ねると，小さく弱々しい声で「来ます」とだけ答える。

以下，母親との面接経過を述べる。

第1期：X年10月〜X＋1年3月 『約束どおり僕の部屋を建ててくれ』

Aさんは，時間通りに来所。シンプルなセーターとタイトスカート。小柄で，色白で，目はパッチリと，とても感じのいい方で，美人で，可愛い人という印象を持った。不登校のBについて語る。小学生の頃のB君は，運動も勉強も良くできる人気者の元気で闊達な子どもだった。私立中学に進学したが，やがて，学力成績の結果が芳しくなく，運動部との両立が難しくなった。そこで，Bは夏休みの宿題を祖父の監視のもとですることになり，それは深夜の3〜4時まで頑張ることが常となった。その疲れもあり，昼間学校に行くことが難しくなり，不登校となっていった。ある日，Bは，学校に行ったらパソコンを買ってあげると言った祖父の言葉を思いだし，『パソコンを買ってくれたら学校に行く』と言った。すると，曾祖母・祖父母の3人で相談して，パソコンを購入した。Bは，嬉しくて，パソコンに毎日取り組んだ。今度はパソコンが忙しくて，登校できなくなった。

Bは『祖父が，私立中学に合格したら勉強部屋を建ててやると約束したのに，まだ建ててくれない。約束違反だ』と祖父に言う。祖父は工務店と相談

し，Bの部屋の青写真を作成している。〈B君はそれを見てなんと言っているのですか？〉「『これは僕の思っている間取りではない。出来上がっても僕はそこには住まん』と言っています」。しかし，「『部屋ができるとお母さんも一緒にそこに住むか？』と，しつこく聞いてきます」。〈お母さんのお気持ちはどうですか？〉「……『僕ら3人で住もう』とBが言います」。「御母（姑のこと）さんは……こう言われます」。ThはAさんの本当の気持ちはどうなのかと思い，〈Aさんのお気持ちはどうですか〉と質問しても，Aさんは，自分の気持ちや考えを自分の言葉で表現することは一切なかった。Thの質問に対して「姑（義母）がこう言っています」と答えるだけだった。今までAさん自身の気持ちや考えなど問われたことがなく，その返答にとまどっている様子であった。

小さい町であろうと，地域に君臨していた祖父が，若年で突然死した息子の子どもを，自分の責任で精一杯育てようと懸命になるのはごく普通のことと思われた。祖母・曾祖母も同様の気持ちであったろう。この家では，Bのことで，母親の意向や気持ちを聞くことなど，A本人を含めて誰も思いつかないことであった。Aは大家族の日常の家事に追われ，いつも忙しそうだった。Thには，Aはこの家族の中で自分がBの母親であることを認識しているのだろうかと思うほどであった。

祖父がBに約束した勉強部屋は，祖父の提案した間取りとBがイメージしている部屋（大広間で，遊べる部屋）との間に大きな隔たりがあったため，実現しなかった。Bが不登校のため，中学校の先生方が毎日のように来訪。級友も来る。祖父母はこのままで高校に進学できるのか心配になる。祖父の知人はこのまま不登校が続くのなら，いっそのこと施設に入れるのが良いという。Bの施設入所について連日，曾祖母・祖父母・中学の担任で検討がなされる（Bの意見もAの意見も，誰からも訊かれることはなかった）。

皆の意見がまとまり，Bの施設行きが決まり，いざ決行というとき，Aさんは，初めて母親としての意見を求められた。「今，Bを施設に行かせたくありません」とAさんは初めて家族（Bの曾祖母・祖父母）に，Aさんの母親としての自分の意見をはっきり言うことができた。そして母親の意見が取り入れられて，Bの施設行きは取りやめとなったと，報告された。

＊この時期のバウム①（図10-1）：〈実のなる木を1本描いてください

か？〉と，A4用紙と4B鉛筆を差し出すと，「絵は苦手なのですが」と言い，少し躊躇しながらも，手早く描かれた。《幹の左側第1枝のすぐ下より，下に線を引き，左に曲がり地面線と融合する。右も同様にする。幹先端は尖った刀剣上の枝で，幹の上端が左に曲がり，すぐその右側で，一本小枝が出ている。左5枝，右4枝はともに二線枝で描かれていて，どの枝にも実も葉もついている。》Bの施設行きについて，「行かせたくありませんときっぱりと言えました」とAさんより嬉しげに報告があった。平素，自分の意見を持たないAさんにとっては異例のことで，勇気を振り絞ってやっと大切なことを言いましたと報告しているように思われた。

図10-1　バウム①

第2期：X＋1年4月〜X＋2年3月　『僕には帰る家がない』

Bは『こんな田舎には住みにくい』，『田舎は嫌い，都会が好きだ』という。市（都会）からなら登校する意思があるという。それで曾祖母・祖父母が相談し，Bの要望を満たすため，都会に住む祖父の知人に頼み，その家から通学させてもらえるよう頼んだ。その結果，知人はBが登校するという条件で承知した。Bは朝5時に起床し，2時間かけて通学することになった。Aさんは，姑から，Bも知人も朝5時に起きているのによくまあそんなに遅くまで寝ているものだと毎日言われています，と話す。

Bは期末テストが終わった日から風邪をひき，寝込み，学校を休む。Bは，学校を休むとその家から出ていかねばならないという約束になっているので，『学校を休むとおばちゃんから"帰らないと"と言われる。僕には帰る家がない』といってBからAさんに電話がかかってきたことを，沈んだ声でThに伝える。

第10章　不登校児の母親面接の中で描かれたバウムの変化

Bは憧れの都会からの通学が、実現し、しばらく頑張っていたが、再び学校に通いづらく不登校になってしまった。

Bは田舎の家を出てきてしまったし、再び不登校になってしまった。この子はいったいどうなるのだろうか、とAさんはやっと、Bの悩みの深さを思うことになる。「もう、にっちもさっちも行きません」とぐったり困り果てた様子である。

＊この時期のバウム②（図10-2）：
《地面線も根も描かれていない。画面中央やや左側に165mmほどの、中くらいの大きさのバウム。前回より細くて、筆圧は弱い、樹としての形は整っている。幹と枝に連続性があるが、宙に浮いているような感じで、痛々しい。幹先端は、やはり二つに分かれているが、しっかり閉じていて、その上、それぞれの先端に、実もついていて、一部立体表現もみられる。しかし、枝は細くて、尖っている。1枚目に比べると、樹の長さが3分の2ほどになっていて、葉もなく、枝の本数も減っていて、筆圧も低く萎縮しているようである。とげとげしい枝先端から緊張感も強く感じられ、攻撃的でさえある。「にっちもさっちも行かない」という状況で、この小さな弱々しいバウムを前にして、母子でなすすべもないという状況がよく表れている。》

図10-2　バウム②

ついにBは、知人の家を出て、母親のAさんと市中の狭いマンションでの2人暮らしを選ぶ。このときAさんは、結婚して初めて大家族ではなく、狭い部屋に息子Bと2人で住んだ。「A, Bの布団を敷くと、もう透き間が見えないくらい一杯です。掃除もすぐすみますし、食事つくりも簡単で楽ですわ。Bとも、こんなにゆっくりと話したのは初めてです」と、狭い都会での生活を肯定的に捉えることが出来るようになった。Thには2人の生活を愉しんでいるようにも見えた。Bは、祖父母に内緒で学校を休んだり（祖父母に内緒

でAさんとBの決断で学校を休んだのはこのときが初めて），妹Cを呼んで一緒に住もうと言った。しかしCは，一度のぞきに来たが，私は田舎が好きと言い，直ちに元の実家に帰っていった。

　そのうち，夏休みが来て『家族旅行もない夏休みなんて』とBが言い出し，母子水入らずの旅行をしようということになる。祖父母も夏休みに，気晴らしに旅行にでもいったらといってくれた。祖母は早速ホテルや，新幹線の指定席の予約をした。Bは大都会に憧れ，東京のディズニーランドに行きたいといい，Cは，のんびりできる山や湖に行きたいという。『お母さんはどっちに行きたいか？』とBに迫られるが，Aさんは答えることが出来ない。Aさんは，Thにも，言葉にされなかったが，母親として，どちら側の意見も言えないのだろうとThはみてとった。祖父母は新幹線で豪華ホテルに連れていってあげると言う。BとCは，新幹線ではなく，夜行バスで行きたいと主張する。そのように主張することは，すなわち，祖父母はこの旅行に参加できないことを内含していた。結局母子3人で，夜行バスで東京ディズニーランドや信州を旅行する。この旅行は生まれて初めての母と子水入らずの最初の旅になった。その後，都会は暑いからという理由で市内のマンションに帰らず，そのまま田舎の元の自宅に留まる。

第3期：X＋2年4月〜X＋3年3月　『僕の家はここしかない』

　Bは，憧れだった都会生活を体験した後，元の自分の部屋に戻ってきた。

　祖母はあちこちの神様にお参りして，「これしかない」といってお祈りしている。「私はこれだけしているのに，あなたは何もしていない。親でしょ！と言われます」。〈何も，しておられません？〉「いいえ，いえ，いえ……」（カウンセリングに来ていると，2人で笑う）。

　Bは中学校を無事卒業することになった。その後，中学の担任教師，曾祖母・祖父母が話し合い，結局，都会の高校に進学することになった。しかし，Bの自宅からの通学は，時間がかかり過ぎなので，再び都会に下宿して通学するのがよかろうということに話がまとまった。家族がBの新生活のためにいろいろ準備を整えた。いよいよ4月になったとき，Bは『僕はここ（Bの自宅，今住んでいる家）から通う。僕の家はここしかない』といい，学校の近くの都会に下宿するのを取りやめた。

祖父が依頼した家庭教師が来る。Bは『仕方ない』と言って，その人に見てもらって，一緒に勉強している。祖父母について，『空気みたいな存在だ！』とBは何を言われても反抗しないで黙っている。Thは，Bが青年として徐々に成長し，強くなってきていることを感じた。

＊この時期のバウム③（図10-3）：《前回に比べると，すっと延びた254mmほどの木が描かれ，実も少し大きくなったが，地面線も根も描かれていなくて，宙に浮いたままで不安定である。葉っぱは，先端近くにのみあり，左に延びた枝からは，4個の実がなり，新しい可能性を求めていることを思わせる。》居場所を見つけに，東奔西走したが，ついに『僕の家はここしかない』と気づく。Aさんの描いたバウムを見て，Aさんは，不安ながらもBをどこまでも受け入れ，支えていこうと決心したように思った。

図10-3　バウム③

第4期：X＋3年4月～X＋6年4月　自室に閉じこもる ～ 外の世界を見たくなる

1学期間，Bはよく頑張り，往復4時間の通学。成績もトップクラスの模範生となった。祖父母・曾祖母は大喜び，もうこれで一流大学に行けるとおおはしゃぎ。Bは祖父母の期待にこたえるべき，もっと成績を上げようと大志を抱き，大手予備校の夏期講習を受講するが，『僕のレベルではない』と，一日でやめる。Bは他府県への通学時間がかかり過ぎを理由に，やはり学校に近い都会に家を購入するようAさんに再度頼む。しかし，Aさんは経済的な理由と妹のことなども考えると，市内に家を購入して転居することはできないとBに話す（これまでは祖父母の意見をBに伝えていたが，この頃になって，やっとAさんは自分の意見をBに言うことができた）。

2学期，Bは再び不登校ぎみになり，10月よりまったく登校しなくなった。一方，妹Cは学校，部，塾でも調子よくこなし，成績も上位となる。祖父母たちはCを誉め称え，家族のなかで，BはCを避けるようになる。Aさんはそのことについて，兄妹が不和になることを心配する。ThはBに男性モデルの必要性を感じて，カウンセリングを受けてみる気はあるかと聞いてみると，Bからカウンセリングの希望があり，面接を予約する（別担当）が，当日になってキャンセルとなる。高校の先生も登校を促して再々Bの実家を訪問される。その度に，Bは，自室やトイレに何時間も閉じこもり出てこない。祖父が高校の再受験，家庭教師が単位制の高校を勧めるが，Bはどの意見も聞き入れない（Bの意思がはっきりしてきたと，Thには感じとれた）。

まもなくBは学校を自ら退学し，一日中自室に閉じこもる日々が続く。時を同じくして，Cも不登校を始めるが，Cは塾をやめることで元気を取り戻す。Aさんは「家族の問題で疲れ果てています。すべて投げ出したくなった……」と，はじめてBやCの問題を家族の問題として語る。Aさんが疲れを訴え出した頃，Bは，祖父母が寝静まると，Aさんのところに来て話すようになった（夜半にAとBが，話の交流のあることを聞き，Thはホッとする）。そんな頃，Bに『おかあさん，こんなに入りにくい大学どうしてやめたの？』と言われ，Aさんは自分が「大学を中退して結婚したことを思い出しました」，「私にも二部の社会人入学できるでしょうか」と問う。このときをきっかけに，夫が亡くなる前後のこと，亡くなった後の悲しみについて，少しずつ語り始める。そのことと並行して，大姑・舅・姑そして自分の実家についても少しずつ語り始める。

＊**この時期のバウム ④**（図10-4）：

図10-4　バウム ④

《筆圧も高く，幹上から3分の1ほどの右側にこぶ状のものが付け加えられている。幹も少し太くなり，全体的に安定してしっかりしている木を描く。実は比較的大きく，たくさんついている。葉は，一見すると，実と区別がつかないが，やや小さめに描かれていることから，葉と思われる。地面線はないが，左右の大地に，根が這うように描かれていて，ここにもこぶがある。》大地を這う根には，自由さが感じられる。

第5期：X＋6年5月〜X＋9年3月 『僕も日本を駆け巡りたい』就職

別棟の2階にずっと閉じこもっていたBが，ある日，母に，『自分も20歳になるので，もう自動車に乗れる年齢になった。自動車の免許を取りたい』と申し出た。Aさんはびっくりし，Bの祖父母にこのことを伝えると，祖父母は，学校も行けないものがどうして自動車学校などに行けるのかなどと，猛反対。カウンセリングの中で，今まで数年間にわたり不登校を繰り返し，4年間も部屋に引きこもっていた人が自分からその部屋を出て行きたいという気持ちになったのは，めでたいことではないかということになり，Aさんの説得で祖父母も許可し，Bは，めでたく自動車学校に行くことができて，最短コースで免許証を手にした。

めでたく運転免許を取得後，Bは，Aに練習を頼み，Aと2人で，日本中の高速道路を走り廻った。高速道路に耐える新しい上等な新車も買うことになった。そのことをAさんは，「車は，私たちにとって，部屋と同じですから」と嬉しそうに話した。その結果Bは，「母親と気兼ねなく話すことが出来，運転が好きになり，上達し，車を運転する仕事に就く」ことになった。祖父母の驚きは隠せなかったが，今まで一室に閉じこもっていたBが，就職まですることになり，喜ぶしか他なかった。

「もう，おじいさんは何も言わなくなりましたし」と，Aさんの報告を聞きながら，Thは，今までなら「おとうさん（おしゅうとさんのこと）が」と言っていたのに，「おじいさんが」と呼んでいることに気づいた。この就職で，Bは，男性の多い職種の仕事で，祖父ではなく，母ではない多くの男性に出会い，父性的なものに触れ，男の大人として成長していった。

家族の大黒柱であったBの曾祖母の身体が年齢とともに弱り，病院通いにはBの車も役立った。祖母は曾祖母の介護で忙しくなり，彼女の社交の場で

あった村の会合にも出席できなくなった。自然と世代交代がおき，今度はAさんに村の役員など社交の場が回ってきて，社会的にも多忙となった。同時にThにも転勤のときが来て，長く続いた迷路のようなこのケースも，時とともに出口が見えてきたことを機に，終結することになった。

＊この時期のバウム⑤（図10-5）：《地面線も包冠線もない。しかし，幹は左85mm，右105mmに描かれ，やや左よりであるが，均整が取れている。幹は筆圧が弱く，全体的にふくよかさが消えて鋭くなっている。今回もやはり長い根が描かれている。》「花は散って葉ばかり，きれいやなーと木は言っています。これからは自分で頑張らないといけないと思って，枝も尖ったのを，シャッ！シャー！っと描きました」と，描き終わった直後に2人でこの描画をみているときにAさんは感想を述べた。骨格としての幹と枝は常に存在するが，花や実はおちてしまい，葉だけが上方に少し残っている。"花は見せかけであり，葉は仮面である。しかし，葉を失った木は飾ることも仮面をつけることもできない。……飾りが一切ない姿こそ，……本当の姿である"（Koch, 1957より）。

Bは長い引きこもりの後，車を使って，彼の希望のごとく日本中を走り回る仕事に就いた。そのことについて，Aさんのバウムは，息子の就職の喜びと同時に，仕事の厳しさもあるよと，母親らしく，心配しているのかもしれないと思われた。

3. 経過の考察

この面接では，若くして夫を失ったひとりの女性Aさんが，不登校をしな

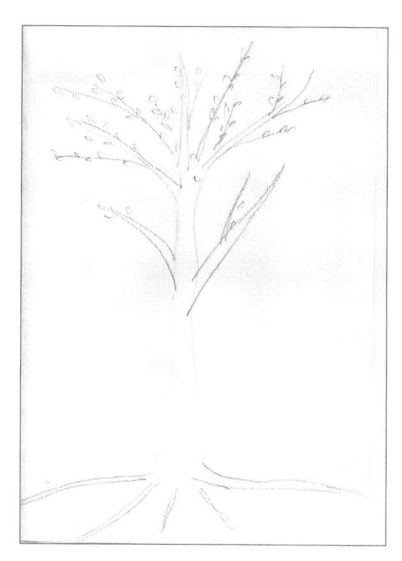

図10-5　バウム⑤

がら必死で訴える息子の声に耳を傾けながら，徐々に自分を取り戻しつつ，母親になっていく過程を示していると思われる。面接中，治療者はたえずこの母親を支持し，傾聴し，援助することに努めたつもりであるが，結果はいつもちぐはぐに終わり，治療者の側にこの母親に対する違和感，わかりにくさ，ときにはいらだたしさが残ってしまい，そのようなものが残ってしまう治療者自身に，失意の念を抱いてしまったりした。ClとThの間におきたこのような関係を明らかにするために面接過程をふりかえると，つぎのようなことが言える。

　まずAさんは毎回，Bについて語ることから始める。その語り様はいつも他人のことのような語り方で，ThにはAさんがBのことを本当に悩んでいる母親なのかと問いたくなるような場面がいくつかあった。それでThはよく，〈お母さんはどのようにお思いでしょうか？〉と聞いてみた。するとClは，「お姑さんは……と言っています」と答える。Aさんは決して自分の意見や感想を言わない人であった。子育てにおいてもそうであったであろう。Aさんはこの家族の中で常に受け身であった。自分の意見や気持ちを言葉にしないことで，夫の死後も2人の子どもを守り育ててきたのではなかろうか。それはAさんのこの家で生きる唯一の術だったのかもしれない。

　しかし，Bは，ただ嫁として働いている母に怒っているのかもしれない。母に基盤がないということは，すなわち，Bにとっても基盤がないことであると思ったのであろう。また，Bの不登校が進み，登校拒否の施設に入所させられかけたとき，Aさんはしっかりと自分の意思をいうことができたことは，Bにも勇気を与えたに違いない。その後，Bが都会より通学しようとしたとき，夏の旅行のときなど，何かことがあるときにはいつも，BとAさん抜きでBのことが，曾祖父母たちによって決められようとする。Bは『僕の母親はあなたなのだ』と叫んでいるような気がする。母に母であることの自覚を迫っているようにも思える。そのことは『勉強部屋できたらお母さんも来るか？』，『マンションで3人で住もう』，『夏の旅行は3人で行きたい』，『学校の近く（都会）で家を買おう』と，母親に提案していることでも推測できる。

　Bは自分が一地方都市の由緒ある大家族の長男であることを自覚し，それらしく立ち振る舞うように，周囲の人たちより期待されながら，それが出来ず，その重圧に耐えかねて，この町この家を嫌い，脱出を図ろうとしている。

脱出先では，朝5時に起床して登校したり，手伝いをしたりして，精いっぱい頑張るが，やはり限界がきたのだろうか，再び不登校になってしまう。すると，はじめの約束通り，Bはその家を出なければならない。そのときBは，『僕には帰る家がない』と気づく。これはBの言葉であったが，Aさんの気持ちでもあったのではなかったか。その後Bの施設入所の話が最終決定したとき，Aさんは，「Bを施設に行かせたくない」と，初めて家族にむかって自分の気持ちを発言することができた。それは家族には驚きであったが，受け入れられた。その後Bは，都会にある学校に入学し，そこから近い知人宅から通学することになった。しかし，その直前になって，自分が生まれ育ったその家を，『僕の家はここしかない』と気づく。Bはやっと自分の居場所を見つけたようであった（Thにはそのように思えた）。たとえ，それがBにとっていかに重圧のある，苦しいものであっても，それがBの居場所であることに気づき，辛くとも，そこにとどまる決心をしたのだ。

　一方，母親のAさんは，Bの『そんな入りにくい大学，お母さんなんでやめたん？』という言葉をきっかけに，今ある自分自身の存在について考えるようになった。それは夫の喪についての作業から始まった。面接が始まってもAさんは長い間，夫のことを話題にしなかった。しかし，夫のことを話し始めると，その出来事は，つい昨日にあったような話し方をする。Aさんはずっと彼女のこころのなかの夫とともに生きてきたことが窺える。大学を退学して結婚したいきさつ。夫の死後，2人の子どもを育て上げることのみ思っていた。「再婚とか，そんなことを思いもしなかった。実家の両親はただ"頑張りなさい"と励ますばかりだった」。それゆえ，その後もずっと大姑・舅・姑とともに暮らしてきた。

　Bは，じっと自分の部屋に引きこもった。引きこもりながら，Bは，自分なりに自分のペースで，いろいろ学んでいった。引きこもりという手段によって，自分の居場所を確保しながら，自分の心をも育んでいったのであろう。そののち，Bは，まさに「思春期内閉」（山中，1978）の状態を呈し，自ずから，「内閉的時期」（山中，2001）を経て，「さなぎが蝶にかえる」がごとく，こもりの場から，広い世界へ跳び立っていった。

第3節　総合考察

1．母親面接の中で描かれたバウムの変化

　Aさんは面接の中で5枚のバウムを描かれた。5枚に共通していることは，包冠線がないこと，つまり，枝があらわに描かれ，実や葉が繁っていることである。そして特徴的だったのは1枚目で，幹から地面線につながっていると思われた線が4枚目5枚目で明らかに長めの根となったことである。これらを総体的にみると，包冠線のないのは，守りの薄さ，自らをあらわに外界にさらさざるをえなかった可能性を示し，前後にしっかりと長い根が張ったことで，自分なりに安定して基礎を築かれたことが類推されることであろう。5枚の一連のバウムから，こうしたことが考えられた。

　今回のように，不登校児Bが自分の居場所を探して転々とした後，長期に自宅の一室に閉じこもり，家族と接触しない状態が長く続く場合においても，唯一Bとの窓口である母親が描くバウムは，母親面接におけるThへのメッセージであったと同時に，カウンセリング場面に現れなかった少年Bからのメッセージとしても受け取ることができた。岸本は，心理テストとしてのバウムテストでなく，治療促進的な臨床に生きるバウムこそが，バウムの原著者コッホが意図したものであるとその基本姿勢を示している（岸本，2005，2007，2010）。この面接においても，母親の描く，バウムが導き手となって，面接が進んでいったと言える。

　岸本（2010）が，バウムテストの治療促進的要因としてあげている中の，「語りを促す」「鏡としてのバウム」について本事例の場合を考えてみる。はじめ「絵を描くのは苦手です」と言っていたが，期を重ねるごとにバウムを描き，語りが深められていった。また，描いた木の絵のイメージは描き手の中にも強い印象を残すことがあって，最終回のバウム⑤においては，そろそろ終結に向かっていたのをClも感じていたのか。「これからは自分で頑張らないといけないと思って，枝も尖ったのを，シャッ！シャー！っと描きました」と報告された。これは，何気なく描いたバウムが自分を映す鏡として働

き,自己理解が進んだ例といえる。
　村瀬（2006）は,「臨床場面で描画を用いるセラピストに求められること」として,『伝えられるものを素直に受け取る』『全体を見るまなざしと焦点付けをするバランス』『そのときを生きる』をあげて,描き手とその受け取り手との間に生き生きした交流が生まれるその「生きられた瞬間,時間」の体験の共有の必要性を説いている。この事例においても,はじめは描くのは苦手と言っていたAさんが,面接が進むにつれて積極的に描くようになり,自分の気持ちを語るようになったのは,ThとAさんの間で村瀬が重視するような体験が重ねられていったからだと思われる。

2. 全体的考察

　カウンセリングが始まったとき,これは大変な家族の物語であると直感した。カウンセリングが進むにしたがって,これはどうにもならない日本の家族が抱える問題（物語）であることを確信した。それは,Aさんの家にのみ存在する固有の家族の問題ではなく,ごく普通の日本文化のなかに見られる家族の問題であるという感が,ますます深まったからである。子どもがもたらす問題は,その家族が内包してきた家族の問題である,ということにも納得がいく。また,固有の問題は普遍性を持つという説（河合,1993）にもうなずける。
　今日においても,不登校児の事例は多く,多様で,その内容も少しずつ変化してきている。しかし,筆者には,これら事例の中に綿々と流れているものは,今日においても日本社会の底流に風土として根強く残っていると思われる。山中（2001）は,このような子どもの症状を捉えて,『登校強迫』と命名している。その出現の背景の特徴として,家族的背景をあげている。①その家系内におけるある心的均衡が認められる場合。②両親の職業ないしは宗教および文化が,西欧的な「自我」中心を有するものと従来の東洋的な「自己」中心の構造を有するものとの混在の状態にある。しかもそのことに対しては無意識である,『登校強迫』を起こしている子どもはこの問題を顕在化せしめ,その解決を迫る形で,この症状を呈してきているのではないかと思われるほどである。さらに,現代日本文化のはらむ根本矛盾の解決の鍵を,彼

らが持っているのではないかという提案をしている。ここに示した事例を，この視点からみていくと，理解がより深まるのではないかと思われる。

さて，Aさんの家族にもBを悪くしようと企む人は誰もいない。Bをとりまく人々・曾祖母・祖父母をはじめ，学校の担任教師・家庭教師に至るまで，皆，Bを何とか学校に行かせようとして焦っていた。それにもかかわらず，Bは学校に行けず（不登校・「登校強迫」），引きこもりに陥っていった。

母親との面接の回を重ねるたびに，Bが不登校をおこしたことで，この家族全体がずいぶん動いていくことがわかる。曾祖母・祖父母は，亡くなった息子の親代わりになって，期待して育ててきた孫が不登校になり，びっくりして，いろいろ策を練るが，どの方法も功を奏することはなかった。これまで猛威を振るっていた曾祖母・祖父母は年月を経て，Bにとって『空気のような存在』になってきたし，「まるで家事手伝いのごとく」であったAさんは肝心な時には，きっちりとBの処遇について，母親としての気持ちを言葉に表すことができるようになっていった。

以上のことは，次のようにまとめることができる。Bに無理やり登校を強制しても事態が進展しないと知ったAさんは，忙しい家事の合間にも，Bが昼夜逆転している場合にもBの話に耳を傾け，Bの心により添って話を聴くことに努めた。内閉を保証され，徐々にこころの安定の醸成を体験したBは，内的な旅を重ね，成熟し，ついに自ら資格と職を得て，こもりの部屋から飛び出して行った。

このAさんの態度は，結果として，「登校強迫児の〈内閉〉を出来る限り保証してやることがまず第一歩である」（山中，2001）という治療観にそっている。また，「この場合に，治療者には，じっくりと安定した態度で内閉を保証するという母性の，そして，患児が対決してきたとき，決然と本当のことがいえる強い父性の根幹が必要である」（山中，2001）と述べている。面接の初期には，自分の意見や思ったことすら言えなかったAさんも，第4期にはっきり自分の意見を言うことができ，やっとここにきて，母性性と父性性の両方を発揮できるように内的成長したのだと思われる。そしてこのことが，この家族の人たちに認められるまでになった。

夫の死について，今まで黙して語ろうとしなかったAさんは，徐々に，夫

の死の前日や当日に起きた様子などについて話すようになった。このことは，Aさんがやっと夫の死を受け入れてきている発言のように筆者には思えた。Aさんにとって，夫の存命中，その存在は，その両親（Bの曾祖母・祖父母）の存在があまりにも大きくて，特に大きな位置を占めていなかったのかもしれない。Bの問題がなければ，家族からAさんの意見や判断を求められることもなかったのではなかろうか。Aさんは，美人の可愛い花嫁から，2人の子どもを育てているひとりの母親に成長し，ひとりの女性として，人間として，自分の人生を生きていく。そんなAさんの内面から生きている物語として，この面接を聴いていくとき，その人のこころに少しでも近づけるのではないかと思われる。

　日本文化の色濃く残る伝統ある場所で，戸惑いながらも精一杯生きてゆくAさんの物語を母親カウンセリングという場面でご一緒させていただけたことを，一人のセラピストとして感謝したい。

■文　献

土居健郎（1992）．方法としての面接──臨床家のために．医学書院，pp.49-60.
河合隼雄（1993）．物語と人間の科学．岩波書店，pp.38-43.
岸本寛史（2005）．『バウムテスト第三版』におけるコッホの思想．山中康裕・皆藤 章・角野善宏（編）バウムの心理臨床〈京大心理臨床シリーズ1〉．創元社，pp.31-54.
岸本寛史（2007）．表現としての描画．臨床心理学，**7**(2)，151-157.
岸本寛史（2010）．臨床に生きるバウム．臨床心理学，**10**(5)，645-650.
Koch, K. (1957). *Der Baumtest: Der Baumzeichenversuch als psychodiagnostisches Hilfsmittel.* 3. Auflage. Bern: Hans Huber. 岸本寛史・中島ナオミ・宮崎忠男（訳）(2010). バウムテスト 第3版──心理的見立ての補助手段としてのバウム画研究．誠信書房，pp.42-43.
村瀬嘉代子（2006）．生きられた時間を求めて．滝川一廣・青木省三（編）心理臨床という営み．金剛出版，pp.123-125.
山中康裕（1978）．思春期内閉．中井久夫・山中康裕（編）思春期精神病理と治療．岩崎学術出版社．In (2001). 山中康裕著作集第1巻　たましいの窓．岩崎学術出版社，pp.184-200.
山中康裕（2001）．山中康裕著作集第2巻　たましいの視点．岩崎学術出版社，pp.20-22.

第3部

バウムテストの展開

第11章
急性期病棟における
バウムというコミュニケーション

■ 成田慶一

第1節　はじめに

　医療における医療者と患者の関係というものは古くて新しい問題である。「病気を診ずして，病人を診よ」とは，日本初の医学博士である高木兼寛がおよそ100年前に述べた言葉であり，学問や研究が優先される風潮に流されない医療者を育てたいという高木の理念を伝えるものとして，成医会（のちの慈恵会）の標語としても受け継がれているものである。同じような反省がさまざまな文脈で繰り返されたものの，実際の医療現場では高度で複雑な医療の実践が求められ，また限られた時間で多数の患者を診るために，医師も看護師も十分なコミュニケーションの時間を確保することが難しい。
　このような文化的・環境的制約を考慮したときに，医療というフィールド，特に急性期の病棟において臨床心理士が患者の傍らに立つとき，そこで患者の"そのひとらしさ"や"全体性"が表現されるような関係が始まる（もしくは，場が生まれる）ためには，いくつかの工夫が求められる。そこで本論では，バウムを活用することが，この点でどのように寄与するのかということについて，事例を示しながら考察をしていきたい。
　なお，本論は少数の事例研究ではなく，ある医療機関で描かれたバウム描画を列挙し，そこから浮かび上がってくるものを検討することを意図しているために，必然的に個別事例に関する詳細な情報には物理的な制約があることをお断りしておく。

第2節　急性期病棟で描かれた樹々

　本節で提示するバウムはすべて，筆者が勤務していた脳外科と整形外科が主の150床の救急指定民間総合病院において，入院中の患者さんがベッドで描いてくださった樹々である（外来移行後に描かれた図11-11を除く）。このバウムが描かれたコンテクストが本論の大きな特徴であり，バウムを臨床場面で用いる上での非常に重要な理解につながってくることに留意されたい。

　筆者はこの病院で初めての臨床心理士であり，病棟患者を中心に心理的なサポートをすることを目的として配置されていた。普段は3フロアある混合病棟を週に2〜3回の頻度で巡回し，医師より指示／依頼のあった患者，もしくは看護師より問題点を報告された患者に配慮をしながら，1人当たり数分（最大で30分程度）の話をベッドサイドで伺うというのが，日々のスタイルとなっていた。このような巡回を行っていく中で，その日の気分や，前日の寝心地などについて少しずつ自分の言葉でお話しをされるようになった頃に，「今日は，実のなる木を描いていただきたいのですが」と持ちかけることが当時の基本的な流儀であった（成田，2009）。（以下，セラピストをTh，クライエントをClと一部略記）。

事例：Aさん
年齢：70代前半（女性）。入院事由：脊椎圧迫骨折。
　MRI検査にて腰椎の圧迫骨折が確認され，髄膜腫か脊椎腫瘍の疑いにて精査となったAさんは，脊椎に腫瘍があるということに強い不安を感じ，本当は悪性腫瘍（癌）であって，家族や院内スタッフは真実を語っていないのではないか，と気にするようになった。薬剤の副作用などに対するこだわりや不安も強く，病院スタッフとのコミュニケーションがスムーズに進まないことが病棟で問題となっていたため，筆者が病棟巡回で関わり始め，数回目の訪室の際に表現を求めてバウムテストを実施した。
　バウム（図11-1）：　Aさんは描画後にこのバウムが「だいだいの木」であり，「畑の岸や角に一本だけ生えている感じ」とイメージを広げたのに続け

て，次のように語った。「私はね，小さい頃は内海の小島で育ったのよ。お医者のいない島でね。だから風邪をひいたときの薬はだいだいと砂糖のお湯割りだったのよ。雪の日にね，外で炊飯をしていたときに滑ってしまって，鍋のフチで右頬を切ったことがあって。ほら大きく跡が残っているでしょう？でもね，医者がいないところだったから，まじない師のおばあさんに治してもらったの。きれいに治るかわからないって言われたけど，マシなほうね」。

その後，少しずつ不安が語られなくなり，看護師らとも話をする機会が増えていったが，バウムを描いて数カ月後にAさんは，「こんな風になったのは若い頃に重いもんを担いだりしていたからかな。でも，同じような仕事をしていても，腰が悪くならない人もいるから，これは自分の宿命だろうね。自分で背負わないといけないものだろうなと思う。主人にも迷惑をかけているから，家に帰ってご飯を作ってあげたい。完璧じゃなくても，そういうことがなんとか出来るくらいには治りますようにって，空に向かって願ってるんです」と語った。

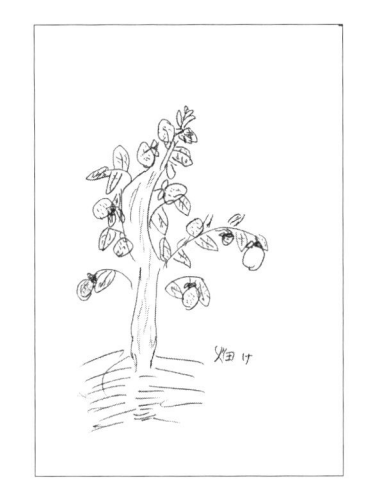

図11-1　だいだいの木

事例：Bさん

年齢：70代前半（女性）。入院事由：脳梗塞。

脳梗塞にまつわる詳細な経緯は筆者が記録を持っていないため不明。入院後間もなくの巡回の折に，他の患者より「お話を聴いてくれる先生」と紹介をされて，自然と関わりが始まった。

バウム（図11-2）：紙面右上に丸い実を描くところからはじめる。すぐに実についているヘタの形とへそのバツ印で柿の実とわかる。短い枝を描き足し，幹を上から下へ引いていく。その後，枝を2本伸ばし，実と葉を描き足す。全部で実も葉も分枝も5つずつ。上向きの枝は行き先なく開放のまま。右上の枝は実を付けず，葉のみ。右下の枝は一線枝で，最初の柿の実とつながっ

ていない。根部と大地表現は無し。連想を伺うと、「この木は一本だけで田舎の庭に生えていて、高さは4～5m。季節は秋…人生の秋ね。寂しい。でも紅葉がきれい」と語る。また「以前日本画を描いていたことがあって、青柿を描こうとした際、先生に赤く上塗りされてありふれた絵になってしまったのが残念だった」という。

バウムを描いていただいた後は、「八卦見に、78歳くらいで亡くなると言われたことがあって、年齢が近付いてきたので心配している」といったことや、「入院中は夫の食事の世話が出来ない」といった懸念などに

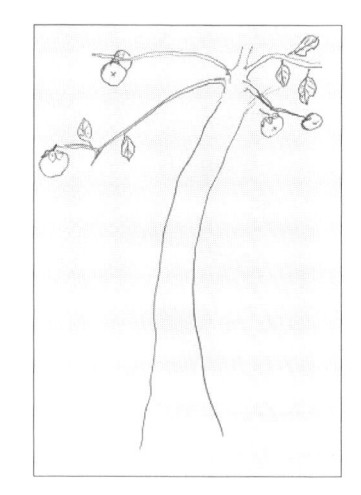

図11-2　柿の木

ついてThに訴えた。Bさんにとっての考えるべきことをThと話しながらご自分なりに整理され、次第に「78歳って平均寿命くらいよね」といった具合に収められていった。その後は輸液加療後にリハビリを開始され、日常生活動作（ADL）が拡大した頃に退院となった。

事例：Cさん

年齢：60代後半（女性）。入院事由：両下肢脱力，高血圧症。

入院中であったCさんは非常におとなしい方で、医療上必要な関わり以外には、病棟スタッフも特にやりとりをせずにいた。ある日、医師の病棟回診に付き添っていたThに、後で聞きたいことがあると訴え、時間をおいて訪問したところ、不思議な体験をしたので聞いてほしいとのことであった。伺うと、「数日前に、朝方になって目が覚めてトイレに行こうとしたところ、ベッドの下がすべて水面に見えて、足を置いたら沈んでしまいそうで、怖くてトイレに行けずにもう一度寝た。もう一度目覚めたら、普通に戻っていたが、あれは何だったんだろうと気になる」とのことであったので、アセスメントも兼ねてバウムを描いていただいた。

バウム（図11-3）：教示直後にThが別件で呼び出され、一旦その場を離れた10分ほどの間にご自分で描かれていた。連想を尋ねると、「夫が持ってい

た盆栽みたい」とのお返事。

　Thには，かすかな筆致で描かれ，草葉のようにも見受けられるこのバウムの立ち姿が非常に印象的であった。このイメージから，病棟の看護師らにはCさんの意識状態が時折不安定になっている可能性も考えられるので，何かエピソードがあればカルテに記録を残して欲しいとお伝えし，注意しながら見守った。その後は「不思議な体験」については，「あれからは起こっていない」と述べ，少しずつ笑顔が見られるようになっていった。数週後に治療の終了とともに退院。

図11-3　無題

事例：Dさん

年齢：50代前半（男性）。入院事由：肝不全。

　X－5年に腹腔鏡下胆摘術を受けられたが，その後総胆管の損傷が明らかとなり，開腹しての総胆管空腸吻合術を受けられた。手術から数年後，吻合部の狭窄による閉塞性黄疸と肝不全により，入退院を繰り返すようになった。

　Dさんの入院中に病棟看護師より，イライラしていることが多く，とりとめのない話が長くなりがちなので困っているとThに訴えがあったため，病棟巡回の中で関わりを始めた。数回目の面接でバウムテストを実施した。

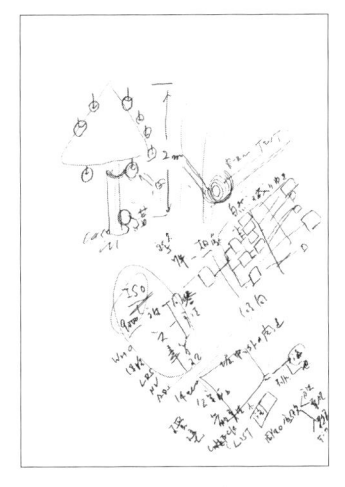

図11-4　りんごの木

　バウム（図11-4）：紙面の左側に並行の幹を描き，その下部に半円を加え，正三角形様の樹冠を素早く描いたのち，三角形の辺に沿うように「りんごの

実」を8個描いた。その後，幹上部に短い曲線を描き足した。質問段階では，この短い曲線は「りんごの木を守っている門番の蛇」だと答えた。その後，高さやこの木の様子などの連想イメージについてThが質問すると，その質問に答えながらバウムと紙面の周りの空白部分にどんどん自分の思うままに書き込んでいかれた。そこでは，Dさんがこれまでに関わってきた仕事についての単語や図が並んでいた。

また，Dさんの主治医にこのバウムをお見せしたところ，「まるで彼が受けた手術の説明をしているイラストに見えた」と，外科医の視点からも身体的なイメージがそこに読み取れることが言及された。

事例：Eさん

年齢：50代後半（女性）。入院事由：頸椎ヘルニア，両上肢感覚障害。

長年糖尿病を患っておられたが，徐々に血糖コントロールが悪くなり，1年前より入院にてスライディングスケールを用いたインシュリン治療を数回受けておられた。数週間前より両手の第3指〜第5指にかけてしびれが強くなり，日常生活にも支障が出始めたため，整形外科を受診。MRIにて頸椎ヘルニアの診断で，入院となった。にこやかながらも，不安がちで引っ込み思案な雰囲気に見受けられたため，Thの方から病棟巡回の際にお声かけしながら関わった。数回目の訪室で，バウムテスト実施。

図11-5　無題

バウム（図11-5）：紙面中央，平行に描いた樹幹に3筆で樹冠を描く。上から左右左右と交互に一線枝を描き，根部に6本の線を付け加える。眺めながら，枝に葉を数枚ずつ描き足して終了。バウム描画の直後に，お話を伺っていたところ，「手がいつも冷たい。擦っても手袋をしても，冷たく感じる」と訴えた。

その後，少しずつご自身で感じられるからだの感覚について報告されるよ

うになり，ご家族のことなどを交え，自身の生活スタイルについて振り返りながら治療を継続された。

事例：Fさん

年齢：70代後半（女性）。入院事由：意識消失発作。

意識消失にまつわる詳細な経緯は筆者が記録を持っていないため不明。病棟を巡回している中で，同じ病室の患者同士でお話もされ，笑顔を浮かべてはおられるが，おぼろげな雰囲気と，時折垣間見せる不安な表情が気になり，Thからお声をかけて，その日の気分や体調を伺うといった関わりを続けた。関わり始めて1週間後にバウムを依頼。バウムと同日に行った抑うつ尺度では，軽度〜中等度の抑うつ状態の得点であった。

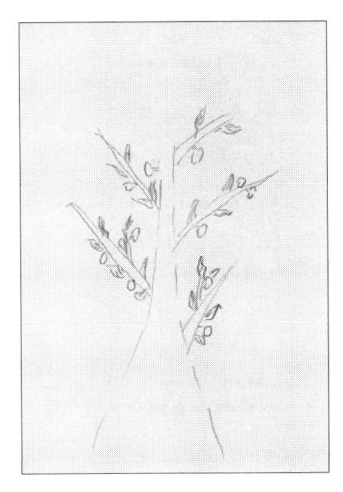

図11-6　柿の木

バウム（図11-6）：3 cmほどの直線を紙面上部からすそ広がりに途切れ途切れで引いていく。幹半ばから三角フラスコのように根部へ向かって広がる幹は上下端とも開放。幹から連なる分枝は先が鋭くとがっていて，葉と実をつけている。連想を伺うと，「田舎の里，よその家の近くに生えている木。周りにも同じような木はたまたまある」とのこと。田舎は疎開先の隣県のイメージで，この病院に疎開先で一緒だった人が入院中との話をされた。

まずThには，このバウムの幹線とFさんのおぼろげな雰囲気が重なっているように感じられた。また，境界で囲まれておらず，あちこちから刺激が侵入してくるような無防備な姿から，不安な表情が思い出され，途切れ途切れの不連続な線に表されている何某かをどこかでつないでいけないだろうかと思いながら関わった。

その後は突然の胸痛など，Fさんの不安を助長するような身体症状が時折生じていたが，週に3回程度巡回でお会いしながら，ご本人の訴えに耳を傾け，経過を共有することで，不安が増悪したり，大きな問題につながったり

することなく入院生活を送ることができた。

事例：Gさん

年齢：80代後半（女性）。入院事由：大腿骨頸部骨折。

骨折にまつわる詳細な経緯は筆者が記録を持っていないため不明。入院期間数カ月に渡る中，巡回の折にGさんの方からよく話しかけてこられ，自然と関わりが始まった。

バウム（図11-7）：40分程度かけて丁寧に描画。掛け軸の絵のような和風の筆致を感じさせる。柔らかく，短い単線を重ねて幹の輪郭を描く。幹の左側のしな垂れるような枝には小さな実を描いていき，「つぶ

図11-7　柿の木

柿。小さい，すこし長細い実がなるんよ」と説明。この木は以前住んでいた家の庭にあった木。その家から引っ越す際に，八卦見から「あなたには，よくしてもらった前の家の神様が付いてきている」と言われたと語った。また，入院中に毎朝行っているお祈りについてThに話しながら，自分の信心の確かさを大切にしておられるようだった。Gさんは退院後も通院しておられたが，待合いでお会いすると簡単に近況を伺うといった関係が続いた。

事例：Hさん

年齢：40代（女性）。入院事由：交通外傷，急性ストレス障害。

車を運転中に後続車より追突。その後徐々に，頭痛・頸部痛・背部痛，腰痛・嘔吐などが出現。3日後の意識消失発作で別の病院に搬送。その後，症状継続するためThの勤務する病院へ紹介入院。入院時より，めまい・吐き気を認め，不安症状・不眠が見られたため，主治医（外科医）よりThに依頼。カルテ上は急性ストレス障害として介入開始。

バウム（図11-8〜図11-10）：1枚目は「外傷ではないからどうなっていくのかわからない」「医師は大丈夫大丈夫というけど，このしんどさがわかって

図11-8　この木なんの木　　図11-9　しゃわしゃわ〜と　　図11-10　大木
　　　　　　　　　　　　　　　　　　した木

もらえていない感じ」と訴えた初回面接時に描かれたバウム。その後，不安症状に対するセルフコントロールとして，自律訓練法を導入した2週間後，まだ日常生活のリズムにはついていけないことを実感していた時期に描かれたのが2枚目。その後約半年の臨床心理面接において，幼少期の出来事，家族のこと，仕事のことなどを振り返りながらイマジネーションを介した関わりを行った。交通外傷の後遺症が落ち着いてきた面接最終回に，「この濃かった180日で，人生に対してのものの考え方を学んだ気がします」と感想を述べた後に描かれたバウムが3枚目である。

事例：I さん

年齢：20代（男性）。入院事由：交通外傷，びまん性軸索損傷。

交通外傷にて受傷し，救命救急へ搬送。上下顎骨折，右大腿骨骨折，びまん性軸索損傷，遷延性意識障害が認められた。鎮静化で挿管され，数カ月にわたりICU管理。その後，筆者の勤務先へ転院となった。入院時は，せん妄様の興奮状態が続き，抑制が困難であり，意思の疎通は不可能であった。甲高い叫び声を上げ，四肢を大きく動かし，ベッドから転落の恐れもあったため，身体抑制を行いながら様子観察を続けた。4週後より，徐々にコミュニケーションらしきものが始まり，8週後に高次脳機能評価，リハビリとの連携目的で臨床心理士の介入が始まった。WAIS，FABなどの神経心理学検査で

は，中等度〜重度障害域に入るスコアで
あった。

　バウム（図11-11〜図11-12），風景構成
法（図11-13）：介入から2週目に描かれた
1枚目のバウムは，「バナナの木。人より
30cm高いくらい，山の中に生えていて，こ
の木だけちょっと離れている。樹齢は10年
くらいで，もっと大きくなって，バナナも
大きくなっていく」との連想を語った。〈他
に何か付け加えたいものはありますか？〉
との問いかけに，「穴を開けたいな」とウロ
を描き足したが，「ヘタだな……，アカン，
言うこときかない」と残念そうなそぶりを
見せた。その2週後に描いたバウムは幹先
端部が思うように描けず，消しゴムで消し
たところで中止。風景構成法は，アイテム
がまばらで，かろうじて景色になっている
という印象を受けた。

　バウムを描いている様子からは，認知機
能の一部に事故の後遺症が残存しているこ
とが窺われた。描画の最中には，頭に浮か
んでいるイメージと，実際に描かれた線や
形にギャップを感じているようであり，「お
かしいな，あかん。どうしたらいいのかわ
からん」と手が止まってしまいがちであっ
た。この時期にはリハビリを行っている際

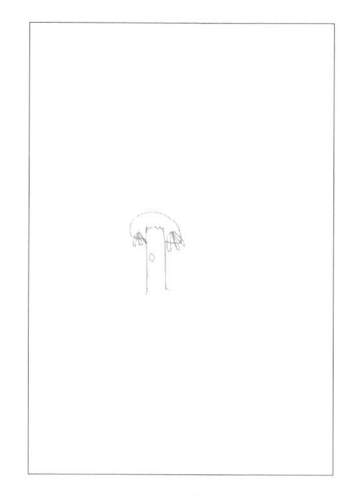

図11-11　バナナの木

図11-12　無題

にも，Ｉさんは同じような戸惑いを口にしていたため，理学療法士や言語聴覚
士と協議し，いましばらくの間は不安や戸惑いを乗り越えるように励ますと
いうような声掛けではなく，どのような感覚のズレが生じているのかを共有
しながら，訓練内容をともに考えていくような支援をしていくことを取り決
めた。

図11-13　Iさんの風景構成法

　その後もIさん本人と話をすると，「事故はしたらアカンね。こんなになっちゃう」と後悔の念を語り，自分のさまざまな機能に障害が出ていることに戸惑いと不安を語った。また，ご家族においては記憶が錯綜しているIさんが時折事実と異なる話をすることに，「嘘をついている」と感じて，コミュニケーション・トラブルにつながっていることがあったため，風景構成法でもアイテムがまばらであったことを喩えに出しつつ，「記憶がまばらになってしまうようなときには，記憶の隙間を埋めるための脳の補償機能として，作話がみられる可能性もある」とお伝えし，Iさんが過ごされている主観的な世界について，ご家族の理解につながるように援助を行った。

第3節　バウムが伝えてくるもの

1. 生きてきた時間と空間

　　バウムを医療の現場で描くということは，「患者」としてではなく，「わたし」というあり方を伝える行為に他ならない。（成田, 2009）

「身体的な問題のために，病院に来て治療を受けている」と思っている「患者」は，社会的・文化的な文脈も複雑に影響してであろうか，医療者とのコミュニケーションにおいて話題にすることが非常に狭い範囲に限られてしまう。しかしながら，深い次元を含めて身体的な問題と取り組む上では，心身症という概念を引き合いに出すまでもなく，その個人の生活スタイルや価値観，医療に対する動機づけをはじめとして非常に複雑な心理・社会・霊的な問題が絡み合ってくる。そこで，その患者を取り巻くさまざまな事態がどのように布置されているのかを見立てるために，心理療法の流儀に倣うならば，主訴や問題の経過，生育歴などについて共有していく必要があるわけだが，これが実際の医療場面では一筋縄ではいかないのである。

　言い換えれば，セラピストがどのように患者と出会うかということに尽きる。両者がうまく出会えたならば，必要なことは自然と共有されていくように面接が展開することもある。しかし筆者が勤務していた急性期病棟では，常に1回の面接に50分掛けられるわけではなく，ベッド数150の病棟を週に2～3回巡回しながら，心理援助の必要を拾っていくといったスタイルだったので，いかにスムーズに見立てを行いうるかということは，業務上の実際的な要求（問題）であった。そこで有用だったのがバウムテストだったのである。というのは，バウムなしで語られるものといえば，一にも二にも客観的物質としての身体についてであり，その個人が生きてきた歴史とでも言うべき時空間を含んでいない，せいぜい現症歴程度の時空間しか含まない身体についてであった。そのような話題に留まっていたところに，バウムを描いてもらうという手続きを経たところから，突然関係の位相が異なる次元へと導かれたかのように，ごく自然な流れの中で幼少期を語りだしたり，原風景に思いを馳せたりする場面に遭遇することが少なくなかったのである。このような体験は岸本（1999b, 2007），秋本（2007），中ら（2008）も報告しているが，これらに共通するのは医療場面での描画・表現であることは非常に興味深い。ユングのエナンチオドロミア（enantiodromia；Jung, 1921）も，リーチの時間論（Leach, 1961）も対極性を重視することに鑑みれば，医療場面で絵を描くという非日常的な文脈，バウムが持っているイメージとしての自律性（河合, 1991），医療における臨床心理士の立ち位置といった諸々の条件が重なり合い，この対極性を生じさせていると考えることができるのではな

いだろうか。そして，そのような対極性が現実の医療場面で具体物として目の前に現れたとき，心理臨床の時間が動き出すと考えられるのである。

　実際に提示した事例の中では，Aさんのだいだいの木，Bさんの柿の木，Fさんの柿の木，Gさんの柿の木は，特にこの点で顕著なバウムと言えるだろう。それぞれの描画後の連想において，その方の人生の中で大きな意味を持つ，出生地やライフイベントについて語りだしていることが，短い引用からも窺えると思われるが，これらが自ら描いたバウムをきっかけとして動き出した自己イメージであることに注目することができる。このような自己イメージがTh-Cl関係の間で抱えられると，Clは身体的な問題を「疾患（disease）」や「病気（sickness）」のみならず，「病い（illness）」としても語り始める（Kleinmann, 1988）。このことにまつわるリスクについては，Thが自覚的でなければならない点であるが，クラインマンが言うように，人が医療を受ける体験にはこの3側面が必然的に生じるため，「全人的医療」を実践するのであれば，このような患者の主観的体験（イメージ）世界へのコミットメントをともにする覚悟を，まずはThがする必要がある。そして，目の前の患者がそこに援助の必要を感じているかどうかを見立てつつ，啐啄同時の絶妙なタイミングを計るように待ちたいものである。

2．無意識的身体心像

　　　医療場面で表現される様々なイメージ（心像）には，描き手が意識していない「客観的な身体水準の出来事とパラレルな無意識的イメージ」が含まれることがある。（岸本，1999）

　医療場面における患者の表現（描画はもちろんのこと，夢やヴィジョンについての語りを含む）の中には，本人がそれと意識せずに，非常に具体的な身体についてのイメージが含まれることがある。山中（1985）は，患者の一見取りとめのない語りから，癌の転移を疑うに至った事例を紹介し，これを無意識的身体心像と呼んだ。ユング派分析家のスーザン・バッハ（Bach, 1990）も，スイスでの20年以上にわたる小児医療での経験から，患児が描く「自由画が心理的な内容ばかりでなくからだの面をも表現」することがある

ことを報告している。これらの視点を治療に活かす試みについては，岸本（1999b）が血液内科での白血病患者との関わりを中心としてまとめている。

第2節で上げた事例の中では，Aさんの「だいだいの木」の樹幹に陰影が描かれ，ぐいと曲がっている姿に，脊椎の腫瘍と圧迫骨折のイメージが重ねられ，Dさんの「りんごの木」には，三角形の樹冠に肝臓のイメージが，「門番の蛇」には総胆管の損傷ないしは狭窄のイメージが重ねられる。また，Eさんのバウムは樹冠が人間の頭部のような雰囲気を持っており，細々と描かれた枝と幹と連続していない根には，糖尿病性末梢神経障害でしびれと冷感を感じておられる様子がバウムに重なって見受けられる。Iさんについてはバウムではないが，風景構成法に注目するならば，遠景に連なる山々が，中近景のアイテムとうまくつながっていないようにみられる点に，Iさんが受けた頭部外傷による軸索損傷（大脳白質部，神経信号を伝えるニューロンの連絡繊維，いわば通信ケーブルの損傷）のイメージが読み取れる。

このような無意識的イメージは，その偶有性に対して傍観者的に驚くためにあるのではない。無論，このイメージをどのように臨床的・治療的に活かしていくかが論じられるべきであろう。まず，無意識的身体心像を（医療をフィールドとする）Thとしてどのように受け止めるかについては，さまざまな学術領域における夢についての理解が参考になる。長らくニューロ・サイエンスの領域では，夢は脳のランダムな生理的活動の産物に過ぎないという学説が受け入れられてきた（Hobson & McCarley, 1977）が，ソームズ（Solms, 1997）らの丁寧な検証により，改めてSeekingシステム（Panksepp, 1998）と夢見が関連付けられ，動機づけや外界への関心と夢が密接な関連があることが科学的にも理解されるようになって来たのである。ここでようやく，夢に対する深層心理学的な理解戦略を医療現場（筆者の場合は，脳神経外科など）に持ち込むことが後押しされることになったのであった。

ここで，もともとフロイト（Freud, 1899）が挙げた4つの夢の源泉のうちの一つが内的身体刺激（internal physical stimuli）であることが思い出される。そこでも夢という無意識的なイメージに対し，必ずしも意識化されない内部身体感覚が影響を与えることが想定されているが，まさにこの影響を与えているものがバウムという「留め金」に引っ掛かると，無意識的身体心像が形をとって現れると考えられる。つまり，夢のモチーフについても拡充し

ながらその意味を思い巡らしていくプロセスが治療的に働くのであれば、このバウムに現れる身体的イメージについても同様のアプローチが臨床的に機能する可能性があることになる（Kishimoto et al., 2011）。このような視座からは、バウムを単なるテストとして用いるのではなく、潜在的な身体体験を伝えるものとしてみなし、いかにその「病い（illness）」を生きることができるかということを支援する際の、医学的イメージ（CTやMRIなどの客観的画像）を補完する主観的なイメージとして重視することができよう（平尾、2011）。

3．哲学の木

> 人間そのものに錬金術を施すと、その者は木に、もしくは擬人的な木になる。（老松, 2009）

バウムを臨床事例研究において用いるときに、心理療法のプロセスを表すものとして用いられることがある（例えば、永田, 2003；角野, 2005など）。先に示した事例の中では、Hさんが描いた3つのバウムがそれに当たるだろう。ユングも同様の見方をしていたことは、『哲学の木』（Jung, 1954/2009）という書物にも見ることができる。しかし、ここで指摘しておきたいのは、ユングがバウムテストをやっていたわけではないということである。ユングは、夢やアクティヴ・イマジネーションを含めた心理療法の中で展開する「自由な創造的ファンタジーによる自発的な産物」の中に頻繁に樹木のイメージが現れてくることを報告しており、それらが神話や後に研究した錬金術のモティーフと関連していることについて述べたのであった。一方でバウムテストとして実施された場合も、同様の視点で理解することが可能なものが伝わってくることがある。以下では、図11-8〜図11-10のバウムをめぐってセラピストとして体験したバウムについて述べ、考察を加えたい。

図11-8は初回に描かれたバウムで、いわば自己紹介といった面持ちである。このときHさんは医師に、「このしんどさがわかってもらえていない感じ」だと訴えた。しかし、このバウムを拝見してThとしては、〈医師がそのような反応をするのは無理ないかもしれない〉という印象を受けた。牧歌的

な明るい雰囲気が伝わってきて，カルテに特たる病歴の情報がなかったことからも，これまでに大きな病気などをなさってこられなかった健康的な方かもしれないと思われた。一方で，上部のまとまり具合に比べると，根部が下に向かって開放しており，意識されていないもの，流れ込んでくるものなどがこの領域には潜在しているのかもしれないと思われた。

　図11-9については，一見して，後続車から追突された交通事故の体験が連想された。また，右側の樹幹線が地面線に接地しておらず，根から抜けそうな危機感，もしくは嵐に耐えうるかギリギリのところで，人が片足立ちになって懸命にバランスを取ろうとしているような姿にも感じられた。このバウムを描いた直後に交わされたやり取りの中で，Hさんが「自分のために"その場に流される"ことはしない」と決意を語ったことに，地に足をつけようという意識がHさんの中に生まれたような気がしたのだった。

　図11-10は，裸の木ではあるが，それまでに描かれていなかった根部が力強く描かれたことに目が止まった。そして，このバウムについてHさんは「今は冬。春の芽吹きを待っている木」とイメージを付け加えた。この木は枝が未分化であった図11-8よりも枝を天空に伸ばし始めており，根部の表現と併せると，上下が対称的に描かれていることは非常に興味深い。北欧神話に登場するイグドラシルという世界樹（宇宙樹とも）は，点対象の曼荼羅様の構造を持つモティーフとして描かれることを思い出す。実りを生み出すところまではまだ時間がかかるかもしれないが，天と地をつなぐ中心としての，「人」というあり方に目が開かれたことの象徴的表現としてこの木を受け止めることは過剰な意味付けであろうか。

　このように，急性期の医療場面であっても，症状消失を目指すことに寄与するための心理援助のみならず，個人の内奥の深いところで動くものをともに考えていくような心理援助が展開することがある。そのとき，バウムは入り口としても，またそのプロセスを促進する一つのきっかけとしても，また幕が引かれるときのひとまずの評価としても機能することが，この事例には示されていると思われる。

　バウムはテストであって，テストではない。コッホもそれを承知していたからこそ，著書の冒頭部に『木の文化史』という長い論考を記したのであろ

う。バウムを発達検査として用いることの向こう側には，このような「哲学の木」が表現されるだけの懐の深さが隠されている。だからこそ，バウムテストは心理臨床に携わる人々を魅了して止まないのではなかろうか。

第4節 「メタ・コミュニケーション論」再考

　筆者は以前，「バウムはそれ自体がコミュニケーションのためのコミュニケーション，つまりメタ・コミュニケーションの地平として機能する性質を持っている。ところが同時に，そこには投影法的な心的内容（意味）が含まれているので，その他のメタ・コミュニケーションによって解読されるべき暗号文としての性質も有している」（成田，2007）と述べた。この2つの性質は相互反転しながら，新たな意味や気付きを生み出す動的なプロセスにつながっていくと考えられる。そしてそのことは，別の医療機関で異なる診療科の患者さんたちにバウムを描いていただいても同様の現象が生じることから，筆者にとっては確信的なバウムの性質である。今回提示したバウムももれなくこのメタ・コミュニケーションを生み出しているのだが，今回はCさんの事例について考察を若干ながら加え，Thに生じたプロセスを共有していただければと思う。

　前術の通り，Cさんのバウムを最初に見たThは立ち姿と筆致の不確かさが印象に残っていたのだったが，バウムの立っている地面の感触などに思いを馳せつつ，病棟の詰所に戻りカルテを捲っていくうちに，入院時の主訴とThへの訴えがある鮮やかさをもって結びついた。つまり，下肢脱力という症状をCさんがイメージの水準で主観的に体験したものが語られていたのかもしれないと思われたのである。それまでThには幻覚様体験やせん妄の可能性が頭に浮かんでいたが，中途覚醒時という意識状態が日常の覚醒度とは異なる状況下での身体的体験として理解することも可能であると考えられた。このことをCさんにお伝えすると，一つの可能性として理解を示されて，少しずつ不安な様子は薄れていった。

　このプロセスを少し強引にまとめなおすと，以下のようなことが言えるだろう。臨床的な事態というのは，複数の主観やナラティヴが，いくつもの次

元や側面において編みこまれていく複雑系であるが，そこで心理臨床を実践するためには，時折対立しがちな"主観と客観"や"こころとからだ"といった視点において，「どちらが真であろうか」といった問いの立て方を放棄し，ある閾値まで問いを続けることが求められることがある。そのときバウムは，Cl-バウム間の対話が，Cl-Th間のメッセージとなる言葉をつむぎ，それがTh-バウム間の共感や理解を助けるという具合に，まさにメタ・コミュニケーションとして，その動的プロセスを推し進めることに寄与すると考えられる。

■ 文　献

秋本倫子（2007）．"脳の傷つき"から"こころの傷つき"へ——脳・身体・心をつなぐ臨床心理学的な試み．東洋英和女学院大学心理相談室紀要，**10**，38-46．

Bach, S.（1990）．*Life Paints Its Own Span: On the Significance of Spontaneous Paintings by Severely Ill Children*. Daimon Verlag. 老松克博・角野善宏（訳）（1999）．生命はその生涯を描く——重病の子どもが描く自由画の意味．誠信書房．

Freud, S.（1899）．*Die Traumdeutung; The Interpretation of Dreams*（1913）translation of the German 3rd edition. New York: Macmillan.

平尾和之（2011）．神経精神分析（ニューロサイコアナリシス）——心理療法と脳科学のコラボレーション．臨床心理学，**11**(2)，282-286．

Hobson, J.A., & McCarley, R.（1977）．The brain as a dream state generator: An activation-synthesis hypothesis of the dream process. *American Journal of Psychiatry*, **134**, 1335-1348.

Jung, C. G.（1921）．Psychologische Typen; Adler, G., & Hull, R. F. C.（Translation into English）（1971）．Psychological Types. in *Collected Works 6*, Princeton, N.J.: Princeton University Press, 425-427.

Jung, C. G.（1954）．*Der philosophische Baum*. Zürich: Rascher. 老松克博（監訳）工藤昌孝（訳）（2009）．哲学の木．創元社．

角野善宏（2005）．病院臨床におけるバウム技法．山中康裕・皆藤　章・角野善宏（編）バウムの心理臨床．創元社，338-352．

河合隼雄（1991）．イメージの心理学．青土社．

岸本寛史（1999）．癌と心理療法．誠信書房．

岸本寛史（2007）．バウムが開くもの．大阪大学人間科学部心理教育相談室紀要，**13**，162-164．

Kishimoto, N., Hirao, K., Narita, K., Tanaka, S., Miyata, J., & Yama, M.（2011）．The Unconscious Body Image and Dreams derived from Internal Physical Source. 12th International Congress of Neuropsychoanalysis.

Kleinman, A.（1988）．*The Illness Narratives: Suffering, Healing, and the Human Condition*.

Basic Books. 江口重幸・上野豪志・五木田紳(訳)(1996). 病いの語り —— 慢性の病いをめぐる臨床人類学. 誠信書房.

Leach, E. R.（1961）. *Rethinking Anthropology*. London: The Athlone Press. 青木 保・井上兼行(訳)（1990）. 人類学再考 新装版. 思索社.

永田昌博（2003）. バウムテストに見る思春期心身症生徒の回復過程. 心理臨床学研究, **21**(1), 34-44.

中 晴美・成田慶一・岸本寛史（2008）. 脳梗塞を発症された60代男性の箱庭療法過程 —— 脳血管疾患における箱庭療法の可能性について. 日本箱庭療法学会第22回大会.

成田慶一（2007）. 試論：バウムというコミュニケーション. 大阪大学人間科学部心理教育相談室紀要, **13**, 156-162.

成田慶一（2009）. 脳梗塞を発症した中年男性への急性期病棟における心理援助 —— 医療と心理臨床をむすぶ複合的視点. 心理臨床学研究, **27**(3), 312-322.

老松克博（2009）. 木，錬金術，アクティヴ・イマジネーション —— 監訳者による序. C.G.ユング(著) 老松克博(監訳) 工藤昌孝(訳) 哲学の木. 創元社.

Panksepp, J.（1998）. *Affective Neuroscience: The Foundations of Human and Animal Emotions*. New York and Oxford: Oxford University Press.

Solms, M.（1997）. *The Neuropsychology of Dreams: A Clinico-Anatomical Study*. Mahwah, NJ: Erlbaum.

山中康裕（1985）. 老人の内的世界. 馬場謙一・福島 章・小川捷之・山中康裕(編) 老いと死の深層. 有斐閣.

第12章
動作訓練の経過とともにみるバウム画

■ 三浦亜紀

第1節　はじめに

　心理面接を行うにあたり，出会ったクライエントの方に生育歴などを伺った後，バウムテストを行うのが常日頃の臨床である。バウム画は，クライエントご自身を木に喩えられるほど重ねてイメージされ，木から滲み出る，その人らしさを見守りながら考え得る手立てを模索することになる。

　筆者は，動作法を行う際もバウム画をクライエントの方に描いてもらっており，身体の変化とともに心の変化もみるようにしている。心と身体のつながりを描かれたバウム画や動作法での身体の手応えなどから感じ取り，少しでもクライエントに寄り添い，役に立つことができたらと思っている。

　この章では，動作法を広汎性発達障害（Pervasive Developmental Disorder：以下PDDと表記する）と診断された中学生の女生徒と小学生の男児に行い，2事例について動作訓練とともに描かれたバウム画の検討を行い，心と身体のつながりについて考察する。援助者をトレーナー，被援助者をトレーニーと記した。

第2節　動作法の授業で行ったバウム画

《事例》
　筆者がスクールカウンセラーとして勤務する中学校において，数名の特別

支援学級の生徒さんに動作法の授業を行っており，授業に参加した女生徒Tさんの事例を取り上げる。

Tさんは軽度の知的障害もみられ，悪気はなく「デブ」や「ハゲ」などと，見たままを考えなしにどこでも言ってしまうところがある。しかし，素直で頑張り屋な面もみられ，中学進学時，自転車通学になるため，乗れなかった自転車へ乗る練習を自ら始め，小学6年生の卒業式後から中学入学までの間に乗れるようになったというエピソードを持つ。

1. 第1期（X年4月～X年7月）

A. バウム画①（図12-1） X年4月
「木を描いてください」と教示すると，「え～っ」と生徒さんが声を出し，Tさんは「はい，はい」と手を挙げ，「先生，どんな木でもいいですか？」と質問した。〈いいですよ〉と答え，他の生徒も自由に質問した。筆者は，生徒の机が並ぶ中央に立ち，全体をみるように個々の様子を見ていた。生徒の机は，一人ひとり離して置かれてあるが，キョロキョロする子もあるので，〈見ないで描こうね〉と伝えた。描いている様子を見ながら，注意の行く生徒さんに対し，侵入的にならない程度で描いている様子を見ていた。

図12-1　バウム画①　X年4月

Tさんは，画用紙に顔がくっつきそうなくらい顔を近づけて描いていた。まず大地をサーッと引き，勢いよく幹と根を描き，包冠した。そして，木の右側にお化けを描き，「できた」と大きな声で発言した。Tさんの元へ行き，一緒にバウム画を眺めた。お化けを指して，〈これは？〉と問うと，「お化け」と答えた。〈女の子のお化け？〉と問うと，「うん」と答えるのと同時に，他の生徒が「えーっ，お化け?!（Tちゃんって面白い）」と笑った。Tさんは画

用紙を手元へ戻し、ワーッと消しゴムで消した。〈消さなくてもいいよ〉と伝えると、一瞬手を休め、顔を上げたものの、またザーッと一気にお化けを消した。そして、お化けの代わりに幹中央へネックレスをつけた女の子を描いた。ウインクをしている。

大地はやや丸みを帯び、幹の線は真っ直ぐ並行であり、切断されたように見える幹上直を描いた。樹冠は、幹の左側から包冠し、クルクルとパーマのような正方形に近い形の葉叢冠を描き、幹左の描き始めのところへ戻るラインが、描き始めのつなぎ合わせのところで止まらず少しはみ出している。根は左側から描き始めていき、ギザギザと6つの尖った根を描いた。描き終わりのところでラインが幹の内側へ少し食い込んでしまった。この少しのはみ出しとズレのラインは、勢いよく鉛筆が走り過ぎてしまった結果と言える。これは、Tさんの日常生活と重なる面があり、皆よりも少しはみ出してしまったり、場の空気が読めずに少しズレてしまうところがあることと一致すると思われた。

女の子の絵については、初めに幹右側へ女の子のお化けを描き、そしてそれを消し、幹中央に女の子を描き直した。これは、女の子の位置が右から左へ移行し、出過ぎた部分を修正したとも考えられる。指摘から気づきを与えられ、修正することは個人面接では起こらないが、集団実施ではこういったグループワーク的な作用が引き起こされることもある。温かな指摘とも受け取れ、日常場面でも同様のことがみられた。少し出過ぎたことを言ってしまったり、行動をしてしまったとき、友達が注意をしてくれ、「あっ、そっか」と気づいて直していた。

真っ直ぐ並行に描かれた幹は、幼い印象を受ける。切断された幹はどのようなことを意味しているのだろうか。中学に入り、小学校の頃と生活が一変し、ルールに則った生活になったため、我慢が強いられていたことも関係しているかと推測される。幹上直を透けて見せるように描かれた樹冠や地面の中が透けたように見える根は、見るからに隠しごとがなく、すべてを曝け出しているかのように一見みえるものの、すべてを曝け出しているかのように見せる中に何か隠し持つものがあるかのように感じられた。

この透けて見える幹上直や根の象徴は、コッホ（Koch, 1957）による、「象徴とは、ありのままを見せながら同時に隠すものだから。バウムの絵と直観

で取り組むことは，魅力的であると同時に不十分なことである」という言葉に示唆を与えられる。コッホ（Koch, 1957）では幹上直について，女児の方が男児よりも多く描き，軽度発達遅滞者は6-7歳で27％の指標を示し，その後，15歳まで，20台後半～40％という値を示している。

B. 動作法の授業

動作課題は，躯幹ひねり，腕上げ，指先移動，前屈背そらせを行った。

躯幹ひねりは，側臥位になってもらい，トレーナーがトレーニーの腰周りを動かないようにブロックし，トレーニーの躯幹をゆっくり捻っていく課題である。

腕上げは，仰向けに寝てもらい，トレーナーがトレーニーの肘や肩をサポートしながら腕をゆっくり上げていき，上げ切ったところでしばらく腕を止めた状態にして，腕を真上に伸ばした後，上げた腕をゆっくり下げる動作である。瞑想の意味合いも含まれる。

指先移動は，腕上げの際の腕を真上に上げた状態でトレーナーの指先とトレーニーの指先をくっつけたり離したりしつつ，視線を合わせたり，交互凝視を意識しながらトレーナーが指先を誘導して動かしていき，トレーニーはトレーナーの指先の動きについていくというものである。指先移動は，自閉症児に対し，交互凝視や共同注意行動を促すのに有効とされ（森崎，2002），動作法は，意図するところへトレーナーとトレーニーが共同注意を意識しながら，努力して身体を動かしていくという身体運動の一連により，自閉傾向のある方にとっては身体への気づきや，一つの動作を共同で遂行するという二者関係の築きを促すものと考えられる（三浦・森崎，2007）。

前屈背そらせは，トレーニーに胡坐座で座ってもらい，トレーナーは胡坐座を取り，トレーニーの背後からトレーニーの胡坐座の太腿にトレーナーの足を乗せ，トレーナーの足の膝をトレーニーの背中につけて，ブロックした状態で，前屈を促し，前屈から起き上がった際，そのまま背そらせに移行していくものである。背そらせの際は，トレーナーが両手でトレーニーの首をサポートする。その際，トレーニーが安心して身を任せ，背そらせを行えるとトレーナーに「お任せしてくれた」と捉える。動作法の詳細については，動作法関連の書籍を参照にしていただきたい。

Tさんの身体はとても硬く，躯幹ひねりでは，「痛い，痛い」と言いながら，降参を示すように「バンバンバンバン」床を叩いた。腕上げは，腕が真っ直ぐ上げられず，肘が曲がってしまい，ロボットのように動かした。腕を超スピードで動かし，真上から腕を戻す際に「パタン」と床へ腕を投げるように落とした。指先移動では交互凝視は可能であり，チラチラと視線を合わせたが，見つめ合うことは難しかった。前屈はとても硬く，80度くらいのところで「痛い痛い」と騒いだ。腰周りが特に硬く，右尻が浮く。

背そらせでは，ビクビクした様子で「痛い」と言いながら床を叩いた。お任せはできず，頭を起こしたままであった。こちらの意図を感じ取り，遂行することが難しい。しかし，少し慣れてくると，おならがたくさん出るようになり，躯幹ひねりや腕上げで気持ち良さが感じられるようになった。初めて気持ち良さが感じられたときは，目を大きくして「気持ちが良い」と言った。気持ち良さを感じるようになると，ウトウトしてしまうことがたびたびあり，いびきをかいて眠ってしまったり，腕上げの際，自分の腕が顔の上に落ちて目が覚めるような場面もみられた。

2. 第2期（X年9月〜X＋1年3月）

A．バウム画②（図12-2） X年9月

Tさんは，何でも一番にやり遂げたいと競争心を剥き出しにしていた。バウム画は，大地がやや丸みを帯びており，幹はとても太く，全体がやや右寄りである。根も太くて大きく，縦長に5つ描かれた。根と幹の間の大地のラインが重ねて引かれた。樹冠は左側は丸みを帯びているが，右側は丸みを帯びていないので，少し歪な形に見える。幹の左側には，体格の良い女の子を描写した。

全体的に少し乱雑な印象を受ける。

図12-2　バウム画②　X年9月

皆よりも一番に描き終わりたいと必死になっていたので，雑になってしまった。幹は，1枚目のバウム画同様，真っ直ぐ平行に引かれ，頑なな感じがし，非常に太く，大きく描かれ，勢いが良過ぎて大地よりも下にはみ出してしまっている。切断された幹上直は，1枚目のバウム画同様，幹上直を見せるようにして樹冠を描いている。

　樹冠を描き始める際，幹の左隅から描き出しており，描き終わりに描き始めとつなぐラインははみ出していないのだが，描き始めが幹の左隅から始まっているため，樹冠や幹へはみ出しているようにみえる。落ち着いて取り組めていないことが窺える。そして，幹左に笑っている女の子が描かれ，大きな手を広げている。女の子は先回，幹中央に描かれ，消される前は幹右側に描かれていた。今回は，幹左へ移行しており，内向化を示していると考えられる。体格の良い女の子は，Tさんを想起させる。

B．バウム画③（図12-3）　X＋1年1月

　画用紙を横向きにし，落ち着いた様子で取り組んでいた。紙面が横向きであるため，大地のラインは横へ長く，丸みを帯びて引かれ，幹は中央に描かれた。幹は大地に近づくにつれ，太くなった。根は幹の曲線に見合った，なだらかなものであり，ギザギザギザと太い根が7本描かれた。樹冠は，モクモクと雲のようにふわりと描かれ，やや右上がりである。

図12-3　バウム画③　X＋1年1月

　筆圧が以前よりも弱く，ラインも柔らかいものとなった。真っ直ぐ平行に引かれていた幹は大地へ向かうにつれ，太くなり，円錐幹が描かれた。切断された幹上直が消え，雲状冠が幹に被さった。女の子の絵も描かれなかった。ズレについては，根を左から描いていき，描き終わりの幹右側のラインとつなぐとき若干生じている。この木からは，優しさや献身的な感じを受ける。

実際の日常場面でも、友達が泣いていると自分のハンカチを取り出し、友達に差し出す場面がみられるようになった。

紙面を横に使用したことは、よく考える必要があると思われる。コッホ（Koch, 1957）は、「描き手が表現しなければならないもの（バウム）が、描こうとする紙面の制限を受けて、決まってくるからというよりも、描き手固有の心的空間に規定されているからである」と言及している。木は中央に、全体のバランスが良く描かれており、やや右上がりに樹冠が描かれ、風が吹いているかのようにみえる。

C．動作法の授業

先回の動作課題に膝立ち、片膝立ち、立位課題を加えた。また、躯幹ひねりをトレーナーとトレーニーの役割交代をして、お互いにどちらの役割も体験するようにした。

膝立ちは、拳一つ分の膝を開いた姿勢で膝立ちをし、前後左右へと重心をゆっくり移動させ、重心の移動と踏みしめをしていくものである。また、骨盤を寝かした状態から起こすように、腰を入れて落とす動作も行う。

片膝立ちは、片方の膝を立て、もう片方の膝を床に着けて、ゆっくり前傾していく動作である。片方の立てた膝は90度くらい曲げ、もう片方の床に着けた膝は足の甲を床につけ、足先を立てずに足の指を床に寝かす。片方ずつ左右の膝をゆっくり前傾していき、次に前傾した状態からゆっくり起き上がる。バランスを取り、踏みしめを行う。

立位は、立った姿勢から腰を落とし、相撲取りが四股を踏むときのように重心を落としながら、足全体でしっかりと踏みしめを行い、重心を左右に移動する動作である。

この時期くらいから動作課題の型を覚え、本格的に動作法がやれるようになった。

躯幹ひねりでは、息をゆっくり吐きながら止めることができるようになり、弛め方がわかるようになったが、すぐに眠ってしまうことも続いた。また、独りの世界に入ってしまい、『トイストーリー』のビデオの落書きが面白かったと、急に思い出して笑うようなこともみられた。PDDのお子さんに動作法をする際、こういったことはよく見られる。役割交代で躯幹ひねりをやって

もらい，身体の感じを聞くと，「うーん，わからない」と初めのうちは，力任せにギュウギュウと押さえ，とても痛かったが，次第に気持ちが良いとこちらが感じられるようになった。

腕上げでは，少しずつゆっくり行えるようになり，パタンパタンと倒れる仕草はしなくなってきた。

指先移動では，トレーナーの指先へ真剣について来たが，しっかりと見つめ合うまではいかず，視線を逸らしがちであった。チラチラ視線を合わせる時間は，少し長くなった。

前屈背そらせでは，お任せをしてくれるようになったが，背そらせの際に眠ってしまうことも出てきた。

片膝立ちでは，フラフラして踵が浮き，膝立ちは肩から動かしていた。

立位では，重心移動での足の裏の感覚を感じることが難しかった。

3. 第3期（X＋1年4月からX＋1年6月）

A． バウム画④（図12-4）　X＋1年4月

Tさんは先輩となり，後輩を注意したり，わからないことを教えてあげたり，気遣う面も見られるようになった。木は画面一杯に大きく描かれ，大地のラインと根は描かれなかった。幹は太くて長く，大地に向かうにつれ，さらに大きく広がり，中央に描かれた。樹冠は左側は丸みを帯びているが，右側は丸みを帯びておらず，長方形のような形をしている。幹上部に梟の穴を描き，黒く塗られた。梟の穴については，「梟の寝床」と話していた。幹の長さは17.7cm，樹冠は9cmを示し，退行的なものを感じる。梟の寝床について，ヴィトゲンシュタイン指数をみていくと，

図12-4　バウム画④　X＋1年4月

6.3歳頃から7.4歳頃ということになる。母親にその時期について伺ったが，「思い当たることはない」と言われた。

　Tさんには，このバウム画を描いてもらった一月前に兄弟が誕生している。そのことはTさんにとって，大きな出来事であったと言える。兄弟ができたことについては否定的であり，その話題に触れて欲しくないといった様子であった。学校では先輩となり，後輩よりもきちんとしないといけないという意識が高まった。協調した態度を身につけ，自分のやるべきことをしっかり行うようになってきた。バウム画からは，しっかりしたいという成長したい思いと，退行したい気持ちが現れているように感じられる。

B. 動作法の授業

　動作課題では，ラジオ体操を加えた。ラジオ体操は全員で行い，皆の身体の動きが合わさるように，お互いの心を合わせようとお話してから行った。

　躯幹ひねりでは，ゆっくりジワジワと弛められる日と，雑な日とムラがあった。弛められないときは，呼吸を整えるようにお話すると，少しずつできるようになった。だんだん弛められるようになったので，課題を少し上げ，ブロックをきつめにすると，「痛い」とバンバン床を叩いた。叩かずに痛みを感じながら動きを止めることにより，痛みが消えることを伝えると，しかめっ面をしながら耐え，痛さを顔の表情で表現するようになった。役割交代の際は，随分上達し，硬いか柔らかいかがわかるようになった。

　腕上げでは，焦ることがあったので，並んで仰向けに寝て，ペースを合わせ，ゆっくり行った。肘は曲がるが，以前に比べ曲がり方が軽減してきた。

　前屈背そらせは，足の組み換えをしたり，少し弛んでくると楽座で行えるようになった。お任せはしてくれる。左右差も軽減してきた。

　膝立ちは肩から動きがちであり，片膝立ちは踵が浮いてしまい，一生懸命やればやるほど，力が入って転びそうになっていた。

　立位では，足全体の感覚を少し感じられるようになってきた。

　ラジオ体操では，自分のペースになりがちであり，腕が曲がっていた。

4. 第4期（X＋1年9月からX＋2年3月）

A. バウム画⑤（図12-5）　X＋1年9月

幹は紙面中央に描かれ，下方へ非常に大きく広がり，紙面の両サイド下方まで広がりをみせている。樹冠は，モクモクと雲状に描かれた。モクモクとした弧は，以前よりも大きいものとなった。樹冠を描き終える際，描き始めた地点から，ほんの少し進んだところで鉛筆を止めている。樹冠には葉のついたリンゴの実が描かれ，大方2列に並んでいる。上段には6つ，下段には7つ，上段と下段の間の右隅には1つ，全部で14個のリンゴの実が描かれた。大地は描かれず，葉叢冠バウムである。2列に整然と並ぶリンゴの実の様子は，自閉的な印象を受ける。幹の

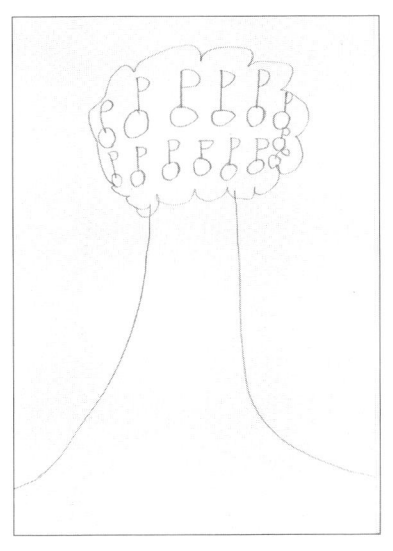

図12-5　バウム画⑤　X＋1年9月

ラインが紙面両サイドまで非常に大きく広がったことについては，意識しないようにしていることや，斜に構えるようなことがあるかと思われ，下の兄弟のことが関連するかと思われた。幹の長さは，16.5cm，樹冠は9.5cmを示し，4枚目のバウム画よりも若干，幹の長さが低くなった。

B. バウム画⑥（図12-6）　X＋2年3月

幹はやや左寄りに描かれ，下方へ行くにつれ，徐々に太くなっている。樹冠を左から描いて行き，描き終わりに始めのところへ戻ってくると，さらにクルッと弧を描き，勢いよくラインが樹冠の中に入った。樹冠の形は少し歪にも見えるが，バランスは取れている。幹の長さは12cm，樹冠は6.5cmである。リンゴの実は葉をつけており，ランダムに8つ生っている。

この時期になると，突拍子もないことを言って，注意を受けるようなこと

はなくなった。場の空気を感じ取れるようになり，それに見合った態度をするようになった。美術でどんどん絵を描き，絵の具と画用紙がすぐになくなってしまうことも改善された。リンゴの実は，宙に浮いているものの，リンゴの実が描かれたことは，動作法のプロセスとともに訓練の実りと捉えてよいのではないかと思われる。

C. 動作法の授業

躯幹ひねりは，身体の動きがスムーズになった。身体の力が上手く抜けるようになると，自分の身体の動きを体感し，一点を見つめ，リラックスしながら閃（ひらめ）いたように笑っていた。自分の身体の動きが感じられたとき，一点を見つめ，閃いたように笑うことはよくあることである。

図12-6　バウム画⑥　X＋2年3月

腕上げは，〈ゆっくり，ゆっくり〉と意識し，さらにゆっくりジワジワ行えるようになった。ゆっくり行えるようになると，指先移動においてトレーナーの指先へ必死についてくる勢いは衰え，眠そうなことも多く見られた。視線の合わせ方はゆっくりとし，ボーッと見つめ合えるようになった。

前屈背そらせでは，お任せしてくれるものの，ダラーッとしてしまいがちであった。

膝立ちでは，腰から少しずつ重心移動ができるようになり，片膝立ちでは，一生懸命頑張るのだが，踏みしめができずに，何度も倒れていた。

立位では，身体の重心を足全体で踏みしめる感じをつかむのは難しかったが，重心移動は上達してきた。

ラジオ体操は，周りと合わせようと頑張っていた。

5. バウム画と動作訓練の変化

　初めのバウム画は幹上直と根が透けて見える形で描かれ，それは2枚目のバウム画においても同様であった。先述したようにすべてを曝け出しているかのように見せる中に，何か重要なことが隠されているといった印象を受けた。また，女の子の立ち位置が左側へと移行したことにより，外向から内向へと変化したと考えられる。その一連は生活態度とも重なり，徐々に目立った行動を起こすことが減り，協調的な態度を身につけていかれた。
　3枚目のバウム画になると，幹上直は消え，幹に雲状冠が覆い被さり，根だけが土から露わになり，女の子の絵は描かれなかった。4枚目では大地や根は描かれず，幹の上部中央に梟の寝床が黒く塗りつぶされた。5枚目のバウム画では，14個のリンゴの実が規則的に描かれ，幹が両サイド下方へ大きく広がった。そして，最後のバウム画は8つのリンゴの実をつけた程好い大きさの木となった。
　この一連の変化は，1，2枚目のバウム画において幹上直と根を曝け出し，3枚目で根のみが露わとなり，4枚目のバウム画において，隠されていたものが表出されたように，梟の寝床が描かれ，リンゴの実が描かれたバウム画へと変わっていったというものである。リンゴの実は，時間を要して成熟したと考えられる。4枚目で表出された梟の寝床は，錬金術で言う死や殺にイメージされ，死と再生が連想される。梟の寝床は避けて通れなかったのではないかと考えられ，透けてみせる幹上直や根が曝け出しているかのように見せる中に隠された重要なことと感ぜられたが，梟の寝床として表出されたことによって治まりがつき，リンゴの実になれたと考えられないであろうか。
　動作訓練の変化とともにバウム画をみていくと，第1期は身体の硬さとバウム画のラインの硬さや根の尖り方が重なる。力の入れ具合が，ワーッとした感じやザーッとした感じの印象を受け，十かゼロかといった，力を入れるか入れないかだけで，その間がない感じであった。消しゴムでお化けの女の子をザーッと消す様子と力をワーッと入れる感じがつながっているように思われた。
　第2期では，躯幹ひねりでの役割交代や膝立ち，片膝立ち，立位課題を取

り入れられるようになったが，マイペースであり，独りの世界に入ってしまいがちでよく眠ってしまっていた。他の生徒さんは眠るようなことはなく，授業時間を意識して行っていたが，そういった大胆さや頑固さが2枚目のバウム画のラインのはみ出しや大きな角ばった木とともに重ねられる。

　第2期後半の3枚目のバウム画の頃には，躯幹ひねりで役割交代ができるようになり，トレーナーとして躯幹をゆっくり捻り，止まってジーッと待つことを覚えた。トレーナーになると，相手の身体の感じを受けて動かしていくので，相手の身体を通して自分の身体の感じを感じられるようになり，こういった体験の積み重ねが自他の身体の動きをより敏感に感じ取れるトレーニングになると思われる。1枚目や2枚目のバウム画はラインが硬く，幹の直線は頑固で融通の利かない印象を受けるが，3枚目になるとラインが柔らかくなり，身体の力を抜けるようになったと思われる。

　第3期になると，痛みを顔の表情で表現できるようになり，前屈背そらせでは楽座で行えるようになった。痛みを表情で表現するようになった頃，バウム画では梟の寝床を表出している。この時期が一つの転換点と考えられ，死と再生のイメージが伴い，大きな山場であったと言えよう。

　第4期では，身体の動きを体感できるようになり，バウム画ではリンゴの実りの木となった。動作の課題は少なからず残るものの，自分の身体の感じを体感できるようになったことは，自分の気持ちを感じ，表現することとつながっていくと考えられる。

　松下（2005）は，統合失調症者のバウム画について，「治療プロセスが進んでくると最初は幹上開のボール状・雲状冠のバウムであったのが，①ボール状・雲状冠の中に少し幹が入り込んだり，②幹上開の上部をふんわりと包む樹冠に変化したり，③幹の中で何か動きが生じたように縦線が出てきたり，④枝分かれの気配が出てきたりというようなことが生じてきたりする」としている。Tさんのバウム画は幹上開ではないボール状・雲状冠だが，樹冠の中に幹が入り込んだものから幹に樹冠が覆い被さり，幹の中に動きが出てきており，この一連のプロセスは統合失調症者の治療プロセスと共通する点があると考えられる。

第3節　動作法のキャンプで行ったバウム画

《事例》
　動作法の訓練キャンプにおいて，筆者が担当した男児O君にキャンプ初日とキャンプ終了時にバウムテストを行った。描かれたバウム画を訓練キャンプの経過とともに検討していく。
　小学3年生のO君は普通学級に在籍し，こだわりが強く，集団行動が苦手である。乾電池が大好きであり，休みの日に量販店へ行って乾電池を見ることを楽しみにしている。

1. キャンプ前半（初日～3日まで）

A. バウム画①（図12-7）　キャンプ初日
　キャンプ初日，身体測定の時間にバウムテストを行った。担当が初めてだったので，少しぎこちない態度であったが，仲良くなりたい気持ちを持ってくれたようで，好きな乾電池について，何万もの種類があることや，メーカー，製造番号などを説明してくれた。
　バウム画は，訓練マットの上に紙を置き，膝をついた格好で描かれた。鉛筆をしっかりと握りしめ，ギューッと力を入れて幹の縦線を慎重に引いたが，樹冠は描き始めの際，描いては止まり，描いては止まり，といった具合でカクッカクッと鉛筆を動かし，時間をかけて描き，上方へ行った辺りから鉛筆を滑らせ，弧を描いた。そして，右側の樹冠下方まで来たとき鉛筆が止

図12-7　バウム画①　キャンプ初日

まり，一旦鉛筆を離してから幹右側上部とつなげた。幹の線を下方でつなぐときも，カクカクと鉛筆を動かした。

季節は「春か秋」，木の年齢は，「105歳」と答えた。幹は紙面のやや左寄りに，樹冠は波型の楕円形を描いた。右側の樹冠が左側よりも横に広がり，葉叢冠バウムである。紙面を近づけて見てみると，幹のラインに鉛筆の丸く黒い芯の跡が微かにみられ，力が入り，緊張して描かれた様子が窺われる。樹冠左側のラインには尖っている部分がみられ,力の入れ具合がぎこちなく，不器用さが見受けられる。幹は若干の括れ(くび)があり，根元ではやや右へ広がっている。強張りや恐れのようなものが少しあったかもしれない。樹幹は右強調であり，気持ちが落ち着かず，不安に思っていたかと推測される。

B. 訓　練

動作課題は，腕上げ，指先移動，躯幹ひねり，前屈背そらせ，膝立ち，片膝立ち，立位を行った。ラジオ体操と逆立ちも母親の希望により付け加えた。

腕上げは，肘が曲がってしまい，片方の手で肘を押さえたりしていた。回数が多くなると，「もう無理，苦しい，苦しいよ」と言い，髪の毛を拾い始めたり，「目が痛い」と目を擦ってばかりいた。

指先移動では，初めのうちは視線が合うと恥ずかしがり，目を手で隠したり，眠ったふりをして「グーグー」と言っていたが，次第に素早い動きが可能になり，交互凝視もできた。

躯幹ひねりでは，「苦しい苦しい，だって（力が）抜けないから」と，継続しようとすると抵抗したが，2日目に「フー」とゆっくり息を吐き，「抜けたのがわかりました。抜けると身体が楽」と次第に捻るときも戻るときも弛められるようになり，3日目には左肩が床に着くようになった。

前屈背そらせでは,初日は胡坐での保持が難しく,腰をしっかり折れなかった。背そらせではお任せしてくれ，トレーナーと視線を合わせた。3日目になると，左に曲がってしまうが前屈ができるようになった。

膝立ちでは補助してあげると，腰の入れ落としが集中して行えた。顎を引いて，お顔を正面に向くようにし，前後左右の重心移動を行ったが，キョロキョロしがちで，フラフラしていた。

片膝立ちではグラグラするが，じっくり前へ動かせた。

立位では，腰を入れて落とす動作を繰り返し行えたが，力が入っていないような動かし方であった。

ラジオ体操は，「苦手なんだから仕方ねーだろ」と初めは嫌がっていたが，強弱をつけたり，〈腕回し～〉など大きな掛け声をかけて，気持ちが上がるようにしていくと，3日目に，「深呼吸のところの真っ直ぐ上へ行ったところから，手を横にするところがわかりません」と，身体を意識するようになった。

逆立ちは今までできなかったが，足を持ってあげると行え，「一人ではできないけど二人ならできる」と自信がついた様子であった。

2日目の朝は，「寝坊したから」と涙目になり，会に参加できず訓練に遅れた。しかし，ロッカーで100円を見つけ，気持ちの切り換えができた。昼食時，トレーナーがお茶をたくさん飲んだことを気にしていると，O君が水道水へ走り，急須に水を入れようとしてくれた。おやつには，皆のゴミを集めに行き，皆に「ありがとう」と言われ，嬉しそうにしていた。写真を撮る際，嫌がったが無理に撮ったので，「訓練に行きたくない」と怒って泣いた。

3日目には，食事の歌のときに前へ出てお手伝いをしたり，他の人とよく話をするようになり，突っ込みを入れるようになった。朝の会は，ラジカセに触れてよいことを知ると，参加できた。

2．キャンプ後半（4日目～最終日）

A．訓　練

腕上げをしていると，独りの世界に入りがちで，「升を升で量るとヘンザマス」，「たこ焼き8個，ハンバーガー3個，煎餅10枚，コーラ1つ全部ジューサーに入れてジュースにすれば3人で分けられる。飲めるか～」と念仏のようにギャグを言い出し，笑っていることもあった。肘は少し曲がってしまうこともあったが，伸ばせるようになった。

指先移動は，視線をしっかりと合わせてできるようになった。

躯幹ひねりでは，弛められるようになり，「苦しい」と言わずにやれることも出てきて，両肩とも床に着くようになった。

前屈背そらせでは，楽座で行えるようになり，右尻の浮きが軽減し，左右差が減少した。前屈で頭を中に入れ，身体を折ることができるようになった。

背そらせでは，トレーナーとしっかり視線を合わせた。
　膝立ちでは，お顔を真正面に向け，腰入れ腰落とし，重心移動をゆっくりとした動きで行えた。
　片膝立ちでは，踵が浮きがちで踏みしめをしっかり行うことは難しかったが，踵をくっつけてピシーッと真っ直ぐ前傾姿勢を取れるようになった。
　立位では，左右上下にゆっくり動かせたが，踏みしめは難しかった。
　ラジオ体操では，リズムとずれてしまうこともあるが，少しずつ上達し，腕を伸ばして行えるようになった。
　逆立ちは，足をサポートし，肘をつきながらいろいろなところへ移動するようになり，150歩取り組めた。
　終盤になると，トレーナーが名前を呼んだところ，今までであれば外部の声が聞こえていないような様子であったが，振り向いてトレーナーと視線を合わせ，微笑むことがあった。おやつのときは，ゴミ集めに精を出していた。朝の会は，中盤は一番に集合できていたが，最終日は「眠い」と参加せず，食堂へ一番に行きたいものの，広間までしか行けなかった。

B．バウム画②，バウム画③（図12-8，図12-9）　キャンプ最終日
　訓練終了時にバウム画を描いてもらった。
　訓練マットの上に寝そべった格好で，画用紙を前に身体を右左にクルクルと動かし，紙面を横置きに定まると，ワーッと集中して描いた。迷いがなく，自信を持ったように滑らかに鉛筆を走らせた。紙面やや左に幹左側のラインをやや左斜め下方向へ走らせ，描き終わるときに力が入り，鉛筆のラインが滲んでいる。
　幹右側のラインもそれと並行に左斜め下へ引かれ，短い幹を描いた。樹冠は，左側から真横へ少し伸びてから凹凹(ぼこぼこ)っとし，歪んだもの，尖ったものとなり，左上方から弧が大きく丸みを帯びた後，弓状となった。葉叢冠である。根元のラインをつなげると，木の根元がブーツのような形となった。幹中央は少し括れている。樹冠には乾電池が縦横20個描かれ，突起は一つのものと二つのものとある。そして，乾電池が取れるように脚立も描き足された。
　描き終わると，「三浦先生，乾電池の木だよ」と，とても嬉しそうに目を細めて笑った。その発想に驚かされ，こちらも目を細めた。すると，「先生，も

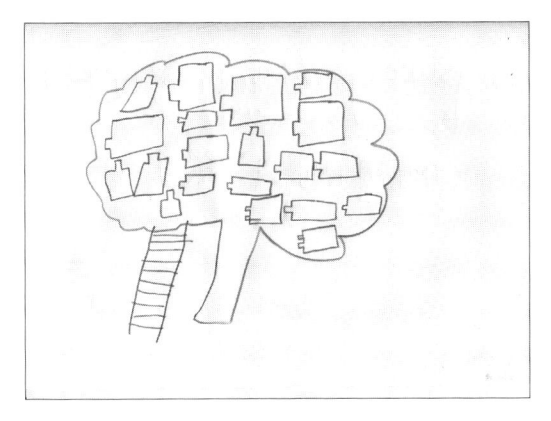

第12章　動作訓練の経過とともにみるバウム画

図12-8　バウム画②　キャンプ最終日

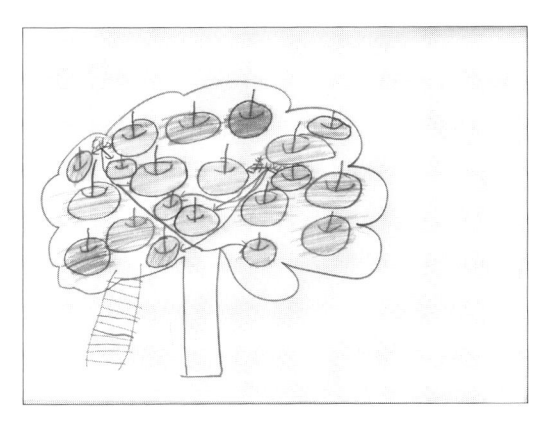

図12-9　バウム画③　キャンプ最終日

う1枚描いていい？」と聞き，画用紙を置くと，紙面が横向きになるようにまた左右へ身体を動かし，2枚目のバウム画を試みた。

　2枚目のバウム画は，紙面左寄りに真っ直ぐ幹左側のラインを引き，幹右側も並行に真っ直ぐ鉛筆を走らせた。幹右側のラインは，気持ち右へ流れ，根元の部分がほんの少し内に入った。樹冠は幹左上から緩やかなカーブとともに下がって行き，弧が中くらい，小さめ，中くらいとなり，上方からは大きな弧となり，次第に弓状となった。根元は幹右側から引かれ，幹左側のラインを勢いよくはみ出してしまった。樹冠には実がランダムに描かれ，空間

205

がなくなってくると，やや小ぶりの実を空いているところへ描いていった。大小20個の実をつけた。色鉛筆を見て，「使っていい？」と聞き，リンゴの実は赤色に，リンゴの青い実とナシの実は黄緑色に彩色しながら，ゴニョゴニョ独り言のように聞き取れない話し方で説明していた。何を言っているかわからなかったが，ニコニコと，とても楽しそうであった。塗り終えると，「先生，これが赤いリンゴ，こことここが青いリンゴ，こことここがナシだよ」と今度はわかるように，紙面へ矢印と実の種類を記載しながら説明してくれ，その後，実が採れるように脚立を描いた。

乾電池の木からみていくと，横置きの紙面左寄りに描かれ，幹は6cmと短く，樹冠は9.5cmであり，樹冠高の強調がみられる。幹左側のラインは右側よりも上方へ5mmほど長く，幹は中央がやや括れており，根元は左へ広がり，ブーツのような形をしている。ラインは太く，どっしりと安定しており，脚立部分を除けばはみ出しもズレもみられず，活き活きとしている。バウム画は願望世界の強調と言え，母親との結びつきが感じられる。

リンゴの木では，乾電池の木よりもさらに紙面左を基点に描かれ，退行が感じられる。これは，初日から筆者に甘えてきたり，くっついてくることが多かったことが，退行したことと関係しているかと思われた。幹は7.5cm，樹冠は9.5cmである。幹右側のラインは左側よりも上方へ5mm程度長く，乾電池の木と逆になっている。樹冠は右が強調され，右へと流れている。訓練を頑張ったという喜びの気持ちが感じられ，ポジティヴな印象を受ける。

3. バウム画とキャンプの変化

キャンプ初日のバウム画は，紙面を縦置きにし，やや左寄りに描かれた。幹は9.5cm，樹冠は8cmである。コッホ（Koch, 1957）では8-9歳の平均値は，幹が12.8cm，樹冠は10.3cmを示している。その後，10歳で幹と樹冠の比率が10：10になり，以後，平均値は加齢とともに幹よりも樹冠の方が長くなっていく。キャンプ終了時は，乾電池の木は幹が6cm，樹冠は9.5cmであり，リンゴの木は幹が7.5cm，樹冠は9.5cmであった。紙面が横置きであることと関係すると思われるが，樹冠幅や樹冠高がキャンプ後は強調される。

キャンプ初日のバウム画とキャンプ終了時のバウム画2枚は，すべて葉叢

冠である。初日のバウム画は，幹右側が左側よりも5mm程度上方から描き始めており，右強調がみられ，乾電池の木は，幹左側が右よりも5mm程度上方から描き始めており，左への強調と右傾斜がある。リンゴの木は，幹右側の方が左よりも5mm程度上方から描き始めており，右強調となっている。初日のバウム画は紙面やや左寄りに描かれ，乾電池の木はさらに紙面左へと移行し，リンゴの木ではまたさらに左へ移行している。もともと内向性を示し，退行気味な性格であったのがキャンプ後，さらに退行したように受け取れる。そして，乾電池の木のやりとりによって，さらに退行的になったことが窺われる。これは，少し甘やかしており，やや厳しさに欠ける面について，スーパーヴァイザーから指摘を受けていたことと重なる。

　バウム画とともに訓練経過をみていくと，キャンプ初日では，腕上げや躯幹ひねりといったリラックスして行える課題で「苦しい，苦しい」と呼吸がし辛くなるような苦しさを訴えていた。訓練が苦しみを伴うといった印象を受け，力の抜き方がわからないという自信のなさや自己肯定感の低さが感じられた。初日のバウム画においても，強張りや恐れのような緊張感が感じられ，カクカクとした樹冠のラインの硬さは身体の硬さを，そして，描いては止まり描いては止まりといった描き方やトットットットットッといった，ぎこちない幹のラインの力の入れ具合は，身体が上手く使えない様子と重なる。一方，乾電池の木ではラインが伸び伸びとしており，リラックスした安定感がみられる。

　訓練では，腕上げで独りの世界に入れるほどリラックスできるようになり，躯幹ひねりでは力の抜き方がわかるようになった。リンゴの木においてもダイナミックな活き活きとしたラインとなっている。ただ，リンゴの木の根元がはみ出しており，鉛筆の勢いを踏み止めることができなかったことは，タテ系の直の力を入れ，踏みしめることが充分できていなかったことと重なる。おどおどとした自信のなさや自己肯定感の低さが根底にあると感じられ，気持ちの安定や自信をつけることが第一目標になっていたことで，リラックス課題はある程度改善されたものの，タテ系が充分できず，自己誇大的な傾向へ偏ったように感じられる。紙面を横置きにされたことと関係しているかもしれない。

　キャンプ終盤では，名前を呼ぶと，振り向いて視線を合わせ，微笑むこと

があった。また，皆のゴミを集めることに精を出し，皆の話に加わって突っ込みを入れることもみられた。バウム画からも献身的な慈愛が感じられ，人のために働くことの喜び，動作訓練を頑張ったという感動も込められていると思われる。乾電池や実を採れるように脚立が付け加えられたことも視野に入れたい。タテ系の踏みしめなど課題はたくさん残るものの，人との関わりを楽しめるようになり，積極性が出て，自己表現が少しできるようになったと言える。

第4節　おわりに

　訓練経過とともにバウム画を振り返り，ハッとさせられることの連続であった。心と身体はつながっているので，緊張していれば，ガタガタとしたラインや震えるようなラインとなり，嬉しい気持ちであれば，その嬉しさが伝わってくるようなバウム画となる。動作法も同様に，相手の気持ちや心の動きがお互いの身体を通して伝わる。バウムテストは，誰がやっても同じものが描かれるというものではなく，クライエントとセラピストとの関係性から生まれると考えられ，描く側と受け取る側の気持ちが交流される。動作法も同様，トレーニーとトレーナーのお互いの身体を通して，意図や努力として気持ちが感じられ，交流し，身体の動きが作られる。

　PDDの方は，緊張が強く，身体の力が抜けなかったり，足が偏平足気味でしっかりと踏みしめられず，体の力が上手く入らなかったり，独りの世界に入りがちで，共同注意行動が取れず，見つめ合えないことも多い。事例では，バウム画と訓練からPDDの特質への理解とそのやりとりの経過をみてきた。バウム画から示されたことと，動作訓練での身体の動きが重なり，興味深く感じられた。

　バウム画は心と身体のつながりを表現するものであり，バウム画を心の表現としてのみに捉えるのではなく，心と身体の動きとして受け取ることの重要性を上記2事例が示したように思われる。

　PDDの方は，「辛い」と言っても辛くないような言い方をされることがあり，バウム画の表現や身体に触れることで，その辛さがどれほど辛いものな

のかを深く知る場合がある。バウム画はクライエントご自身の心と身体のつながりを表現するものと言え，木から滲み出る，その人らしい雰囲気やライン，幹，樹冠，根などから溢れる心と身体の動きをセラピストが年月をかけてバウム画と対峙し，木とともにセラピストも見え方の機が熟すると，稲妻に打たれたかのような閃きに出逢えるのかもしれない。

■ 文　献

Koch, K.（1957）. *Der Baumtest: Der Baumzeichenversuch als psychodiagnostisches Hilfsmittel*. 3. Auflage. Bern: Hans Huber. 岸本寛史・中島ナオミ・宮崎忠男（訳）（2010）．バウムテスト　第3版―― 心理的見立ての補助手段としてのバウム画研究．誠信書房，pp.20, 92, 191.

松下姫歌（2005）．精神病院での心理臨床におけるバウムの意味について．山中康裕・皆藤　章・角野善宏（編）バウムの心理臨床．創元社，pp.248-275.

三浦亜紀・森崎博志（2007）．青年期の自閉症者への動作法を通した対人行動の変容過程．愛知教育大学障害児教育講座　障害者教育・福祉学研究，3，31-39.

森崎博志（2002）．自閉症児におけるコミュニケーション行動の発達的変化と動作法．リハビリテイション心理学研究，30，65-74.

第13章

クライエントの元型的状況を知る手立てとしての「想像の木」法

■ 工藤昌孝

第1節　はじめに ――「想像の木」の発想と理念

　心理臨床では，しばしば樹木のイメージに出会う。自身の経験を思い返すだけでも，クライエントのさまざまな語りやバウムテストをはじめ，風景構成法，HTP，自由画，スクィグル，ロールシャッハ・テスト，TAT，詩歌，俳句，小説，物語，写真，コラージュ，粘土造形，夢，アクティヴ・イマジネーション，またセラピスト自身の連想やイマジネーションにおいて，木はたびたび立ち現れる。こうした樹木イメージは，クライエントやセラピストの内で蠢く「イマジネーションがもつ樹木的性質」や，それがもう少し具象化された「樹木に関するイマジネーション」のひとつの現れである。イマジネーションとは植物的でも動物的でも鉱物的でもあり，メルクリウス的性質を持つとされる（ユング，1912/1952）。イマジネーションのこうした多義性・対立性が描画というひとつの統合像として実現されるとき，樹木がいかに優れたイメージであるかは，心理臨床では経験的に知られている。また，その意義の普遍性は神話象徴研究においても明らかにされている。

　この章で取り上げる「想像の木」（工藤，2009）とは，端的に言うと，できるだけ現実の木に囚われずに心の内に浮かぶ木を自発的に描くという試みで

＊（注）　「想像の木」は，既に工藤（2009）の第2章，第4章において，6事例とともに紹介している。拙稿は，心理療法場面でセラピストの側に喚起された樹木イマジネーションを考察しているところに特徴があるが，「想像の木」法試行の報告ともなっている。

ある。具体的な方法については第2節で説明するが，それは，内なるイマジネーションに直接的に関わり，その性質をひとつの樹木イメージとして抽出し，姿形ある絵（時には粘土造形や身体的姿勢動作など）に表現し実現させてみる作業である。描くことにより形あるイメージとして実現させてみることは，分析心理学を創始したユング（Jung, C. G.）も重視した方法である（Jung, 1916）。

ユングの著作はコッホ（Koch, K）による『バウムテスト 第3版』（Koch, 1957）でも少なからず言及され，その観点が活かされているが（岸本, 2005），ユング自身は「哲学の木」（Jung, 1954）において独自に樹木画を取り上げている。彼が示す絵の多くは夢分析やアクティヴ・イマジネーションなどの実践を通じた心理学的変容過程において描かれたものであり，描画の方法や理解は彼自身やアナリザンドとの変容の経験に裏打ちされたものである。本稿の「想像の木」は，ユングのこうした経験を広く日常の臨床場面にも活かしていく樹木描画法である。

イマジネーションはそもそも（分析心理学でいう）元型的な性質を帯びているが，描くことは人類に普遍的に備わるとされる諸元型が自我意識を通じて顕現している過程を，ひとつの表現活動によって実現させる自覚的な営みであるといえる。イマジネーションというものは，覚めた意識のなかでも眠りのなかでも働いている，無意識と自我意識との相互過程によって常に紡ぎ出されている。すなわち，元型的なもののこの世への実現は，その強度や質などを別にすれば，ある意味で常日頃から生じ続けている現象でもある。ただ，内的イマジネーションへの意識的な関わりとともに行われる，こうした表現活動という自覚を伴う「行為化」は儀式的な意味合いを持つことになる。そして，ある元型的状況を今ここで姿形あるものとして実現させてみる儀式的な行いは，それ自体がある状況を集約する象徴的な力を帯び，治癒促進的展開を促す働きを持つことになる。

ところで，イマジネーションには個人的無意識に由来するコンプレックスを色濃く反映した性質のものもあれば，集合的無意識由来の集合的性質の強いものもある。その様相がどの程度のものであれ，これらイマジネーションはある元型的状況の表れであるといえる。ここでいう「元型的状況」とは，ある個人にとって，集合的無意識に由来する無数の元型のうち，どうしても

のが今このときに賦活されて，ある個人の内的状況を織りなしているか，また外的状況となって布置しているかということを意味している。人には，ある元型的状況が活発に働く人生の時期や，個人の人生全体を通じて活発に働いている元型的状況があると感じられることがある。前者は発達や成熟の課題や固着として語られ，後者はしばしば宿命のように語られる。

どちらにしても，ある元型が賦活され布置している状況を何らかの形で意識的に生きようとすることは，自我との折り合いを通じてこの世のものとなろうとしている元型の顕現過程，すなわち「個性化のプロセス」を推し進める契機になる。「想像の木」を想像したり描いたり共有したり何らかの形で扱ったりすることは，こうしたイマジネーションの持つ元型的状況を象徴的に生きると同時に何らかの意識性をもたらすことになる。章題の「元型的状況を知る」とは，厳密にはクライエントとセラピストの両者にとっての元型的な内的外的状況を変容促進的に生きながら知るということである。

第2節　描画「想像の木」への導入とその工夫

「想像の木」の教示（工藤，2009）は次のように行っている。（用紙はA4もしくはB5画用紙に鉛筆を用いることが多いが，臨床状況によって条件を差し替える姿勢を持っていたい）。

① 「心のなかに浮かんでくる想像の木を描いてみましょう。現実にある木とは違って，想像上の木なら何でもかまいませんので，ゆっくり想像してみてください。想像なので，木の形をしていないものや木ではない何かでも，これが木だと思うものが浮かんできたらそれでかまいません」。
② 「ただ，浮かんできたその木以外に，何か他のものを一緒に描いてもらえますか。生き物でも，物でも，人でも，風景でも，どんなものでもかまいません（想像なので現実にはないようなものでもかまいません）」，「では，ゆっくりと想像してから描いてください」と伝え，しばらくそっと待つ。（簡略でも伝わるようなら，「想像上の木を思い浮かべてみてください。想像の木なのでどんな姿形・材質のものでもかまいません。た

だし，木以外の何かと一緒に思い浮かべて描いてください」などでもよい）。
③「できあがったら，少し感じがわかるように色を塗ってみましょうか」。色数の多いクレヨンや色鉛筆を用意しておき，想像した感じを表現するのに合う用具を描き手に選んでもらう。色を付けることで「木ならざる木」というイマジネーション本来の多様な材質感をはっきり表現してもらう。
④ 絵についての説明や想像を話してもらい，そこからの連想について遣り取りをする。

①〜④の最中や前後には，セラピストも何らかのイマジネーションを働かせて臨むこと。

　教示の言葉は臨床場面や意図に応じて適度に変更すべきで，いわゆる描画法のように固定的に用いる必要はない。教示の細かな差異や日々の現実状況によって，描かれるものが変わるか，変わらないかということを問題にするものではなく，個人にとっての一貫した生のテーマやその時期のテーマに関わるものを読み取り扱うことや表現活動を通じてそれを生きることを意図している。

　描き手の心の状態に即して，教示時に何を強調し，何を弱め，何を省き，何を付け足して伝えたほうがより創造的かという観点で導入したい。そのため，「想像の木」を描くことが，その時点でその人にとって，何か意義がありそうかといった吟味があるほうがよい。何も浮かびにくい人の場合には，例えば「もしも，こんな木があったら〜だろうな」という木を想像してもらうと，イマジネーションが働きやすくなる人もいる。限定なしに想像を促す，本来の「想像の木」の教示は心理療法の深まりのなかでこそ自然に行えるが，どのような状況下や意識下でも行える性質のものではないだろう。

第3節　類似した樹木描画との差異

　従来から，樹木描画法にはさまざまな教示がある。「想像の木」に類似した

ものとしては，カスティーラ（Castilla, 1995）の「夢の木」（続けて3枚の樹木画を描いてもらい，3枚目に「夢の木，つまり最も美しいと思う木，あるいはできるものなら庭に植えてみたいと思うような木，最も思い出に残っている木，自分の思うままの想像の木」を描く），桑原他（2003）の「夢の木」法（3枚目に「こんな木があればいいな，こんな木があれば楽しいなというような夢の木」を描く），中園（2005）の3枚樹木画法（樹木の直立画，倒立画，横立画を描く），河合・名島（2008）の「未来の木」（1枚目に描いた，実のなる木の未来を2枚目に描く）などがある。

「想像の木」が他の方法と違うところは，「植えてみたい，美しい，思い出，あればいいな」といった欲求・願望や「○○についての木」といったテーマなど，想像内容の限定・方向づけを意図的に取り除いている点や，木とともに何かを織り交ぜて描くように伝えている点，さらには絵に色をつけてもらう点である。また，ただ一枚，「想像の木」を描く場合や，バウムテストのあと，2枚目や3枚目に用いる場合があってもいい。

木のテーマや内容が方向づけられて限定されるほうが，面接状況にかかわらずイマジネーションを働かせやすい場合も多いが，「想像の木」ではそうした方向づけをできる限りしないことでイマジネーション自体に内在する方向づけを尊重する。確かに，外からのテーマ設定による，イマジネーションの展開の限定や方向づけは自我意識のある種の能動性を保って安全に想像活動を高める機能を持つ。しかし「想像の木」では内容を指定せずに，ただ木に何かを織り交ぜるという条件によって自我意識の能動性が保持され想像活動が維持されることを狙っている。そのため，「逆さの木を描いてください」，「世界樹を描いてください」，「この木の未来を描いてください」など，もとから何かを意図し，テーマとする木を描いてもらうという方法はとらない。木が倒立的か世界樹的か未来的かはイマジネーション自体（自我と無意識との相互過程）によって選ばれるものであるとする。それにより，そのイメージは個人にとって，より必然性をもつものとして経験される。他の画法よりも方向づけが少ない分，描いてもらえそうな時期や導入手順もおのずと限定されるであろうし，ここぞというときに用いたらよい。描画に限らず，心理療法ではセラピストやクライエントの意図を超えた要素が見いだされ，そうしたものに意識が開かれることに治癒促進的側面がある。臨床場面での狙いと

しては，イマジネーションの表出が個人にとって必然性の高いものであってほしい。

ところで，ここでいう内在する方向づけというものは，第1節の論点からいえば，「どのような元型が布置しているのか」ということに関わってくる。通常それら元型は強弱の差はあれ複数同時的で折り重なって現れ，互いに関連性を持ち，ある元型的状況を作り上げている。元型は元型的イメージとして，自我意識との接触による，その顕現内容のバリエーションだけではなく，顕現過程のバリエーションをもつ。描画表現のバリエーションを見る場合も，できればそうした顕現内容・顕現過程のバリエーションという観点を持っていたい。個人にとって活発化している樹木的イマジネーションはそれぞれの人によって違う。そのことをクライエントとともに体験することが「想像の木」の醍醐味である。

第4節　変容の触媒としての「想像の木」

ユング（Jung, 1944/1952；1955/1956）は，アクティヴ・イマジネーションと錬金術師の瞑想とが同質のものであり，そこで経験されている体験の記述の一致に注目していた。また，錬金術書における物質の化学的変容プロセスの記述には，錬金術師自身の心理学的変容プロセス（すなわち「個性化のプロセス」）が色濃く投影されていると気づいて，心理療法における変容プロセスの理解と進展に役立てた。錬金術で言う「哲学の木」とは術師が捉えた錬金術的変容過程である。臨床場面においてこころに想起されるイメージを描出し，なんらかの絵として現在化させる描画という作業について考えるとき，描画とは哲学者といわれた術師が実験室での作業と瞑想を通して物質変容プロセスの本質的な体験を捉えて抽出する作業であり，その絵は抽出された「哲学の木」というイメージと同質のものとみることができる。それは心の変容の触媒となる「哲学の木」「賢者の石」としての機能をもつことになる。例えば，描画に限らず，初回のアクティヴ・イマジネーション，夢，箱庭，初回面接全体を振り返ってみても，導入時に持ち込まれたイマジネーションやイメージには，今後の心理療法における変容プロセス全体を包摂するよ

うな性質が含まれていると言われるのと事情は似ている。

　ところで,「想像の木」の「樹木でありながら樹木でなくともよい」という性質の教示は,「石としての木」「石ならざる石」など錬金術的な表現に似ている。こうしたものがイマジネーションを喚起する。というのも,それはイマジネーションに備わっている両義的・逆説的性質であり,そうしたものを捉えて表現されるときの独特な意識状態が,錬金術師の体験過程あるいは心理療法における変容に関わる体験過程には伴う。そもそも樹木とは対立物の結合の象徴とされる。こうした逆説的な二重性を喚起する可能性は教示②の,樹木画と言っておきながら,樹木と一緒に木以外のものを描くというところにも含まれている。

　何がどう統合されイメージされるかは,教示によって喚起されるイマジネーションに内在する統合機能によるところが大きい。イマジネーションは自我意識のなにがしかの関与によって生み出されるものでありながら,自我意識が関与して捉えるものでもあり,その二重性や逆説的性質はイマジネーション内容と連動しているといっていい。そのため,通常は心理療法過程の深まりの中でそうしたイマジネーションの性質は自ずと生じ,自発的に（もしくはセラピストからの勧めで）表現される可能性がある。そのことを「想像の木」では,想像という描画教示によって,もう少し広い臨床状況下でも積極的に試みてみようとしている。

第5節　臨床例

　「想像の木」が描かれた事例については,以前に女性の事例を6例提示したが（工藤,2009）,ここでは男性の事例を1例提示する。紙数の関係上,概要・経過・樹木描画の考察を簡略に述べる。

1. 事例の概要

クライエント：10代後半の男性
主訴・問題歴：気分に波があり,些細なことでの落ち込みが激しい。クリ

ニックで鬱病と診断を受ける。薬を止めると症状がまた悪化する。大学入学当初から違和感があり，方向喪失感がある。教員への怒りや進路の迷い，過去のいじめの影響，長期に及ぶ家庭内での不和などにより，消耗しきっている様子。

2. 面接経過

X年4月，2回生になって，ある相談機関で面接を開始。1年3カ月ほどで投薬は必要なくなり，学業に取り組めるようになる。その後も過去や現在の課題を話題にして取り組む面接が続く。X＋2年3月，3回生の終わりに，筆者が退職になり，本人は一旦自分でやっていくということで終結。卒業後，大学院に進学し，順調に生活していたが，X＋4年5月，抑鬱感が強まり，別の相談機関にいた筆者のもとに予約が入る。医療機関であったが，心理療法のみの希望で，投薬はなし。すぐに状態は改善し，自分のテーマを探索するような面接が続き，大学院も修了となる。

3. 樹木描画

A. X＋1年6月

バウムテスト（図13-1）:「大きい木。実はあるが，葉が青く茂っていて見えない」。

想像の木①（宙に浮かぶ目玉の木）（図13-2）:「生きて動く木。触手が2本あった。すごく宇宙の中にいる感じがしていて。グニャグニャで軟体。丸い形で弾力がある。テカっているような光沢がある。砂嵐が斜めに降っているかのような感じ」。

想像の木②（額縁としての木）（図13-3）:「画面（の三方の隅）にぴったりはりついている木。（幹に顔があって）こっち向いて笑っている。遺跡の建物はがらくたが積もって底が見えない感じ」。「この辺り（右中央）から湧水が流れていたかも」と描き加える。「明るくのどか」。筆者には，絵自体が「永遠の水」（錬金術）が湧き出す世界への入口のように感じられた。こちらと向こうの世界の境目に生える木。そのような連想をしていると，クライエント

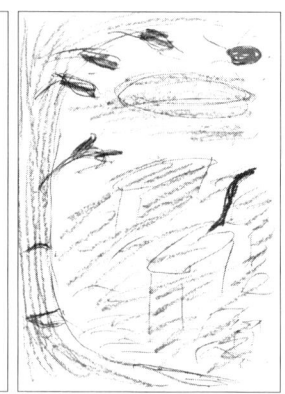

図13-1　バウムテスト　　　図13-2　想像の木①　　　図13-3　想像の木②

は「この木は小さいときに落書きで描いたのと一緒。がらくたは今のイメージで，昔は空きスペースに水と魚を描いていた。生物で埋め尽くしていた。それを急に思い出した」と語られた。

　クライエントは，初期の鬱が強いときには死や破滅を連想する言葉を新聞の文字で目にするだけで急激な落ち込みが起こるほどだった。それは解消していたが，この描画の次の面接でもこんな語りがあった。「自分が死んだらどうなるのかと想像するといつも，意識してみたり感じたりすることが一瞬で途絶えて真っ暗になり，ある一線を越えると胸がえずいて吐きそうな気持ちで耐えられなくなる。死を怖れる病気ではないだろうか」。波はあるにしても，幼少からずっと怖れは強かったという。小学生，高校生のときにも強まったという。

　「想像の木」は，2種類同時に浮かび2枚描かれた。図13-2は触手をもつ目玉の生き物。触手は闇の中で世界を捉える感覚機能や，闇に漂う不安，浮遊を制御する力のようにも感じられる。筆者はオディロン・ルドンの絵「ヴィジョン」（宙に浮かぶ目玉）や「キュクロプス」などを思い浮かべた。また，目と左右の触手からは，ユング（Jung, 1950）の絵43も連想された。絵43は2匹の蛇にその両端を支えられた目が水面に描かれている。ユングは同じような例を絵44として挙げ，無意識からの新しい洞察ないし意識性の誕生を表しているとした。ここでの目は「セルフ」の意味を持っているという。古代

から空に浮かぶ目は神，もしくは神の目，神の全知と遍在，神の啓示の展開とされ，さまざまに表現されてきた。この一つ目の生き物の絵は，得体の知れない不安や孤独，一視点の持つ凝集力，妖怪として零落して現れている神性なども連想させる。クライエントが，話をよく聴いてくれる家族にさえ理解されにくいと感じ，不信感になってしまうことの背後には，幼少から個を超えたこうした世界に開かれている元型的状況が関係しているようである。

ところで，そもそも木とは境界に立つものであり，描画ではしばしば用紙の額縁（枠）として，あるいは紙面を分割するものとして描かれることがある。図13-3では，木の右側に奥行きの感じられる「あちらの世界」が描かれている。以前は生き物に満たされた世界（木や雲にも顔がある）だったらしい。遺跡の残骸は過去の母なる楽園（充足状態にあった意識）の喪失を連想させる。ただ，描いているうちに古代の廃墟からは命の水が湧き出しはじめ，それと連動して，過去には生命溢れる場所であったと急に思い出されている。この樹木と同じく，境に立ち，「あちらの世界」に開かれた境界者としての自分をどう生きるかという課題も感じられる。

B．X＋2年3月

バウムテスト（図13-4）：「実は見えないがなっている」。

想像の木（図13-5）：「ここ（左の柱状物）は，地面に突き刺さってから，上に出てきたところ」。（図13-6）：他にも複数の足（図13-5柱状物）が上に出てきて，それによって「地面の破れた岩が浮いている。岩が浮いているのは，水の中だからだが，同時に空中でもある感覚。宇宙空間，真空状態。磁場が乱れたような。それも自然の一部のよう」。

図13-5の生き物の足（根）は，図13-6の補足説明によると，一つ目の頭から蛸足のように下に向かって複数生えていて，水底の岩盤を槍のように突き刺し，えぐり返してから上に向かって伸びているという。

ユング（Jung，1912/1952）は，神話や儀式，宗教において犠牲に捧げられ受苦を受けて死に至る者に刺さる矢や切り刻む刃物がリビドーの一象徴であり，本質的には外部からもたらされるものではなく，個人的もしくは非個人的状況を背景に，内側から自らに向かって自らを殺す衝動として現れていることを明らかにしている。犠牲を捧げる神に対して神自身が犠牲者となる。

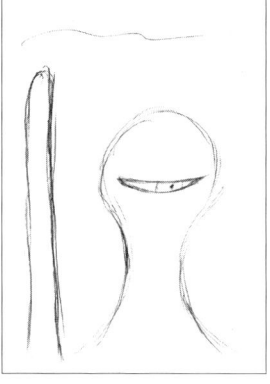

図13-4　バウムテスト　　図13-5　想像の木　　図13-6　13-5の補足

　自らの矢や槍（リビドー）に突き刺されてえぐられ傷を負うことがリビドーの内向状態を意味する。
　一般に内向衝動は水中へと向かうイメージとして出てくることがあるが，この絵はすでに水中（真空）にある。それでもなお，あるいはそれゆえ，さらにその底にある岩盤をえぐり返すことが主題として描かれている。このイメージは，クライエントが個人的生育史や家族や他者などに関する個人的無意識にまつわる葛藤の只中に既にあって（この絵では水中というイメージ），それゆえ集合的無意識の水準（この絵では岩イメージ自体の中）にさらに内向するというプロセスを経てこそはじめて，上昇，前進しうるという状況にあること，もしくは少なくとも，そうした種類の内向志向性が描き手のなかに働いている状況が読み取れる。
　こうした観点をもつことは，クライエントの混乱状態に対して，結局は現実的で生産的な方向に向けての，自然でなおかつ本来的な通路を開くことにつながる。クライエントは死を恐れると同時に強く惹きつけられ捕えられていた。源への立ち返りは，鬱のような生命力の衰退においても起こるが，この突き刺すような力強い内向は，鬱であるクライエントの状態像や訴えである症状にはぴったりとこず，むしろ訴えであった怒りの内容にこそふさわしかった。単なる鬱ではなく，鬱状態を呈する背景として，自分を破壊し機能できなくさせてしまうほどの，突き刺さるような内向衝動があるように思わ

第13章　クライエントの元型的状況を知る手立てとしての「想像の木」法

れた。ちなみに，岩盤は，意識すべきものを抑圧や防衛する蓋や重石ではなく，何かを抽出すべき対象自体と捉えたい。

C．X＋5年4月

バウムテスト（図13-7）：「岩場で高い丘。木は冬枯れで，春になったら葉が生えてくる。実は真っ赤。衰えているというよりは強いイメージ。枝もあっちこっちに伸びているし。沈みかけの夕日で木は黒く影絵のよう」。

バウムテスト（枠付け）（図13-8）：「めちゃくちゃ大きい木。下から見上げている」。

想像の木（図13-9）：「すぐ浮かびました。鮮明に。ただ，これを木といえるのか。木の根のように地面（岩）を伝っていて，動脈のように盛り上がっ

図13-7　バウムテスト　　　　　図13-8　バウムテスト（枠あり）

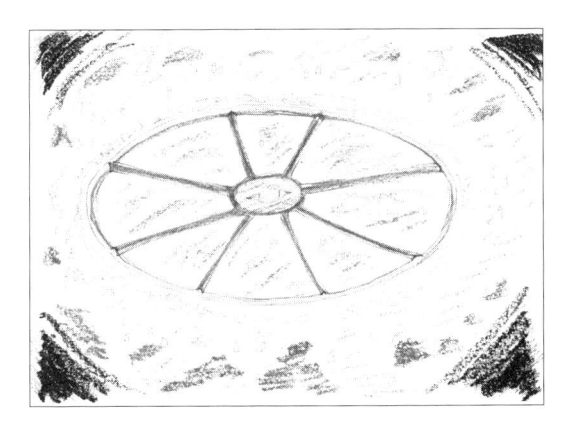

図13-9　想像の木

ている。有機的なもの。中央には地面に埋まるようにして目が開いている」。「周り全体が黒く，真ん中に行くにつれて明るくなる。あと人がいた」。「人間がみんなこっち（円）の方を向いている。周りには人間よりも大きい岩が積み上げられているというか放置されている」。「文字がここ（円の周囲）にズラズラ。呪文みたいに周りに。象形文字っぽい絵文字」。「地下。宗教儀式のよう。文字のほうは，浮き上がっていて光り輝いている。人間は周りで見ている人で関係がない人。昔は儀式をしていたが今は伝わっていなくて，その土地に住んでいる。先祖がこの儀式をしていた。その末裔の人たち。これが機能しているから世界が機能している。地下なので知らないだけ」。

　ここでは「儀式」というテーマが，イマジネーション自体に内在する方向づけ（第3節）によって，クライエントのイマジネーションの側から主題化されている。第1節の論からすれば，描画活動が本質的にもつ儀式性が絵の主題として顕わになっているともいえる。周囲の文字は呪術的な結界の機能をもつようだが，それは先祖が脈々と行ってきた世界の運行に関わる儀式である。その末裔によってその儀式は失われ，ただ傍観されている。少なくとも，生理的機能の影響のもとで鬱に陥りやすいクライエントにとって，制御されたものとして滞りなく世界が機能するためには，地下での，自覚に基づく儀式化が欠かせないようである。

　さて，描画の後には，漫画『鋼の錬金術師』の錬成陣が連想され，漫画の内容については「してはいけない人体錬成をする話」との説明もあった。クライエントの作業もまた，身体や生死にかかわる錬成であり，それをめぐる禁忌に触れることで罪と痛みを背負うような性質の作業であることを感じさせる。これは，人類創造や失楽園のテーマにも重なる。円相というものは充足状態としての楽園でもあるが，図13-9の円は分割線を持ち，中央では目が見開いている。

　『聖書』の失楽園の神話（創世記3：1-24）によると，最初に人類がいた園には実のなる木が生えていて，どの木の果実を食べてもよかったが，中央に生えている善悪を知る木の果実だけは食べても触れてもいけないとされていた。人は，神の造られた野の生物のうち最も賢いとされる蛇から，それを食べると目が開けて神のように善悪を知るものになると聞く。見ると，その木はいかにもおいしそうで目を引き付ける。そして，人は果実を口にし，目が

開ける。さて，イマジネーションに現れる一つ目が神の叡智の目であるとするならば，目が描画として実現されること自体，接触さえ禁忌とされる中央の果実が視野に入ることに等しい。それは，元型的状況としては，人としての知恵と原罪と苦悩の引き受け手としての自覚を促されるプロセスの途上にすでにあるということである。

　ところで，円は分割線によって節目があることで，循環，更新，展開，運命，人生の節目や段階，季節といった周期的ニュアンスを帯びている。また線分は中心と円周とをつなぎ，中心と周縁のテーマも幾分か感じさせられる。ここまでは，絵で垂直な上昇と下降の動き（現実では高揚と抑うつ，成功者と挫折者などのテーマ）が目立っていたが，ここにきて絵の主題が平らな円となり，循環や「中心と周縁」という水平の動きが入ってきている。ここまで降りてくることではじめて，現実で表面化していた中心と周縁の問題が解決できる水準のものになりつつあるかもしれない。円はある理念や代表者を中心としてまんべんなく広がる形態であり，共同社会の象徴でもある。生きて行くにあたり，集団の原理や理念に対する傷つきと強い反発や疑いを癒すのはこうした根源的な問い直しによる折り合い，すなわち，揺さぶられないだけの普遍的な価値を身につけることに基づくようなしなやかさではないだろうか。

　クライエントの心は地下という根源的なレベルでの秩序の回復を，個人の問題としても，人間社会の問題としても志向している。クライエントには，個人にとっての家族や生育歴上の問題が即，地域の問題，国民全体や人類の問題とも連動していくことが強く意識されていた。早急な連動は未分化ゆえの問題となって現実生活を脅かすほどの熱を帯びるとはいえ，こういう元型的状況を背負い，それに見合う自我機能を働かせて生きる者が集合的な意識を変革していく担い手となりうるということもできる。英雄神話の「夜の航海」は水中や海獣の腹中にあって，暗闇のなか髪の毛さえも抜けてしまうような熱によって変容が進むといわれる（Jung, 1912/1952）。

　また，人体錬成といった元型的要素の強いテーマに限らず，筆者は身体に関する訴えや夢が出てくるクライエントには特に，描画を通じても「イマジナルな身体」はどうなっているかと想像してみることが多い。「イマジナルな身体」を想うに当たって，この図13-9のような「内なる輪」をめぐる象徴と

いうと，ヨーガの「チャクラ」などがある。このクライエントにとって特にテーマとなっているチャクラがあるとするなら，第2のチャクラ，スヴァディシュターナ・チャクラかその周辺ではないかと感じられる。このチャクラは下腹部にあり，子宮・精巣・膀胱に相当するという。ヨーガのチャクラ図版ではこのチャクラの内側には巨魚マカラが泳ぐ。また，スヴァディシュターナとは「自身の本質」を意味するという（Jung, 1996；老松, 2001）。クライエントは，面接当初から尿や洪水など水のイメージが夢にもよく現れていた。セラピストとの交流も尿によって表現されるイメージが夢に見られたこともあった。

　最後に，日本での一つ目の神といえば，鍛冶の神とされる天目一箇神（あめのまひとつのかみ）が浮かぶ。一目の神は，鍛冶神に限らず，秩序の更新・再構築に関わる境界の神としての性格を持っているとされる。ちなみに鍛冶神が一つ目である理由は，日神一眼説，金属神が天津麻羅との名も持つことからくる陽根一眼説，生贄犠牲説，片目で剣刀の曲直を見る説，職業病説などがある（飯島, 2001）。そのうち，特に陽根一眼説は，ユングの「ファロスの夢」（Jung, 1971/1987）である地下の一つ目の陽根にも重なるイメージである。この一つ目の陽根は，目という太陽を頂く地下の樹木であり，幼少時の夢に現れたユングの最初の「哲学の木」（あるいは「想像の木」）といってもいいだろう。

　描き手個人が今生でどこまでどのように，こうした元型的状況を生きることになるかはわからないが，セラピストもまた少なくともこうした状況の布置のもとにあって関わっているという自覚を僅かでも持ち，可能な限り自らの状況をいたみとともに意識的に生きる作業を以て臨むことが心理臨床の倫理ではないだろうか。

第6節　おわりに

　本稿は技法の実施方法や理論考察にも紙数を使い，事例を通じた考察は簡略になったため，伝わりづらいところもあるかもしれない。描画過程への関わりや拡充からの展開などについての詳細な報告は別の機会としたい。

　また，この章で紹介した樹木描画に関心を持たれた臨床家の方がいれば是

非試していただき，どのような体験をされたか，ご意見やご感想を聞かせていただけたらさいわいである．

■ 文　献

Castilla, D. de（1995）．*Le Test de L'Arbre: Relations Humaines et Problémes Actuels*, Paris: Masson. 阿部惠一郎(訳)(2002)．バウムテスト活用マニュアル —— 精神症状と問題行動の評価．金剛出版．

飯島吉晴（2001）．一つ目小僧と瓢箪 —— 性と犠牲のフォークロア．新曜社．

Jung, C.G.（1912/1952）．*Symbole der Wandlung: Analyse des Vorspiels zu einer Schizophrenie, GW* 5, Walter-Verlag, 1973. 野村美紀子(訳)(1985)．変容の象徴 —— 精神分裂病の前駆症状．筑摩書房．

Jung, C.G.（1916）．*Die transzendente Funktion, GW* 8, Walter-Verlag, 1967. 松代洋一(訳)(1985)．超越機能．創造する無意識．朝日出版社．

Jung, C.G.（1944/1952）．*Psychologie und Alchemie, GW* 12, Walter-Verlag, 1972. 池田紘一・鎌田道生(訳)(1976)．心理学と錬金術Ⅰ/Ⅱ．人文書院．

Jung, C.G.（1950）．Über Mandalasymbolik, *GW* 9/Ⅰ, Walter-Verlag, 1976. 林　道義(訳)(1991)．マンダラ・シンボルについて．個性化とマンダラ．みすず書房．

Jung, C.G.（1954）．Der philosophische Baum in: *Von den Wurzeln des Bewusstseins: Studien über Archetypus*（Psychologische Abhandlungen IX）, Zürich: Rascher. 老松克博(監訳)工藤昌孝(訳)(2009)．哲学の木．創元社．

Jung, C.G.（1955/1956）．*Mysterium Coniunctionis: Untersuchungen über die Trennung und Zusammensetzung der seelischen Gegensätze in Alchemie, GW* 14, Walter-Verlag, 1968. 池田紘一(訳)(1995/2000)．結合の神秘Ⅰ/Ⅱ．人文書院．

Jung, C.G.（hrsg.）Jaffé, A.（1971/1987）．*Erinnerungen, Träume, Gedanken*. Walter-Verlag. 河合隼雄・藤繩　昭・出井淑子(訳)(1972/1973)．ユング自伝1/2．みすず書房．

Jung, C.G.（ed.）Shamdasani, S.（1996）．*The Psychology of Kundarini Yoga: Notes of the Seminar Given in 1932*, Routledge. 老松克博(訳)(2004)．クンダリニー・ヨーガの心理学．創元社

河合可南子・名島潤慈（2008）．「未来の木」の特徴と意義．山口大学教育学部附属教育実践総合センター研究紀要，**26**，167-176.

岸本寛史（2005）．『バウムテスト第三版』におけるコッホの精神．山中康裕・皆藤　章・角野善宏(編) バウムの心理臨床．創元社，pp.31-54.

Koch, K.（1957）．*Der Baumtest: Der Baumzeichenversuch als psychodiagnostisches Hilfsmittel*. 3. Auflage. Bern:Hans Huber. 岸本寛史・中島ナオミ・宮崎忠男(訳)(2010)．バウムテスト　第3版 —— 心理的見立ての補助手段としてのバウム画研究．誠信書房．

工藤昌孝（2009）．臨床場面における「樹木」に関するイマジネーション —— その錬金術的側面がもたらす意義と「想像の木」法試行の覚え書き．ユング，C.G.(著) 哲学の木，創元社，pp.215-277.

桑原尚佐・前田　亨・重本淳一・平谷文子・盛山文雄・加治　清・古田島匠・宮原育子・

大島元子・盛山和子・小林 睦（2003）．少年事件における心理アセスメント――「夢の木法」を中心として．調研紀要（最高裁判所家庭裁判所調査官研修所），**77**，1-31．
中園正身（2005）．樹木心理学の提唱と樹木画法への適用．北樹出版．
老松克博（2001）．サトル・ボディのユング心理学．トランスビュー．

第14章
バウムテストと洞窟壁画

■ 岸本寛史

第1節　バウムテストの多彩な展開

　バウムテストはわが国で最もよく用いられている心理テストの一つであるが，その目的や用い方は，臨床実践の場によって，あるいはそれを用いるテスターのスタンスよって，かなりの幅がある。治療的媒体として用いられることもあれば，鑑別のために用いられることもある。教示についても，大別しても少なくとも2種類，すなわち，「実のなる木を描いてください」とするものと，「1本の木を描いてください」とするものがある。枠づけを行わないのが一般的だが，山中（本書第1章）の事例にみられるように，状況によっては枠づけがなされることも稀ではない。1枚法を基本とすることが多いが，堀田（本書第9章）が述べているように，複数枚（3枚法など）描いてもらうことを基本とする場合もある。テスト的側面を強調するなら，これらの方法を標準化する必要がある，ということになるが，これもまた一筋縄ではいかない。精神医学的の診断や精神鑑定の補助手段として用いる場合もあれば，テストというよりもそれ自体心理療法を促す媒体と位置づけて用いることもあるからである。

　バウムテストを判別に用いるとしても，バウムテストがその目的にどの程度こたえられるものであるのか，その限界について考えておくことが必要である（岸本，2011）。また，同一の指標が，社会的文脈，文化的文脈，関係性や被験者の疲労状態など，さまざまな文脈によってさまざまな意味を持ちうるので，コンテクストへの配慮が不可欠である。同一の心的状態が同一の表

現形態で表現されるわけでもないところにも難しさがある。例えば、「怒り」という同一の心的状態が、それぞれが置かれた状況によって、あるいは社会文化的背景によって異なる表現形態をとることを、コッホは催眠研究の結果を示しながら強調している。さまざまな心的状態が同一の指標を示すこともあれば、同一の心的状態がさまざまな表現形をとることもある。これらのことを考えると、バウムテストを鑑別に用いることはほとんど不可能ではないかとさえ思えてくる。

　臨床場面では、心理療法を促すものとしてバウムテストが用いられることも多いだろう。バウムテストは、言葉や外見とは異なるもう一つの姿を伝えてくれるし、自分の姿を映し出す心の鏡にもなり得る。言葉のやり取りとは異なるコミュニケーションの窓を開くだけでなく、新たな語りを促すという面もある（岸本, 2010）。何より描くことそのものにも治療的意義がある。しかし、バウムテストをこのような形で用いようとすると、バウムテストのテスト的側面へ目が届きにくくなる。その極端が、バウムテストはテストではない、というスタンスである。それも一つの考え方ではあるが、バウムテストのテスト的側面に目をつぶることは、本書第2章で山が述べているように、バウムテストの真価を半減させてしまうことになりかねない。それもまた残念なことである。バウムテストを治療に生かすために、バウムテストのテスト的側面を追求する探究的な姿勢を併せ持つこともまた必要ではないかと思う。

　このように、バウムテストは、実施法、目的、位置づけ、解釈の仕方といった点で、実にさまざまな用い方がなされており、「バウムテスト」という名のもとで一様に論じられないことを十分意識しておく必要がある。しかしながら、カール・コッホの『バウムテスト　第3版』（Koch, 1957/2010）を読むと、こういった多様性を超えて、バウムテストの本質に迫る論考がなされていると感じる。その鍵となる部分に、本稿では、従来の論考とは少し異なる角度から光を当ててみたい。

第2節　実のなる木の絵を描いてもらえませんか……

　まずはじめに，筆者の経験の中から具体的なケースを示すことにする。この方についてはすでに他所で述べた（岸本，2005）が，ここでは後の議論の展開も踏まえながら考察を行うことにしたい。

　片本さん（仮名）は50代の男性で，肺癌の再発で入院中だったが，眠れない，気分も落ち込みがちということで，私のところに紹介されてきた。病状は進行して片肺はすでに転移巣と癌性胸膜炎によって呼吸機能はほとんど失われており，残りの肺の方にも転移巣が広がりつつある状況であった。肋骨や脊椎に骨転移も認められたが，痛みの訴えはほとんどなく，お話を伺うと，「とにかく眠れない。眠れるようにしてほしい」と繰り返された。「他に気になるところはないですか」と尋ねると，「食事が食べれないことが問題である。食べなければという気持ちはあるが，食べられない」とのことであった。かなり強い焦りが伝わってきた。こちらからいくつか尋ねてみたが上の空で，とにかく眠れるようにしてほしいというところに話題は戻ってくる。

　それで，しばらくお話を伺った後で，「すみませんが，一つお願いがあります。実のなる木を描いてほしいのですが」と頼むと，はたと考えこまれ，しばらくいろいろと思いを巡らせておられるようだったが，そのうち，鉛筆を持ってゆっくりと描き始められた。こうして出来上がったのが上の図である（図14-1）。幹先端から上方向と右方向に伸びる大枝はいずれも先端が開放したままで葉も樹冠もなく，非常に守りが薄い様子が伝わってきた。一方，描

図14-1

図 14-2

いている間に，それまで空回りして同じ所をぐるぐると回っていたイメージを受けていたのが，何かが少しずつ流れ始めるような感じとなり，少し焦りが緩んできた印象を受けた。

　続けて風景構成法をお願いしたところ，最初は川も山も構成されず，一つひとつのアイテムがばらばらにおかれていった（図14-2）。道を描くあたりから実家の風景が思い浮かんできたと，部分的に風景が構成された。しかし，花，動物，石のところでは再び一つひとつバラバラに配置される形となった。この絵を見て，川と言われれば川のことだけ，山と言われれば山のことだけしか浮かんでこない，そんなふうに，すぐに目の前のものに飛びついてしまう姿が私には浮かんできた。

　バウムと風景構成法のイメージも含めて，それまでのやり取りを思い起こしながら，今後のことについて相談をした。薬がほしいとおっしゃられたが，ここですぐに薬を出しても焦りを助長してしまう印象を受けたし，主治医からも既に睡眠剤が何種類か出ていたので，薬については，申し訳ないが次にお会いするまではこのままで様子を見させてほしい，次回までに眠れなければそのときに薬を少し工夫しますと約束し，ともかく眠れても眠れなくても焦らずに，ということをお伝えして，翌週の月曜日に次回の約束をして終わった。

　2回目にお会いしたときには，「少しだけ眠れたけど，やっぱりだめだ，約

図14-3

束なので薬を出してください」と言われた。しかしその一方で，食事の方は，もともと家では酒ばかり飲んでいて食事なんてロクにとっていなかったのだから，病院食が食べられるわけがない，と冗談を言う余裕も出てきた。お話を伺いながら，今なら薬もいくぶん助けになるだろうと思い，既に出されているのとは作用の異なる薬を少しだけ追加した。

　週に1回お会いしていたが，次の週には，よく眠れるようになったと笑顔になられた。こうして徐々に落ち着かれ，4週間くらいたった頃に，実は自分はもともと絵描きになりたかったのです，と言われて，持参されたのがこの絵である（図14-3）。私は驚いた。あのバウムからはこれだけ緻密に仕上げられた絵を描かれるとは予想すらしていなかったからである。「絵を描いたのは若いときだけで，それ以後は描いていないです。描いたのは本当に久しぶりですね。自分は模写専門で，この絵も雑誌から気に入った写真を切り抜いて，それを模写したものです」とのことだった。こうして，夜はよく眠れるようになり，退院してからの仕事のことなども具体的に考えられるゆとりも出てきた。何枚かの作品を仕上げられて，退院していかれた。

　退院後は脳転移が明らかとなり，ガンマナイフという特殊な治療も受けられたりしたが，この間，動揺されることもなく，慫慂(しょうよう)としておられるように見えた。最初にお会いしたときの焦った様子とはまるで別人だった。退院して2カ月が過ぎた頃の5月28日，外来で，仕事にも復帰していると元気な姿

を見せてくださったが，その翌日に胸が苦しいと救急外来を受診され，そのまま不整脈の発作で亡くなられた。癌の病状が依然厳しいものであったことは確かだったが，仕事に復帰されるなど，体調は上向きだっただけに，突然の転帰はとても残念であった。

第3節　暗闇の中で

　片本さんにとって，バウムを描くことはどのような体験であっただろうか。癌と診断されることそのものが人生の根底を揺さぶる大きな体験であったことは想像に難くない。さらに，再発していると告げられ，抗癌剤も効かなくなってきている。片方の肺は癌に侵され既に機能しなくなっており，残りの肺にも病巣が広がりつつある。このような状況でパニックにならない方がおかしいともいえる。そんな過酷な状況は，真っ暗な洞窟の中に一人放り出されて，出口を求めて暗闇をさまよっているような状況にも喩えられる。とにかく眠れるようにしてほしい，薬で何とかしてほしいと焦る姿は，暗闇から抜け出す道を求めてわずかな手掛かりでも得たいと慌てふためいている姿に映る。そんな中で，「木の絵を描いてほしい」と言われ，片本さんはどう思われただろうか。じっくりと思いを巡らせている片本さんの姿は，同じ喩えで言うなら，それまであまり目に入らなかった「洞窟の壁」に目を向け，じっくりと眺めているかのようであった。そして，夜目を利かせて壁をじっくりと見ていると，そこに凹凸があることに気付き，壁に自然に浮かび上がってくるさまざまな形から，いろいろなことを連想されたのではなかろうか。そんな中でやっとの思いで形にしたのが，最初のバウムであったように思われる。

　片本さんが，自分は模写専門であると言われたことは示唆的である。洞窟壁画の多くは，岩の自然な凹凸を利用して描かれているため，とてもリアルな描写になっている。岩壁の凹凸を利用するということは，描き手の内面に浮かび上がったイメージを，白紙の壁面に投射するのではなく，壁面の凹凸が描き手の方に形を誘発している，ということを示唆する。このような，外界の形に誘発された「表現」は，表現という言葉から連想される，「内面の表

出」に先立つ表現の形ではないかと思われる。片本さんは、お気に入りの場面を切り抜いて、それを模写しておられたが、その写真が、あるいは「木」というテーマそのものが、岩壁の凹凸のような働きをしてそこに一つの形を浮かび上がらせてきたのではないだろうか。コッホは投影の留め金という言葉を用いているが、木というある程度構造的に規定された構造をもつものが形を誘発するという点で、バウムテストは表現のより古い様式に関わるものといえる。内面が表出されるためには内面が形成されていることが必要だが、心の危機的な状況においてはしばしば内面自体が脅かされているので、そのような状況で表現（＝内面の表出）を促しても余計に混乱を招くことになる。むしろ、岩の凹凸をじっくりと見てもらって、そこに見えてくるものを形にしてもらうのがやりやすいのではないかと思われる。

第4節　洞窟壁画の3群

バウムテストと洞窟壁画の類似性を指摘したが、近年の考古学者の分析によると、10万年以上前の旧石器時代の洞窟の壁に描かれたイメージは次の三つのグループ、ないし三つの層に分けられるという（Lewis-Williams, 2002）。これらを参照することによって、バウムテストの意義もより明確になると思われるので、ルイス-ウィリアムズに則って概説しておく。その3群とは、①抽象的イメージ群、②動物や人を具象的に描いたイメージ群、③具象的イメージを結合して物語性を与えられたイメージ群の三つである。

1. イメージ第一群

これは、格子状の直線、ギザギザな線や波状の線、ドットなどで構成された幾何学的で抽象的なイメージ群で、「内部光学」（entoptic phenomena）が生み出す光のイメージ群である（図14-4）。文化的な背景に関係なく生じることから、脳の視覚システムそのものに組み込まれた現象であると考えられている。共感覚者も同様の幾何学的イメージを見る場合がある（Cytowic & Eagleman, 2009）。entopticはルイス-ウィリアムズの造語で、（眼球から大脳

皮質に至る)「視覚の内部」を意味する。従来「眼内閃光」(phosphen)と呼ばれていた現象に相当するが，眼球を超えて視覚システムのあらゆる部分から生じるため，より包括的な用語が望ましいと考えてentopticという語を造語したとのことである。

　真っ暗やみの中に長時間いて，外側からの刺激が一切遮断されている状態でもこのような幾何学的なイメージが見えてくることは実験的にも確かめられているといい，現在までに蓄積された種々の知見を総合すると，旧石器時代の洞窟に残されたこれらのイメージ群も内部光学現象を反映したものと考えて差し支えないとされている。

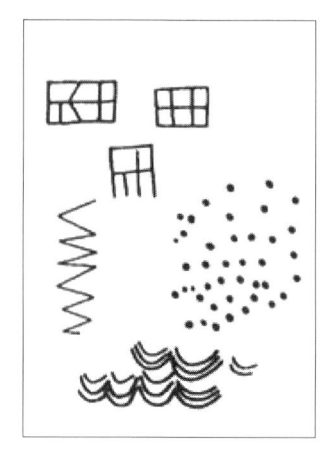

図14-4　イメージ第一群
(Lewis-Williams, 2002)

2. イメージ第二群

　これに対して第二群は，内部光学現象を，具象的な形に洗練させることによって，意味のあるものにしようとしている。覚醒時の問題解決型意識においては，脳は感覚刺激の絶え間ない流入を受けている。脳に届く映像も大脳皮質によって解読され，蓄積された経験と照らし合わされ，うまく合えば，そのイメージは「認識」されることになる。外部からの感覚入力が遮断された内向きに強化された変容意識状態では，神経システムそれ自体が多様なイメージを生み出すことになる。

　そのようなイメージの中には，内部光学現象による抽象的イメージも含まれるが，これをあたかも外界からの入力情報であるかのよ

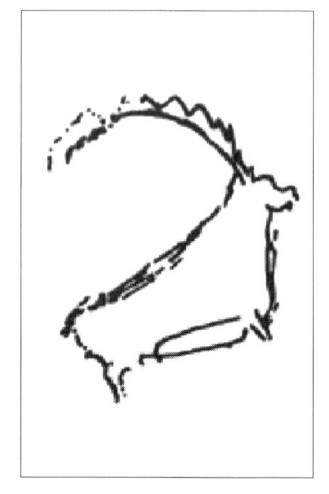

図14-5　イメージ第二群
(Lewis-Williams, 2002)

うに読み解こうとした結果，例えば曖昧な丸い形（内部光学現象）が，オレンジとか乳房（といった具体的な事物）と捉えられることになる，とルイス-ウィリアムズは言う。洞窟の中央部に広がるホールの壁などに，びっしりと描かれた動物の姿を現す具象的イメージ群がこれに相当する（図14-5）。

3. イメージ第三群

内向きの意識がさらに強化されると，第三群と分類されるようなイメージ群（図14-6）が生じてくるが，その前に，つまり，意識が第2段階から第3段階へと進むときに，多くの人は渦やトンネルをみて，その中に引き込まれるような体験をする。イメージ第二群の具象的イメージは，その鮮明度を増し，描き手は自分の体験を表すのに比喩を用いるのではなく，見えるものをそのまま描くようになる。

図14-6　イメージ第三群
（Lewis-Williams, 2002）

一方，内部光学現象も引き続き生じてくるので，それらの幾何学的イメージ群は背景に投影されて，具象的イメージの枠組みとなったりする。あるいは，断片化と統合のプロセスが生じることによって，ジグザグの足を持つ人間，といったような複合的なイメージが生み出される。

第5節　意味生成の観点から見たイメージ3群とバウムテスト・風景構成法

中沢（2008）はルイス-ウィリアムズのこれら3群のイメージを意味生成の観点から次のように論じている。イメージ第一群の幾何学的な図像は，現実世界の中に対象物を見出すことができず，その意味で，これらは「直接的イメージ」と呼ぶことができる。内部光学によるこのような「直接的イメージ」

は人の心に超越的領域を開こうとするもので，そこに付きまとう物質性は限りなくゼロに近づく。これはたとえて言うなら，光源やフィルムは存在しているのに，それを受け止めるスクリーンがない映画のようなもので，真っ暗闇に向かって映写されるものの，それを受け止める二次元平面がない，底なしの状態である。

これに対してイメージ第二群は，壁面をキャンパスにバイソンやヘラジカなどの動物の姿を驚くほど高い表現技術で具象的に描いたものであるが，旧石器の人々は，常日ごろ目にしている動物の姿を描写しようとは考えていなかった。むしろ，壁面を超えて垂直に横断を遂げて，現実の世界にわたってくる「精霊」を現実世界に出現させようとしていた。

イメージ第三群は，具象的イメージを結合して物語性を与えられたイメージ群で，垂直的な意味発生のプロセスによって現れてきたイメージをいわば水平的に結びつけて，人にとって何か大きな意味を持つ物語を紡ぎ出そうとしている。第一群のイメージが，「無から無へ」向かうイメージの氾濫であるとすると，第二群のイメージは「無から有」へ向かおうとする垂直の運動をあらわし，しかもそこからは記号も生まれてくることができる。そこに物語性が加わったのが，第三群のイメージ群であり，儀礼や神話とも関係の深く，社会の考える物事の価値や世界観などが結びついている。それゆえ，このグループに属するイメージは「有から有へ」向かう，横滑りの運動に身を捧げている，とされる。

バウムテストとの関連で筆者が最も注目するのは，このイメージ第二群である。中沢は「岩壁の奥からこちらに向かって立ち上がる力と，それを平面で受け止めて描写的イメージに変身させる技術とかがクロスする場所に，宗教でありまた芸術でもあるこれらの旧石器の表現が実現されている」と述べているが，これはそのままバウムテストにおける木の描写に当てはまるのではないだろうか。バウムテストの被験者の多くが，片本さんのように，言わば洞窟に放り込まれて暗闇の中をひとり彷徨うような状況に身を置いている。そのような中で，「木の絵を描いてください」と言われると，そこで描かれる木の絵は，あたかも「岩壁の奥」から立ちあがってくるイメージが映し出されたものとなるのではないだろうか。

このように考えるなら，バウムテストを行う場合，そしてそれを解釈しよ

うとする場合，描かれた絵を，洞窟の外の明るい光の下で判断するのではなく，描き手とともに一緒に洞窟の中に入るつもりで岩壁を見ることも必要になってくる。そうして，被験者がいるであろう薄暗がりの中に入って眺めていると，被験者が描くバウムは，壁の向こうから浮かび上がってくる木の姿を，何とか形にしようとする被験者の営為の痕跡であるように見えてくる。そのようにバウムを眺めるなら，昼の意識で見るのとはまるで違ったものとして立ち現れてくるのではないだろうか。テスターが描かれたバウムを理解しようと思えば，この深み，この奥行きを感じることが不可欠であると思う。そしてそれは，この後で論じるように，コッホが言いたかったことでもあると筆者は考える。

　少し本論から外れるが，この観点からすると，風景構成法においてはイメージ第三群が前面に出てくることになるだろう。すなわち，紙面の奥に広がる深みとの直接的なつながりは薄れ，川や山や人や動物といった日常世界における事物の配置（中沢の言葉を使えば，「垂直的な意味発生」よりも「水平的なつながり」）に焦点は移動する。心理臨床家の中には，風景構成法は比較的よく用いるのにバウムテストは怖くて使いにくいという人が少なからずあるのも，バウムテストにおける垂直次元との関わりゆえではないかと思われる。また，「何でもいいから自由に描いて下さい」と言われると描きにくくなるのは，イメージ第一群に相当する第一段階の意識レベルに放り出されて，心の深みからさまざまなイメージは立ち現れてくるものの，それを受け止めるべき平面（岩壁）がないために表現できない，といった事態に陥りやすいからではないだろうか。木の絵を描くというテーマは，イメージ第二群を受け止める岩壁としても働くのではないだろうか。

第6節　魂の座としてのバウム

　バウムテストと洞窟壁画とのアナロジーは唐突に思われるかもしれないが，コッホ自身も同様のことを考えていた。コッホは『バウムテスト 第3版』の序章「木の文化史」の最後の部分で，「魂の座」，「神々の座」としての木について，ユングの論文を長く引用しながら論じている。そこでコッホは，「C.

G. Jungは……人間の意識を示すものや自己へ至る道として，木の象徴を指摘した」と述べて，1942年のエラノス年鑑の論文「メルクリウスの精霊」における考察を引用している。以下，コッホによるユングの引用をさらに筆者なりにパラフレーズしながら読み進めていきたい。

　まず，「貧しい若い男が，森の中で『ここから出してくれ，ここから出してくれ』という声を聞く。古いオークの木の根元に，男はしっかりと蓋のしまったガラス瓶を見つけ，明らかにその中から声が聞こえてきていた」と，そこで起こった出来事が描写される。これに対してユングは「原初に生じたことは自然の神のようなもの，戦慄そのものであり，道徳とは無縁である」と述べている。

　まず最初に起こったことは「自然の神のようなもの」，「戦慄そのもの」である。森の中を歩いているときに，木の根元から「出してくれ」という声が聞こえたとすれば，どうだろう。恐怖に震えるのは自然な反応であろう。同じように，描かれたバウムを見たときに，そこから「出してくれ」とか「こんなにもつらいのです」といった叫び声が聞こえてきたとしたら……。治療者の魂も揺さぶられることになろう。この「叫び声」を聞き，「戦慄」を体験することが，バウムテストの根本になければならない，コッホはそういいたかったのではないか。

　ユングは続けてこう述べる。「そして二番目に生じたことが，区別であり，それによって自然なるものが分裂し，まさしくそのことによって，高次の分化した意識として立ち上がる。その上で，おそらく三番目の現象に，それゆえにさらに高次の意識段階に匹敵するのが，道徳的な質の評価であり，その声を，呪縛された悪霊であると説明する。〔われわれの〕現在の意識段階では，木の守護霊が存在するなどとは考えることはできないので，現地人が体験したのは幻覚であり，つまり彼が聞いたのは自分の無意識の声であって，それが木に投影されたのだと主張するより他ない」。

　二番目に区別が生じる。木の絵とそこに反映される患者の心理とが区別され，「客観的な対象としての木と，そこに投影された無意識の内容とを区別することを行う」。それによって解明が進む。そして，第三段階になると，「さらに高みに手を伸ばして，対象とは切り離された心的な内容こそ，『悪』という属性があると見なす」。それは「悪霊」であるとされ，そこに「悪」という

属性があるものとみなされる。バウムテストに引き戻して言えば，描かれたバウムを見て，木そのものを体験するのではなく，木そのものから離れ，「地面線がないのは不安定な患者の心理の表れである」とか，「○○は統合失調症のサインである」というように医学的な評価や心理学的な価値づけが行われることに相当するだろう。

　描かれたバウムを理解しようとするときに，分類したり評価することは，第二段階，第三段階で生じることだが，その前にバウムという表現が生まれてくる根本にある「戦慄」を感じること，洞窟壁画の比喩を使うなら，洞窟に入って暗闇を体験すること，それがバウムテスト理解の根本になければならないということをコッホは言いたかったのではないかと思う。片本さんが最初に描かれたバウムの絵を見て，「幹や枝の先端は開放しているし葉も描かれていない」と評価するのは，洞窟の外の明るい世界しか知らない者が行うことである。そのような見方ももちろん必要である。しかし，同時に，洞窟の暗闇にともに入り，朧げながらやっと見えてきた姿を形にしたものだと受け取ることができるなら，バウムの絵の向こうにその「戦慄」を感じることができるなら，描き手を内側からも理解する道が開かれるのではないかと思う。

第7節　「夕暮れ時の意識」で眺める

　それでは，どうすれば，描かれた木の背後に描き手の「戦慄」を感じられるだろうか。そのような木を垣間見るためには，われわれがふつう何の疑いもなく「現実」のすべてだと思っているものが実は存在の表層にすぎず，存在には目に見えない裏側，深層領域がある，という感覚が必要になってくる。このような存在論的意義を担う「仄暗さ」を，西洋文化は世紀の変わり目によく体験してきた，と井筒（1991）はいう。人間という存在も例外ではなく，フロイトとユングの深層心理学によって，客観的・外的リアリティに留まらない，存在の内側，意識の深層に探究の目が向けられることとなった。そのような伝統の中でコッホのバウムテストが体系化されたことを考えると，そのテキストを「木は人間の根源的な事柄に属するものである」という一文か

ら始めたコッホにとって,バウムテストは,単に病理や心理,あるいは診断などの目に見える表層部分のみに関わるものではなく,存在の深層,意識の深層に触れる方法であったにちがいない。描かれた木の,目に見える形姿はその人のほんの表層にすぎず,その奥にある,目に見えない,人間の根源に触れるもの,そういう次元に触れるものとして木を捉えることが必要だ,とコッホは冒頭で宣言しているのではないだろうか。

「それは,真昼の出来事ではありえない」と井筒は言う。「存在は,その内に秘めた前現象的,未発の形姿を,ただ『夕暮れ時』の仄暗さの中でのみ,わずかに垣間見せるだけだからである」。だとすれば,バウムの根源的次元にある「戦慄」を感じるためには,われわれの側も意識の照度を減弱し,「『夕暮れ時』の意識」をもってそれを眺める必要がある,ということになろう。

■ 文　献

Cytowic, C., & Eagleman, E.(2009). *Wednesday is Indigo Blue: Discovering the Brain of Synesthesia.* 山下篤子(訳)(2010). 脳の中の万華鏡――「共感覚」のめくるめく世界. 河出書房新社.
井筒俊彦(1991).「エラノス叢書」の発刊に際して. 平凡社(編). エラノスへの招待. 平凡社.
岸本寛史(2005). 生きることと描画. 臨床描画研究, **20**, 11-25.
岸本寛史(2010). 臨床に生きるバウム. 臨床心理学, **10**(5), 645-650.
岸本寛史(2011). 指標の意味と記述のレベル. 臨床心理身体運動学研究, **13**(1), 19-29.
Koch, K.(1957). *Der Baumtest: Der Baumzeichenversuch als psychodiagnostisches Hilfsmittel.* 3. Auflage. Bern: Hans Huber. 岸本寛史・中島ナオミ・宮崎忠男(訳)(2010). バウムテスト 第3版 ―― 心理的見立ての補助手段としてのバウム画研究. 誠信書房.
Lewis-Williams, D.(2002). *The Mind in the Cave.* Thames & Hudson.
中沢新一(2008). 狩猟と編み籠. 講談社.

人名索引

青木健次　*31*
井筒俊彦　*239, 240*
荻野恒一　*3*

皆藤章　*11*
カスティーラ, D. de　*214*
加藤清　*78*
角野善宏　*128*
カナー, L.　*37*
神谷美恵子　*145*
河合隼雄　*5, 75, 79, 80, 164, 180*
国吉政一　*117*
クラインマン, A.　*181*
コッホ, K.　*12, 13, 14, 15, 16, 17, 18, 19, 20, 21, 22, 24, 25, 28, 38, 41, 76, 79, 106, 147, 184, 190, 194, 206, 211, 228, 237, 238, 239*

シャムダサーニ, ソヌ　*26*
スタニスラフスキー　*14*
曾田芳敏　*118*
ソームズ, M.　*182*

高橋依子　*12*

土居健郎　*149*

中井久夫　*4, 5, 40*
中沢新一　*235, 236*

バッハ, スーザン　*181*
林勝造　*117*
藤川浩　*119*
フランクル, V.　*142, 143, 147*
フロイト, S.　*182, 239*

マルクス・アウレリウス　*145*
村瀬嘉代子　*146, 164*

山中康裕　*31, 84, 97, 162, 164, 181*
山野保　*117*
ユッカー, エミール　*22, 23, 25*
ユング, C. G.　*17, 20, 21, 23, 26, 80, 183, 211, 215, 218, 219, 224, 237, 238, 239*
吉川公雄　*31*

リーチ, E.　*180*
ルイス-ウィリアムズ, D.　*233, 235*

事項索引

アルファベット・数字

DES　*135*
DSM-IV-TR　*40*
HTP　*138*
LMT　*4, 5*
MSSM法　*96*
PDD　*12*
PI　*5*
S-HTP　*121*
Wittgenstein指数　*7, 83, 195*

2枚法　*7*
3枚樹木画法　*214*
3枚法　*118*

ア　行

『赤の書』　*26*
アクティヴ・イマジネーション　*215*
アブラヤシ　*87*
天目一箇神　*224*
意識消失発作　*175, 176*
命の実　*108*
イマジナルな身体　*223*
意味器官　*143*
印象評定　*33*
うつ状態　*6*

カ　行

解離　*135*
解離経験尺度（DES）　*135*
柿　*171*
カタツムリ　*69*
家庭裁判所調査官　*117*

雷　*69, 70*
乾電池の木　*204*
肝不全　*173*
希死念慮　*65*
記述アプローチ　*31*
記述のレベル　*106*
木股　*76*
虐待　*135, 137*
キュクロプス　*218*
頸椎ヘルニア　*174*
元型的状況　*211*
交通外傷　*176, 177*
広汎性発達障害　*188*
古事記　*77*

サ　行

桜の木　*9*
色彩誘発MSSM法　*85*
事後質問（PI）　*5*
思春期内閉　*162*
質的研究　*31, 36, 37*
児童相談所　*134*
地面線　*147*
縦隔胸腺腫　*98*
十字　*21*
十字架　*21*
樹冠　*20*
潤筆　*9*
職業　*23*
自律訓練法　*177*
身体表現性障害　*64*
数量化研究　*31, 32, 34, 35*
鈴懸　*8*
スポットライト分析　*35, 39*
脊椎圧迫骨折　*170*
全身性エリテマトーデス　*64*

242

早期型　*29*
想像の木　*210, 212*

　　タ　行

大腿骨頚部骨折　*176*
だいだいの木　*170*
魂の座　*237*
チャクラ　*224*
調査官　*119*
調査面接　*117*
直観　*14*
適応障害　*82*
哲学の木　*211*
洞窟壁画　*233*
動作法　*188*
動的家族画　*121*
糖尿病　*7*
ドッグセラピー　*103*

　　ナ　行

内部光学　*233*
内閉神経症　*84*
根　*20*
脳梗塞　*171*

　　ハ　行

肺癌　*99, 229*
東日本大震災　*10, 133*
悲嘆夢　*72*
描画後質問　*128*
描画後の対話（PDD）　*12*
フィッシャー症候群　*72*
風景構成法（LMT）　*4, 29, 40, 83, 90, 102, 113, 178, 230, 237*

部分形態　*33, 34, 35*
プラタナス　*8*
プロセス　*130*
片頭痛　*47*
方法論　*14*

　　マ　行

『マオリ族神話』　*10*
マンダラ塗り絵　*65, 74*
みかんの木　*7*
幹上直　*190, 193*
無意識的身体心像　*181*
メタ・コミュニケーション　*185*
網膜剥離　*66*
木景療法　*79*
モグラ　*71*
物語　*149*
『もののけ姫』　*9*
モミ型幹　*34*

　　ヤ　行

柳　*51*
ユーカリ　*7*
夢　*86*
夢の木　*214*
「夢の木」法　*124, 214*
葉叢冠　*190*
葉叢冠バウム　*197*

　　ラ　行

離接　*7*
リンゴ　*206*
類型化　*33*
ロゴセラピー　*142*

■ 執筆者紹介

山中康裕 (やまなか やすひろ)　【第1章】
名古屋市立大学大学院医学研究科博士課程卒業，医学博士
現在：浜松大学大学院教授，京都ヘルメス研究所長，京都大学名誉教授

山　愛美 (やま めぐみ)　【第2章】
京都大学大学院教育学研究科博士課程学修認定退学，博士（教育学）
現在：京都学園大学人間文化学部教授，臨床心理士

佐渡忠洋 (さど ただひろ)　【第3章】
岐阜大学大学院教育学研究科修士課程修了
現在：岐阜大学保健管理センター助教，臨床心理士

岡村宏美 (おかむら ひろみ)　【第4章】
神戸大学大学院総合人間科学研究科修士課程修了
現在：関西医科大学附属滝井病院精神神経科学教室／ちかまつクリニック臨床心理士

倉西　宏 (くらにし ひろし)　【第5章】
京都文教大学大学院臨床心理学研究科博士課程単位取得退学，博士（臨床心理学）
現在：京都文教大学心理臨床センターカウンセラー，臨床心理士

小野けい子 (おの けいこ)　【第6章】
京都大学大学院文学研究科博士課程単位取得退学
現在：放送大学大学院教授，臨床心理士

田中美知代 (たなか みちよ)　【第7章】
京都文教大学大学院臨床心理学研究科博士前期課程修了
現在：近江兄弟社学園こころセンター臨床心理士

堀田綾子 (ほった あやこ)　【第8章】
大阪市立大学生活科学部卒業
現在：家庭裁判所調査官

執筆者紹介

本多奈美（ほんだ なみ）　【第9章】
東北大学大学院医学系研究科博士課程修了，医学博士
現在：東北大学病院精神科院内講師

酒井敦子（さかい あつこ）　【第10章】
大阪市立大学大学院家政学研究科児童心理学専攻修士課程修了
現在：仁愛大学大学院人間学研究科長・教授，臨床心理士

成田慶一（なりた けいいち）　【第11章】
大阪大学大学院人間科学研究科博士課程単位取得退学
現在：京都大学医学部附属病院探索医療センター研究員，臨床心理士

三浦亜紀（みうら あき）　【第12章】
愛知淑徳大学大学院コミュニケーション研究科修士課程修了
現在：愛知県スクールカウンセラー，臨床心理士

工藤昌孝（くどう まさたか）　【第13章】
甲南大学大学院人文科学研究科修士課程修了
現在：日本福祉大学子ども発達学部・心理臨床研究センター准教授，臨床心理士

岸本寛史（きしもと のりふみ）　【第14章】
〔編者紹介参照〕

編者紹介

岸本寛史（きしもと のりふみ）

1991年　京都大学医学部卒業
2004年　富山大学保健管理センター助教授
現　在　京都大学医学部附属病院准教授
著　書
　『癌と心理療法』『緩和のこころ』誠信書房，『コッホの『バウムテスト[第三版]』を読む』(山中康裕と共著) 創元社，『山中康裕著作集 全6巻』(編集) 岩崎学術出版社，『緩和医療レクチャー』(編集) 遠見書房，『バウムの心理臨床』(分担執筆) 創元社，ほか
訳　書
　ボスナック『クリストファーの夢』創元社，コッホ『バウムテスト[第3版]』(共訳) 誠信書房，クォールズ-コルベット『女性の目覚め』(共訳)，エディンガー『心の解剖学』(共訳) 新曜社，ほか

臨床バウム──治療的媒体としてのバウムテスト
（りんしょう）　　（ちりょうてきばいたい）

2011年9月5日　第1刷発行
2012年1月30日　第2刷発行

編　者　　岸　本　寛　史
発行者　　柴　田　敏　樹
印刷者　　日　岐　浩　和

発行所　株式会社 **誠信書房**

〒112-0012　東京都文京区大塚3-20-6
電話03 (3946) 5666
http://www.seishinshobo.co.jp/

中央印刷　協栄製本　　　落丁・乱丁本はお取り替えいたします
検印省略　　　　無断で本書の一部または全部の複写・複製を禁じます
©Norifumi Kishimoto, et. al., 2011　　　Printed in Japan
ISBN 978-4-414-40067-0 C3011

バウムテスト[第3版]
心理的見立ての補助手段としての
バウム画研究

ISBN978-4-414-41440-0

カール・コッホ著
岸本寛史・中島ナオミ・宮崎忠男訳

本書はバウムテストを体系化したカール・コッホのドイツ語原著『バウムテスト第3版』（1957年）の本邦初訳である。これまでコッホのテキストの邦訳版は初版の英訳版からの重訳しか存在しなかったが、分量が3倍となった第3版にはコッホのバウムテストに対する考え方が詳細に記されている。これまで断片的にしか紹介されることのなかったコッホの思想の全貌がはじめて明らかにされる。

目　次
第1章　木の文化史から
第2章　バウムテストの理論的基礎
第3章　バウムテストの発達的基礎
第4章　図的表現に関する実験
第5章　指標の理解
第6章　臨床事例
付録：　バウム統計表

A5判上製　定価(本体4800円+税)

癌と心理療法

ISBN978-4-414-40190-5

岸本寛史著

癌体験は一種の「異界」体験ともいえる。本書は、癌患者が体験している「異界」を彼らが語る言葉・夢・絵画などを通じて描き出し、癌患者に対する心理療法を深く捉え直そうとする。しかしそれは、治療者自身にも視線を向けることによって初めて可能になるとの考えから、著者自身の物語を縦糸に患者の物語を横糸に一つのテクストを紡ぎ出そうとする。

目　次
1　癌と異界
2　基本姿勢
3　方法論について
4　夢の体験
5　心理療法の展開
　細井美雪さん／一宮浪子さん／冴木絵利さん／吉本美砂さん／白井笑美子さん／桜木妙子さん／酒井悟さん／馬場松五郎さん／光田静子さん
6　癌治療における心理療法のモデル
　モデルの重要性／『ナウシカ』との出会い／物語の概要／腐海を焼くか腐海に呑まれるか／「天空の目」と「大地の目」／他

A5判上製　定価(本体3000円+税)